中国文献学

新版

张舜徽 著

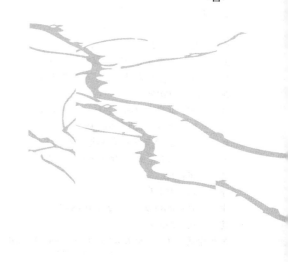

人民东方出版传媒

东方出版社

图书在版编目（CIP）数据

中国文献学 / 张舜徽 著 . — 北京：东方出版社，2019.10
ISBN 978-7-5207-0749-7

Ⅰ.①中… Ⅱ.①张… Ⅲ.①文献学—中国 Ⅳ.① G256

中国版本图书馆 CIP 数据核字（2019）第 172528 号

中国文献学
（ZHONGGUO WENXIANXUE）

作　　者：张舜徽
策　　划：陈　卓　张永俊
责任编辑：张永俊
责任审校：曾庆全　金学勇
出　　版：东方出版社
发　　行：人民东方出版传媒有限公司
地　　址：北京市西城区北三环中路 6 号
邮　　编：100120
印　　刷：北京文昌阁彩色印刷有限责任公司
版　　次：2019 年 10 月第 1 版
印　　次：2022 年 3 月第 3 次印刷
开　　本：787 毫米 × 1092 毫米　1/32
印　　张：12
字　　数：255 千字
书　　号：ISBN 978-7-5207-0749-7
定　　价：52.00 元
发行电话：（010）85924663　85924644　85924641

总　序

　　东方出版社准备再版张舜徽先生撰著的两本书《中国古代史籍举要》《中国文献学》及其主编的一本书《中国史学名著题解》，并希望前面冠一"总序"。责编张永俊先生受舜徽先生家属的委托，加上戴建业教授的推荐，力邀我给这三本书写一个"总序"。我开始是婉拒，因为舜徽先生对于写序有严格的戒律，他终身守顾炎武之言："人之患，在好为人序。"不敢轻易为人序书。我平生一般也只为自己弟子的书写序，岂敢为老师的书写序。但是，后来想一想，先生的书再版，实在是嘉惠士林的盛事，作为先生培养的第一届博士，向读者介绍先生著述再版的意义，又是义不容辞、责无旁贷的。

　　从初版时间来看，三本书中《中国古代史籍举要》是最早出版的。1955年湖北人民出版社初版的竖排繁体本的书名叫《中国历史要籍介绍》，1980年湖北人民出版社又出版了此书横排简体的修订本，书名改作《中国古代史籍举要》，本次再版就以此本为底本。此书初版距今已有六十四年了。作为一本现代学者撰写的简明大学教材，问世六十四年仍有再版的需要，充分说明其宗旨"替学习中国历史的专业工作者和业余爱好者，介绍了一些重要史籍和学习方法"，具有长久的学术价值。该书一共十四章，张先生在前言中说"第三章和第十一章，是全书的重点"。第三章是讲百科全书式的通史，强调通史所肩负的艰巨的历史任务，其意义超过断代史。其中重点介绍了编纂通史的开创者司马迁及其《史记》以及编纂通史的继承者郑樵及其《通志》。先生从综合改造旧资料、详近略远的叙事原则、注意全社会各阶层的取材、不避权贵的良史态度等四个方面肯定了《史记》的范式意义。"后世许多历史书籍，很少能出其范围，大半是模仿它，不过有些是'具体而微'，有些是'得其一体'而已。"第十一章是讲史评书籍的两部代表作品：唐刘知几的《史通》和清章学诚的《文史通义》。先生认为，"刘知几、章学诚对各种旧史得失利弊的看法，这差不多成了古代史籍的小结"（《前言》）。古代史评著作除《史通》和《文史通义》外，先生还特别重视郑樵的《通志总序》，后来出版的著作《史学三书平议》，就是对这三部史评著作的深入评述，有兴趣的读者可以对比来读。

我也想向有心的读者提两个"思考题"：《中国古代史籍举要》反映出什么样的史学观念？这个"史学要籍路线图"对我们阅读中国史书有什么启示？

《中国文献学》的初版是中州书画社1982年出版的竖排繁体本，本次再版即以此本为底本。这本书因其在建立中国文献学学科意义上具有开创之功，故大受欢迎，各种再版不断，据我所知，仅上海古籍出版社就出版过三种版本，即蓬莱阁丛书本（2005）、世纪文库本（2009）、百年经典学术丛刊本（2011）。华中师范大学出版社2004年开始陆续出版的《张舜徽集》，把它列为第一辑第一种，可见此书在舜徽先生著述中的重要性及深远影响。据林庆彰先生撰文介绍，舜徽先生此书在台湾也广受欢迎，有翻印本。林先生说："这是一本体系庞大、内容充实的文献学著作。在台湾的文史科系学生，大概都看过这本书。"（《张舜徽先生著作在台湾的翻印和流传》，见董恩林主编《纪念张舜徽百年诞辰国际学术研讨会暨中国历史文献研究会第32届年会论文集》，湖北人民出版社2012年版，第19页）。《中国文献学》一共有十二编六十章，系统地阐明了文献学的范围、任务、古代文献的流传、类别等，除了对文献学的基础知识——版本学、校勘学、目录学等有专门的论述外，还对前人整理文献的丰硕成果和成就有全面的总结和梳理，并对今后整理文献的主要目的、重要工作、重大任务提出自己的看法和建议。特别值得说明的是，先生在书的最后提出编述新体例《中华人民通史》的宏伟设想，后来已经实现，那就是1988年至1989年湖北人民出版社出版的三卷本《中华人民通史》。从《中国文献学》一书，可以看出先生在学术研究规划上的"深谋远虑"。

张先生是一位既能做专深的"绝学"，又乐于做学术普及工作的大师。他撰写过专业性极强的学术著作，如《郑学丛著》；又主编过带有普及性质的学术著作，如《中国史学名著题解》《资治通鉴全译》等。《中国史学名著题解》一书可以说是《中国古代史籍举要》的延伸与拓展，全书按古史类、编年类等二十个类别来对中国古今史学名著提要钩玄，非常实用，可以置之案头作为工具书来用。因最初是中国青年出版社约稿，先生主编此书考虑的对象侧重青年读者，在史籍的分类上注重"辨章学术，考镜源流"的视域，如把郑樵的《通志》列入纪传类的通史，体现出先生独到的学术眼光。需要一提的是参与此书编写的六位学者，有的已经作古，如王瑞明先生；有的已是耄耋之年的老翁，如熊铁基、崔曙庭先生；当年最年轻的顾志华教授，也已是七十老者了。人事有代谢，学问贵长青。三十多年前（1984 年），他们年富力强，跟随舜徽先生治学，留下这部言简义丰的史学名著题解。东方出版社的再版，在一定程度上能印证先生所说的它能满足"广大有志研究中国文史的青年们所迫切需要"。（《前言》）

张舜徽先生经常讲"吾离后人近，而离今人远"。这句话透露出先生对自己的著述传世充满自信，抑或有"一种深刻的寂寞"（同门师弟傅道彬教授语）。先生是 1992 年仙逝的，距今近三十年。我们之于先生当属"今人"关系。我从先生的著述不断再版、重印的客观事实中萌生一个想法，先生经常讲的这句话也许可以修改为："吾离后人近，离今人亦不远。"

是为序。

张三夕

2019 年 5 月 22 日于武昌大华寓所

目录

前　言

　　文献学的范围，包罗本广。从过去两千年间的中国学术界来看问题，不独刘向、刘歆父子校书秘阁是整理文献；即如郑玄遍注群经，也是整理文献的部分工作；司马迁写成一百三十篇五十二万六千五百字的大著作，也是他整理文献的丰硕成果。下迄有清一代考证之学，超越往古。专门名家，以数百计；专门著述，乃至汗牛充栋。如果以史家的眼光去估计他们的成绩，也不过是替我们整理了一部分文献资料而已。梁启超所撰《中国近三百年学术史》，谈到"清初史学之建设"时，便说："明清之交各大师，大率都重视史学——或广义的史学，即文献学。"这却把文献学看成了广义的史学，内容自然是很丰富的。所以我们整理文献，绝不可局限于校勘、注释几部书便够了，而要担负起的任务，却大有事在。

　　在古代的学术界，凡是研究经传卓然有成的，称经学家；考证史实确有心得的，称史学家；此疆彼界，好像互不相通似的。其实，有些学者，门庭本广，在很多方面都取得了成就，何能把他限于一隅，以至湮没或缩小了他的巨大作用。张之洞《书目答问》末，附列清代学者《姓名略》，将学有专长的名家，按类分列。但有时也显现出这一方法的局限。例如一个钱大昕，既列入经学家，又列入史学家，又列入小学家，又列入算学家，又列入校勘学家，又列入金石学家。这是由于他的治学范围很广博，造诣都极精湛，不可以单从某一方面去肯定他。如果把他归入文献学家，那就包括无遗。由于那时没有"文献学家"的名目，所以只能多门并列了。

文献学的范围既很广博，有些人不免望洋兴叹，趑趄不前，这是很自然的事。我于是发愿写《中国文献学》一书，将前人在这方面取得的卓著成就和不朽业绩，加以总结；对今后整理文献的工作，寄以厚望。并将整理文献必须具备的基础知识，详加阐述于前，俾学者由此入门，以得整理文献之术。自惭浅陋，未能畅发斯学蕴奥。不足之处，容俟他日增补。一九八一年二月廿五日张舜徽识。

第一章 绪论

第一节 文献学的范围和任务

文、献二字联成一词，出现在中国古书上，是从《论语》开始的。《论语·八佾篇》记载孔子的话：

> 夏礼吾能言之，杞不足征也；殷礼吾能言之，宋不足征也；文献不足故也。足，则吾能征之矣。

汉、宋学者加注释时，都把"文"解为典籍，"献"解为贤人。过去学者们所强调的"征文考献"，便是说要了解过去的历史，一方面取证于书本记载，一方面探索于耆旧言论。言论的内容，自然包括世代相承的许多传说和文人学士的一些评议在内。本来，当我们祖先没有发明记载思想语言的工具以前，一切生活活动的事实，都靠口耳相传。这种口耳相传的材料，在古代便是史料。所以"古"字在《说文》中的解释是："故也；从十口，识前言者也。"这字的构造，从十口，是十口相传的意思，是指它纵的联系——时间的联系来说的。这种世代相传的史实，都是从很早的祖先口里说出来的。我们当小孩时，喜听家里长辈人讲说高曾祖考故事，听母亲说的，不如听祖母说的那样详细而亲切有味。大约时代愈早的人，懂的旧事愈多，介绍得愈详尽。我们能够武断认为那些丰富的传说资料都不可靠吗？所以古人研究历史，都把传说看成了重要史料。言论的另一方面，便是对历史上人、事、物的评议和见解，可为后来治史的参考，价值也很高。过去学者们把古代的传说、言论和书本记载并重，不是没有原因的。

用"文献"二字自名其著述，起于宋末元初的马端临。他写了一部贯通历代典章制度的《文献通考》，其《自序》指出：

> 凡叙事，则本之经史而参之以历代会要，以及百家传记之书，信而有证者从之，乖异传疑者不录，所谓文也。凡论事，则先取当时臣僚之奏疏，次及近代诸儒之评论，以至名流之燕谈，稗官之记录，凡一话一言，可以订典故之得失，证史传之是非者，则采而录之，所谓献也。

这很明显地谈到他编写这部书的取材，不外两个来源：一是书本的记载，一是学士名流的议论。马端临是宋末宰相马廷鸾的儿子，这个身份给他在当时搜集史料、接纳名流提供了有利条件。所以他的书中，甄录时人议论极多，连他父亲的话都采入了。我们试检这部三百四十八卷书的写作形式，充分体现了"文"和"献"相互依倚的作用。凡是顶格写的，都是书本记载；凡是低一格写的，都是名流贤者的议论；二者交相为用，成为一部名副其实的《文献通考》。

其实，我国史学界将史实和言论并重，作为撰述的两大内容，并不是从马端临开始的。远在司马迁写《史记》时，记叙之外，还收录了不少文辞、言论。到了班固，写成《汉书》，凡是有关学术、政治的重要论文，都一一载入传中，从此历代诸史也都沿用了这一体例。如果再推而上之，那么，《尚书》中的《典》，叙述事实；《谟》，记载言论。《左传》一书，于叙事之外，还用"君子曰"以抒发言论。由此可见，我国古代的历史书籍以"文"和"献"为主要内容，起源很早。不过取"文献"二字作为著述的标题，在马端临以前，却没有人用过。明成祖时，编《永乐大典》，初名《文献大成》，也取义于包含各类图书在内的意思。

"文献"既是一个旧名词，自有它原来的含义和范围。我们今天既要借用这一名词，便不应抛弃它的含义而填入别的内容。近人却把具有历史价值的古迹、古物、模型、绘画，概称为历史文献，这便推广了它的含义和范围，和"文献"二字的原意，是不相符合的。当然，古代实物上载有文字的，如龟甲、金石上面的刻辞，竹简、缯帛上面的文字，便是古代的书籍，是研究、整理历史文献的重要内容，必须加以重视。至于地下发现了远古人类的头盖骨或牙齿，那是古生物学的研究范围；在某一墓葬中出土了大批没有文字的陶器、铜器、漆器等实物，有必要考明其形制、时代和手工艺的发展情况，那是古器物学的研究范围。这些都是考古学家的职志，和文献学自然是有区别的。

我国古代，无所谓文献学，而有从事于研究、整理历史文献的学者，在过去称之为校雠学家。所以校雠学就成了文献学的别名。凡是有关整理、编纂、注释古典文献的工作，都由校雠学家担负了起来。假若没有历代校雠学家们的辛勤劳动，尽管文献资料堆积成山，学者们也是无法去阅读、去探索的。我们今天自然要很好地继承过去校雠学家们的方法和经验，对那些保存下来的和已经发现的图书、资料（包括甲骨、金石、竹简、帛书），进行整理、编纂、注释，使杂乱的资料条理化、系统化，古奥的文字通俗化、明朗化。并且进一步去粗取精，去伪存真，条别源流，甄论得失，给研究工作者提供方便，节省时间，在研究、整理历史文献方面，作出有益的贡献，这是文献学的基本要求和任务。

但是，这仅仅是此一工作的开端，而不是我们的落脚点；这仅仅是一种手段，而不是我们的主要目的。有人认为努力从事研究、整理历史文献的工作，只是围绕着大量的故纸堆在兜圈子，没有多大出息。这种看法是错误的。只要我们不是为研究而研究，为整理而整理，而是心怀大志，朝着一个宏伟目标而努力不懈，不仅大有出息，而且可以对人类作出较大的贡献。在中外古今著名学者中，我们可以清楚地看到，凡是想在人类历史上做总结性的工作写出一部伟大著述的，都是穷年累月，从研究、整理历史文献着手，再结合实际调查考察，才能取得成功。司马迁写《史记》，马克思写《资本论》，他们都这样做过，由于他们有雄伟的气魄、庞大的规模，为了撰述一部总结性的巨著而努力奋斗，竟成为世界上整理历史文献最成功的人，为人类作出了巨大贡献。这是我们的绝好榜样。我们要有雄心壮志，朝着前人已经开创的道路前进！所以我们的最大目的，便是在对文献进行整理、编纂、注释工作的基础上，去粗取精，删繁就简，创立新的体例，运用新的观点，编述为有系统、有剪裁的总结性的较全面、完整的《中华通史》，使全国人民得以从这里面看到悠久而丰富的全部文化，因之油然而生爱国之心，以激发其志气。另一方面，有了这部书，可以节省人们求知的时间和精力；读了这部书，可以抵得上若干部书；对帮助人们增广文化知识，有着更多的好处。这便是我们文献工作者的主要目的和重大任务。

第二节　记录古代文献的材料

甲骨

　　根据地下已经出土的材料，可证我国在商代已有很多可用以记事的文字了。所记载的，只是极简单的某月某日做什么事，用小刀刻在龟板的腹甲和牛骨上。因为这上面的记载，大半是占卜的事情，所以学者们称它为"甲骨卜辞"，或称为"龟甲文字"。因为它出土于殷代都城旧址，所以又称为"殷虚卜辞"（虚即墟字），或称为"殷虚书契"（契是刻的意思）。这种遗物，埋藏在地下达三千年之久，直到1899年（清末光绪二十五年），才大批出土于现在河南安阳西北的小屯村。在这以前，并非没有出土过，每当农民犁田的时候，是经常有些发现的，但都被称为龙骨，以贱价卖给药店去了。到1899年，才被学者们发觉，加以重视和收购。所以叙述龟、骨出土的历史，也就从这年起。小屯村既是殷都旧址，这些出土的龟甲兽骨，无疑是殷代官方藏书之府内的遗物。

最初发觉甲骨上面有文字加以收购的，为山东福山人王懿荣。他是清末的官僚，住在北京，是一位金石收藏家。当他最先发觉龟板上有文字时，便托古董商四处搜求，共约千片。不久，他死了，甲骨为丹徒刘铁云所得。刘氏又托人奔走购买，所集更多。上虞罗振玉，在刘氏处开始看到甲骨文字，以为"汉以来小学家所不得见"，惊为奇货，因怂恿刘氏拓印行世。1903年（光绪二十九年），刘氏择龟甲中字迹完好者千余片，拓印为书，名《铁云藏龟》，凡六册。这便是甲骨文字印行之始。这书印行不久，当时朴学大师瑞安孙诒让得而读之，在1904年，写成《契文举例》二卷，这便是我国学者从事于甲骨文字研究之始。次年，孙氏又刊行所著《名原》二卷，摭拾金石遗文与甲骨刻辞，证说古文字的形体，这便是我国学者用甲骨文考证古文字之始。

至于根据甲骨文字，以上证殷代史实，秩然就理，为近几十年来的史学界开辟一新途径，则以罗振玉、王国维二人之功最多，而王氏之成就尤巨。两人在政治上，思想感情是封建的、反动的，但是在考史工作上所用的方法，是客观的、科学的。罗氏从 1906 年开始搜购甲骨，并派专人至安阳采掘，前后所得达三万片以上，为历来收藏家所不及。于是开始了广为流传的工作。先后编印《殷虚书契》八卷，《殷虚书契菁华》一卷，《殷虚书契后编》二卷，《殷虚书契续编》六卷。这几部书的行世，对学术界的贡献极大，为历史学家们提供了丰富的材料，由此研究甲骨文字的风气，也就大大地展开了。

不过前此殷墟甲骨的出土，纯属偶然的发现，及知其可以牟利，则又滥肆开采。在这中间，自然毁灭了不少宝贵的材料。至于正式组织人力，用科学方法，有计划地进行发掘，这是从 1928 年才开始的。由当时中央研究院历史语言研究所主持其事，实际参加工作的如梁思永、李济、董作宾，都富有考古学的知识与经验，所以收获也很大。从 1928 年 10 月到 1934 年 3 月，陆续进行了九次发掘，共发现龟甲和兽骨 6513 片。选出 3866 片，编为《殷虚文字甲编》，由商务印书馆影印行世。1934 年的秋天和1935 年的春秋两季，又陆续举行了第十、十一、十二等三次发掘，仅找到了殷代帝王的葬所，而没有发现甲骨。从 1936 年春季到 1937 年春季，又进行了第十三、十四、十五等三次发掘，共发现龟、骨 18405 片。编为《殷虚文字乙编》，先后出版了上、中、下三辑。从此研究甲骨文字的材料，较过去私人所搜求而传拓的，更加丰富而完整。1955年，又由中国科学院考古研究所编成《殷虚文字缀合》，将断碎了的甲骨连接起来，从而补充了许多资料。近年由中国科学院历史研究所组织人力，编出《甲骨文合集》，陆续出版。洋洋大观，集甲骨文字之大成。

金石

古代有些重要的文献记录，为了传之久远，不致朽烂缺脱，于是托铜器和石碑上的刻辞以传于后世。金石文字，便成为考证古史的宝贵资料。特别是铜器较石刻更能耐久，可借以考证古史的作用更大。铜器绝大部分都是古代上层贵族日常生活中所享用的礼器。大概说来，乐器有钟，食器有鼎、鬲、敦、簠，饮器有尊、彝、壶、罍、爵、觚，盥洗器有盘、匜。这些礼器中，以钟和鼎为最大，上面大半刻有文字，所以后来便称研究这类东西的学问为"钟鼎文字之学"，现在简称为"金文"。

从公元前十三、十四世纪起，古代贵族便已在他们常用的青铜器上刻字。最初仅刻上自己的名字或其他符号以示区别，后来渐渐刻上带有纪念性的文字，或者说明作器的原因，或者说明作器的用途和作器的人。后又进一步，将需要永久保存的重要文献也刻在上面了。因此，青铜器上的文字，就由一个字两个字逐渐发展到几百个字。我们从这些纪念性文辞上，可以得着关于当时许多事情的历史知识。这种青铜器上的文字，我们称之为"铭"，铭文也就起着书的作用。如毛公鼎、盂鼎、散氏盘、虢季子白盘之类的铭文都很长，是极其重要的古代文献。

刻文字在铜器上，比刻石艰难，加之文字也不能多载，所以到了秦以后，便普遍用石刻代金刻。南宋学者郑樵在《通志·金石略》中说过："三代而上，惟勒鼎彝。秦人始大其制而用石鼓，始皇欲详其文而用丰碑。自秦迄今，惟用石刻。"这自然是事物发展的必然趋势。

石鼓文是我国现存最早的石刻文字。在十个鼓形的石头上，各刻四言诗一首，歌咏秦国君游猎情况，因又称为"猎碣"。所刻书体，为秦始皇统一文字以前的大篆（即籀文），历代学者对其书法评价很高。其制作时代，唐人以为周文王或宣王，宋人始提出秦始皇以前之说。经近代学者进一步研究，公认为秦国的刻石，但仍有文公、穆公、襄公、献公诸说，确切年代，尚不易定。石原在大兴县（今陕西宝鸡）之南，唐初被发现。杜甫、韦应物、韩愈等都有诗篇题咏，益为人们所重视。十石传到今天，文字大多剥泐，其中一石全部无存。原石今藏故宫博物院。

远在公元前一百年，司马迁写《史记》时，便将秦始皇巡游天下颂扬功德的刻石，如泰山、琅琊、之罘、碣石等石刻上面的文辞，都收入了《秦始皇本纪》，这便创辟了以石刻文字为史料的途径。秦始皇刻石颂功之事，史凡六见。之罘、碣石之刻，久已无传；峄山、会稽，皆出后人重摹；泰山石毁于火；琅琊台刻石，清咸、同间犹存，后亦坠于海。从汉以来，碑的应用愈广，而石刻愈多，取以考证史实，为用更大。石文价值，不在金文之下。后人考证旧史的，便以"金石"并称了。

在我国古代，官方把几部重要的儒家经传刻在较厚的石版上，作为统一的标准读本，是从东汉熹平三年（公元174年）的石经开始的。当时汉灵帝吩咐蔡邕等写好上石。其所写内容，为《周易》《尚书》《鲁诗》《仪礼》《春秋》五经，《公羊》《论语》二传。刻成后，竖立在洛阳太学（当时最高学府）门外，以便全国读书的人都以此为依据，来校正传抄本的讹误。《后汉书·蔡邕传》称当时"观视及摹写者，车乘日千余两，填塞街陌"。说明每天都有很多人去抄石经，或用捶拓的方法，揭取印本。后来，魏明帝正始年间（公元三世纪初），又用古文、篆、隶三种字体，刻了《尚书》《春秋》二种，称为"三体石经"，每个字都用三种字体写成，比较烦难，没有多写其他经传便中止了。唐文宗开成年间（公元九世纪中叶），也在长安太学用楷书写刻了十二部儒家经传（《十三经》中无《孟子》）。这时，印刷术已发明了。不久以后，儒家经传便用雕刻木版的办法代替了雕刻石版，比较轻而易举，刷印方便。所以唐以后还有几个朝代都刻了石经，但意义和作用都赶不上熹平石经和三体石经的重大。至于历代墓碑墓志的拓本，保存到今天的，数量很多，在在可以考证史传，增补遗闻，也是极可珍贵的文献资料。

竹木

前面所谈到的古代文献资料——记录在甲骨、金石上面的文字，都不能算是正式的书籍。因为它们本身具有另外一种目的，而不是以抒发情感、记载史实、传布思想为职志的。石经虽是正式的书，但它们是在已经有了正式的书很久之后才出现的。谈到中国最早的正式书籍，是那些用竹木为材料而写出的文字记录。

古人用以写书的竹片，叫作"简"，也称为"策"。所以郑玄《仪礼注》、蔡邕《独断》都说："策，简也。"古人用以写书的木版，叫作"方"，也称为"牍"。《礼记·中庸》说过："文武之道，布在方策。"古人说"方策"，就等于我们说"书籍"一样。制成竹简和木牍的方法，是先取竹木裁成短段，剖劈成片，再加刮削之功，成为长方形的写书版。由于新竹容易生虫朽烂，凡制竹简，必须先放在火上烘出水来，名为"汗青"；又将竹上青皮刮去，名为"杀青"。至于木版，更要用力刨治，使它平滑，才好在上面写字。

竹简的形式狭而长，一片竹简所载字数有限，因此，写成一部书，便要用很多的简。为了便于阅读，这些简必须按着文字的次序编连起来，成为册。编简成册的方法是用一根带子，将简的上下编连起来，再用剩余的带头将简捆扎成为一束，这就是一册书。编简用的带，有丝绳、皮带两种。丝质的叫"丝编"，牛皮的叫"韦编"。通常这样编成的一册，是书中一篇首尾完整的文字，所以又叫作"篇"。古人对于竹书的计数，都以篇为单位。

木牍的用途，主要是通信和书写短文。古人通信用木牍，它通常是一尺长，所以有"尺牍"之名。《仪礼·聘礼》说："百名以上书于策，不及百名书于方。""名"就是字，不及一百字的写在木版上；超过了一百字的，便要写在竹简上，使之能编连起来，记载较多的内容。所以古代正式的书都用简策；至于版牍，原来只用作通信和记录短文，对竹简来说，自然还起了辅助作用。

简策的长度，在同一时期内是比较一致的。但在各个时期，则不相同。春秋战国时候的简，最长的二尺四寸，其次一尺二寸，又次八寸。汉朝的简，最长的二尺，其次一尺五寸，又次一尺，最小的五寸。古人用最长的简写经典，用短简写传记杂文，国家的法律是写在特长的三尺简上，表示尊重。每简的字无定数，最少的八字，多的有三十余字，通常在二十二字到二十五字之间。因此，一篇文字就要用到很多的简，而简也必须编连成册了。

这样的书，在中国历史上不止一次从地下被发现过。出土量最大的一次是公元280年，即西晋太康二年。《晋书·束晳传》称："太康二年，汲郡人不准盗发魏襄王墓，得竹书数十车。"这是多么丰富的文献资料！其中如《竹书纪年》《穆天子传》，至今仍为古代史研究工作者所重视。后来历代都有或多或少的发现，不在这里胪列了。单就近十年来说：1972年4月，山东临沂银雀山汉墓出土竹简四千四百余枚，其中大部分是兵书。除《孙子兵法》和《孙膑兵法》以外，还发现《六韬》和《尉缭子》，也有《墨子》《管子》《晏子》以及不少有关军事、政治和阴阳杂占等方面的佚书。同年11月，甘肃武威县旱滩坡汉墓出土了医药简牍（简称医简）92枚，是一份很珍贵的医疗记录资料。除保存了比较完整的三十多个医方外，还记载了针灸穴位、刺疗禁忌等，内容极为丰富。1975 年 12 月，湖北云梦县睡虎地秦墓出土了大量秦简，计有 1155 枚。其内容大部分是法律、文书，不仅有秦律，而且有解释律文的问答和有关治狱的文书程式，反映了战国末年到秦始皇时期政治、经济、文化、军事各个方面的情况，为研究这时期的历史提供了前所未见的丰富材料。单就这三次的出土简策来说，竟成批地出现了有关军事、医药、法律等方面的专门性文献资料，是十分值得重视的。

缣帛和纸

古人用竹木为材料来写书，感到太笨重；遇着长篇文字，简策就很多，搁着占地方，携带很不便，弄乱了更不容易清理。而用丝织成的缣帛，质薄性柔，舒卷自如，用来写书，十分轻便。大约在竹简木牍盛行的同时，便有帛书传布于世。《墨子·鲁问篇》已有"书于竹帛，镂于金石"的话，可知那时缣帛已经和竹木同是写书的材料了。

在竹帛兼用的时代里，写字于素白的丝织品上，依着篇幅长短剪裁下来，折叠起，叫作"幡纸"。它的长短，依文字多少为转移。通常是卷成一束，称为一卷；短文也有几篇合成一卷的。而大部分的情况，在简策中编成一篇的，相当于帛书的一卷。所以古人计算书籍的数量时，很多的著录是"篇"、"卷"无分。

帛书的实物，七十多年前曾在新疆楼兰遗址发现过。1951年，也在长沙楚墓中发现过。但因丝织品在土中容易腐烂，所以发掘出来的帛书都是碎片，不能看见原来的形状，也无从辨识上面的文字。只有 1973 年 12 月在长沙马王堆三号汉墓中出土的帛书，共约十二万字，包括《老子》《经法》《十大经》《战国策》及兵书、历书、医书等十多种古籍，是我们今天第一次看到的最完整最丰富的古代帛书。即以《老子》而言，便有两种写本，大可取来校订今本《老子》的讹脱。其他也可作为整理古代文献的依据。这次出土是中国历史上空前的极其可贵的帛书大发现。

缣帛与纸，是相因的。纸的本义，原指缣帛。《后汉书·蔡伦传》说：

> 自古书契，多编以竹简，其用缣帛者谓之纸。缣贵而简重，并不便于人，伦乃造意用树肤麻头及敝布鱼网以为纸。元兴元年（公元 105 年）奏上之，帝善其能，自是莫不从用焉，故天下咸称蔡侯纸。

据此，可知远在汉代，"纸"是缣帛的别名。证之《说文》系部："纸、絮一箈也"；竹部："箈、潎絮簀也"；水部："潎、于水中击絮也"。古人称"絮"，是指丝绵。联系起来看，可知我们祖先很早就已经发明在水中捣碎丝绵，使成屑末，用细竹帘捞起而造成纸的方法。《汉书·赵飞燕传》："箧中有赫蹏书。"应劭云："薄小纸也。"便是用丝绵造成的纸。大约将富于纤维质的材料，浸在水中，捣成浆，用竹帘取之，晒干便是纸，这是古人造纸的基本原理。蔡伦不过把材料推广到树皮、麻头、敝布、渔网罢了。他对改进和推广造纸术，作出了贡献。如果把人工造纸术的出现，竟归功于蔡伦一人，那就错了。

自从利用有纤维质的废料来进行造纸以后，纸的生产量提高了，价钱又比缣帛低廉得多，服务面也大大推广，对于保存文献资料，传布学术思想，起了不可估量的巨大作用。所以纸的出现，是人类历史上有着划时代意义的大事。而发明这项重要材料的光荣，是属于我们中国的劳动人民。世界各国先后知道造纸术，都是从中国传布出去的。这个经过改进、推广了的人工造纸术，在中国通行650年后，传到了中亚；又经过400年，传到欧洲；再经过580年，才传到美国。现在全世界文化传布工作所依赖的这个主要材料——纸，就是这样由我国古代劳动人民贡献给全人类了。

第三节　记录古代文献的书籍

当我们祖先没有发明记载社会事物和思想语言的工具以前，一切生活活动的事实，都是从很早的古人口里传出来的。等到发明了文字，找到了记录文字的材料以后，才有可能将那些口耳相传的史实和现实生活中的经验，渐渐记录下来，于是出现了书籍。但为当时传布文字的方法与条件所限，不可能记录很多字。

愈是在材料粗糙、刻制艰难的条件下，所记录的文字便愈简略。证之甲骨金文，莫不如此。到了使用简牍和缣帛的时代，便繁富多了。由少到多，由简单到复杂，这是事物发展的规律，书籍的发展也自然不能例外。

古今人的写作，尽管浩如烟海，但从写作的内容性质来加区别，不外抒情、纪实、说理三大类。一个人对外界接触或内心活动，要如实地抒发出来，写成诗歌，这便是抒情的作品。将过去的旧事、现实的生活，整理下来，写出记录，这便是纪实的作品。把自己的思想、议论，发表出来，写为论文，这便是说理的作品。用今天的分类来看这三者的不同，所谓抒情的作品，便是文学；纪实的作品，便是史学；说理的作品，便是哲学。文、史、哲三者，几乎概括了社会科学领域的全部。就拿几部常见的儒家经传来举例吧：《诗三百篇》，是抒情的作品；《尚书》《左传》，是纪实的作品；《周易》《论语》《孟子》《礼记》，是说理的作品。至于记录古代科学发明和技术创造的书籍如《考工记》，古人早已收入《周礼》，也都是纪实的作品。后世著述日多，"汗牛充栋"四字，早已不能形容其繁富了。推本穷源，也仍然是这三大类写作不断发展的结果。

书籍发展到极其浩博的时候，接触它的人，不可能遍观尽读，自然要权衡轻重，区别对待。提高识别能力以后，才能认定哪些书是要精读的，哪些书可以略读，哪些书只供翻检。从写作的内容来源加以区别，又可分为著作、编述、抄纂三大类。由于作者所投下的劳动不同，书的价值和作用也就不同。所谓"著作"，在古代要求很高，是专就创造性的写作说的。无论它的内容是抒情，是纪实，还是说理，它们都要有一个条件，便是这些内容都是前人没有说过或记载过的，第一次在这部书内出现，这才算得上"著作"。所谓"编述"，是在许多可以凭借的资料的基础上，加以提炼制作的功夫，用新的义例，改编为另一种形式的书籍出现。尽管那里面的内容，不是作者的创造，而是从别的书内取出来的，但是经过了细密的剪裁、加工，把旧材料变成更适用的东西，这便是"编述"。至于抄纂，则是凭借已有的资料，分门别类抄下来，纂辑成一部有条理有系统的写作。这三大类的书籍，充斥于经、史、子、集四部之中。即以群经而论，《周易》可算是著作；《尚书》《春秋》可算是编述；《论语》《尔雅》《礼记》可算是抄纂。就四部之书来说，经、子两部的书，著作为多；史部多属编述；集部则三者皆包含在内。这样来区别书籍的内容，自然可以明了它们的不同作用了。

历代书籍，在正史《艺文志》《经籍志》内都有著录的数字。但是那种数字，只限于登记国家的藏书，而没有包括当时的民间私藏在内；保存在国家图书之府的书籍，经过兵燹、天灾，散亡的又是极大量，所以反映在历代《艺文志》或《经籍志》的书籍数字，是很不可靠的。即以清代乾隆年间修《四库全书》而论，本是实行寓"查禁"于"修书"的政策。所以当时被抽毁的书籍便不少，当然是不能如实地反映当时书籍全貌。尽管如此，它的总目还大可供我们参考。从公元 1782 年即乾隆四十七年，修成《四库全书》，到现在已经两百年了。在此两百年中，还没有

第二部这样完备、可与之媲美的书目。我们暂可利用它，考见两百年前所存古代文献的一斑，还是有意义的。兹将其部类及书数胪列如次：

经部　一、《易》；二、《书》；三、《诗》；四、《礼》；五、《春秋》；六、《孝经》；七、《五经总义》；八、《四书》；九、《乐》；十、小学。

史部　一、正史；二、编年；三、纪事本末；四、别史；五、杂史；六、诏令奏议；七、传记；八、史抄；九、载记；十、时令；十一、地理；十二、职官；十三、政书；十四、目录；十五、史评。

子部　一、儒；二、兵；三、法；四、农；五、医；六、天文算法；七、术数；八、艺术；九、谱录；十、杂；十一、类书；十二、小说；十三、释；十四、道。

集部　一、楚辞；二、别集；三、总集；四、诗文评；五、词曲。

四部著录之书，共有 3457 部，79070 卷，即《四库全书》内实有各书的总数。《总目》中仅载书名，而未收其书者，共有 6766 部，93556 卷，即"存目"之书的总数。

如上所述，书的数量已经不少。两百年前修《四库全书》时，竟著录了这么多的书籍，在这两百年中，书籍发展情况又倍蓰于往时。我们所可凭借的文献资料，真是够丰富了。

第四节　古代文献的散亡（上）

我国古代的书籍，随着学术文化的提高，一天天由少而多，由简而繁地在增加。从汉哀帝时（公元前 6 年—前 1 年）刘歆编定第一部图书目录——《七略》以后，我国图书才有统计数字。后汉班固便根据它修《汉书·艺文志》，虽颇有增损出入，但相差还不很远。到梁代普通四年（公元 523 年），阮孝绪编定《七录》的时候，相去不过五百年，而汉代保存的书籍，已经散亡得十分惊人了。阮孝绪《七录序目》（见《广弘明集》卷三）后附载《古今书最》说过：

> 《七略》书三十八种，六百三家，一万三千二百一十九卷。五百七十二家亡，三十一家存。《汉书·艺文志》书三十八种，五百九十六家，一万三千三百六十九卷。五百五十二家亡，四十四家存。

这样巨大的散亡量，诚然是我国文化史上的重大损失。

尽管前代图书散亡率很大，但是新兴著述的发展，仍是向前不断增加的。唐初修《隋书·经籍志》，大凡四部经传 3127 部，36708 卷。通计亡书，合 4291 部，49467 卷。外有道佛经 2329 部，7414 卷。这是唐初图书数字，较之汉代，在量的方面增多了几倍。而欧阳修在《唐书·艺文志序》中谈道：

藏书之盛，莫盛于开元。其著录者，五万三千九百一十五卷，而唐之学者自为之书，又二万八千四百六十九卷。

可见开元年间的图书较之唐初，又增多不少。但是欧阳修却又指出其中情况道：

有其名而无其书者，十盖五六也。

可知当时的散亡，为数很大。这种情况，历代所不能免。所以马端临《文献通考·经籍考序》便已指出：

《汉志》所载之书，以《隋志》考之，十已亡其六七；以《宋志》考之，隋唐亦复如是。

由此可见，书籍一天天增加，也随着一天天在散亡，成为中国历史上不可避免的严重问题。秦代以前书籍的散亡，一般都归咎于秦火；秦以后两千多年书籍的不能长久保存，难道尽可诿之于兵燹吗？这里面自然还有如下所述的几方面原因：

第一，由于重德轻艺的思想，笼罩了整个古代社会，凡是涉及技艺方面的书籍，人们总是不加重视，因而导致了书籍的易于散亡。例如秦代下令焚书时，明白规定：

所不去者，医药卜筮种树之书。

这里面包含了不少的科技书籍。但到后来，却不见一本存在。恰巧相反，那些为明令严禁的《诗》《书》一类的经典，到汉初便次第出现了。马端临在《经籍考序》中又说：

若医药卜筮种树之书，当时虽未尝废锢，而并无一卷流传至今。以此见圣经贤传，终古不朽；而小道异端，虽存必亡。

这虽是旧时学者们的一套老调，但我国过去一切有用的科技书籍，确实在士大夫"小道异端"的思想支配下被排斥了。

第二，在古代传播文字的工具没有完备时，所有书籍全靠手写。假若某类之中，有一部删繁存简足以概括多种内容的书籍出现，大家便都传抄此书，而抛弃其他各家了。例如汉末郑玄，是中国历史上杰出的经学家。由于他的治学范围比较宽，是"通学"门庭，和当时专守一家师法的"博士之学"截然不同。所以他研究经学，是融会"今文""古文"不同说法而加以折中的。虽有宗主，却无门户。他既遍注群经，写成了简要的注本，于是学者们都传抄他的注本，而原来立于学官的今文经学家的专门著述，无人问津。从魏代以后，今文家经说大部分散亡，这是一个重要原因。

第三，由于古代的士大夫，重视文词，鄙弃朴学，对于辞藻华艳的作品，极感兴趣；对于朴实说理的书籍，反而疏忽。这在周秦诸子中，体现得十分明显。例如《庄子》一书，所以盛行于后世，注家也特别多，一方面固然由于它代表了超人超国的思想，为魏晋以来士大夫所欢迎；另一方面，由于它本身文词很美，所以脍炙人口，广为流传。诸子中以《墨子》说理最朴实，最透彻，而又最反复详尽，但为一般知识分子所厌看。所以它传到后世，错字脱简也最多，并且还散佚了很多篇。同时，那些研究史学的人，最厌看的是表和志，最喜读的是纪和传。在范晔以前写过《后汉书》的不下十数家。范晔生于南朝刘宋时代，文章写得很好，所撰《后汉书》，仅有本纪十篇，列传八十篇。传抄起来很方便，正符合社会需要。所以范氏书盛行于世，而以前十九家的书都散佚了。

　　第四，由于事物不断向前发展，某些编录名物的书籍，各为它的时代所局限，后人凭借它原有的材料，加以重修。重修的书盛行，而原书便废。例如班固根据刘歆《七略》修《汉书·艺文志》，有所增损于其间。后来《艺文志》竟代替了《七略》，而《七略》原本便渐渐无人问津了。幸而班固在每一类都标明了省并出入，所以《七略》到后来虽已亡佚，现在还可从《汉书·艺文志》中考见其大略。又如梁代顾野王，沿用许慎《说文解字》的体例，于公元543年（梁大同九年）编成一部《玉篇》。到674年（唐上元元年），孙强在它的基础上增加很多字进去了；到1013年（宋大中祥符六年），陈彭年等又重修之，书名虽仍旧称《玉篇》，内容却完全变了样。而顾野王的原书，便无形中被湮没了。

第五，由于著书的人犯了罪，伏了法，或者身败名裂为社会所不齿，因之对他的著述，也就由疏远而遗弃以至于散亡。例如范晔所撰《后汉书》，原来有志十篇，交托他的好友谢俨整理。后来范氏因事伏诛，谢俨深恐祸之及己，为了灭迹避嫌，将他寄存的全部稿本都毁掉了。这说明在中国古代，如果一个人犯了罪，连他的好友也不敢保存他的书稿，何况社会其他一般人呢？即使书已写成，并且盛行一时，但一旦身败名裂，他的书也一定为社会所摒弃。所谓"因人废言"，是古代社会中极普遍的现象。例如王安石在宋神宗时做宰相的时期内，曾颁行自己所写定的《三经新义》（三经，指《诗》《书》《周礼》）。学校以此为讲授的教材，科举以此为考试的准绳，盛行于一时。等到他罢相以后，为当时和后世士大夫们所斥责甚至唾骂，他的《三经新义》和《字说》等著述，便随之散亡了（今唯《周官新义》有辑本）。这是由于中国古代士大夫"以成败论人"的浅见，牢不可破，便在无形中造成了书籍的损失。

第六，由于在古代社会里，书籍集中在少数人之手，主人深闭固拒，不肯借人阅览，把它看成奇货和古董。特别是海内的孤本，收藏家更"讳莫如深"，不轻易给人知道，这自然给书籍带来了灾害。例如《后汉书》的作者，先后有十几家之多，而以三国时吴人谢承的写作为最早。因流传不多，致早就散佚。《隋书·经籍志》著录谢承《后汉书》一百三十卷，可知其内容丰富，作者时代又早，胜于范晔的书远甚，学者们深以不得见是书为憾。但至清乾嘉时，竟还有人保藏了这部书。当阮元任浙江学政时，章学诚即致书托以设法访求此书。指实谢氏后汉一编，确藏山阴王树实家，秘藏什袭，不以示人，必得有位望者奖赉之而后出。《章氏遗书·外集二·与阮学使论求遗书》一札中言之甚详。而阮氏《文集》《笔记》中，既无答书，亦未道及此事。其书今尚在人间否，不可得知了。再如薛居正《五代史》原书，明清之际，尚有存本。近人张元济《校史随笔》中言之尤凿凿可据。张氏又谓今人歙县汪氏实有其书，确已售去，而辗转追寻，不可复得。从这些事实，可知我国书籍中的一部分秘册孤本，被少数收藏家所垄断以致湮没散佚的，又不知多少。

第五节　古代文献的散亡（下）

从来不少学者谈到书籍散亡的问题，便都只称举在"正史"里所记载的几件有关"兵燹""祸乱"的大事。《隋书·牛弘传》记载牛弘在开皇初年做秘书监时，曾上表请开献书之路。其中指出古今书籍经过了五次大的灾厄。大意以为秦始皇下令焚书，是第一次；西汉末年，赤眉入关，是第二次；东汉末年，董卓移都，是第三次；西晋末年，"刘石乱华"，是第四次；南朝萧梁时，周师入郢，元帝自焚藏书，是第五次。后来明代胡应麟认为牛弘所论，都是隋代以前的事实。从隋唐以至宋末，又经过了五次大的灾厄。他在《少室山房笔丛》卷一便补充牛弘之说，又提出所谓五厄：他认为隋大业十四年（公元618年），炀帝杨广在江都被杀，一时大乱，图书被焚，是第一次；唐天宝十五载（公元756年），安禄山入关，玄宗李隆基出奔蜀，书籍损失殆尽，是第二次；广明元年（公元880年），黄巢入长安，僖宗李儇出走，书籍焚毁不少，是第三次；北宋政府藏书，本来很多，到靖康二年（公元1127年），金人入汴，将徽宗赵佶、钦宗赵桓父子二人俘掳去了，所有图书，散佚无算，是第四次；南宋德祐二年（公元1276年，即至元十三年。胡氏以为绍定者，误），伯颜南下，军入临安，图书礼器，运走一空，是第五次。连牛弘所举的五厄，总共便有了"十厄"。

但是他们所指出的"十厄"，是专就历代王朝兵败国破时图书遭到的重大损失而言。其实变起仓皇，一时集中在国家藏书之府的书籍，虽免不了散失或焚毁，然以中国疆土如此之大，民间藏书，总不会完全根绝的。历代"正史"中，每叙述到兵燹，便必然要涉及图书，而有"俱成灰烬""扫地无余"这一类的话，自不免过于夸大。即以秦始皇焚书而论，当日明令不烧的书，反没有一卷留传后世；而那些限期焚绝的"经典"，经汉代学者搜求修补，反而有一部分恢复了旧观。可知古代文献的散亡，绝不是历代兵燹和焚禁这一类"有形的摧毁"所能绝灭的；它的不免散亡，自以"无形的摧毁"所造成的损失为最大。

所谓"无形的摧毁"，又可分为"无意识的"与"有意识的"两种。无意识的摧毁书籍，大半体现于历代统治者大规模修书的工作中。例如唐太宗李世民，是一位最懂权术的皇帝。他平定天下以后，设馆修书，笼络前朝遗臣。他所领导修辑的书籍很多，而最重要的有两件较大的工作：一是整理五经义疏；一是改编往代史书。但是其结果是一百八十卷的《五经正义》出，而其他经学书籍皆废。这在元代学者戈直所著《贞观政要集论》中，说得很清楚：

> 太宗兴起斯文，命颜师古考定《五经》，孔颖达撰定《疏义》。《易》主于王弼，《书》主于安国，《诗》主于毛、郑，《三礼》主于康成，杜预之《左传》，何休之《公羊》，范宁之《穀梁》，皆卓然显行于世，而其他数十百家尽废。……由此论之，则明六经之义者《疏义》也，晦六经之道者亦《疏义》也。

统治者原来的用意，是在修辑经义；而结果被废弃了的经说，多于整理了的材料若干倍。这对古代文献来说，是一种严重的损失。

再就唐初修史的工作而言，在唐以前写晋史的，有十八家之多。唐太宗认为他们的书都不够好，于是吩咐房玄龄等改编一部。自重修一百三十卷的《晋书》出，而诸家之书皆废。清代学者王鸣盛在《十七史商榷》卷四十三中谈到这一问题时说过：

> 《晋书》作者最多，王隐则有《晋史》，虞预则有《晋书》，孙盛则有《晋阳秋》，干宝则有《晋纪》，邓粲则有《元明纪》，谢沈则有《晋书》，习凿齿则有《汉晋春秋》，徐广则有《晋纪》，郗绍则有《晋中兴书》。其后齐臧荣绪括东西晋为一书，《纪》《录》《志》《传》凡百一十卷；梁沈约亦作《晋书》百一十卷。夫王隐等以晋人记晋事，载录未全，固必须改作；即沈约在臧荣绪之后，卷数又同，谅不过润色臧书，亡佚犹未足惜。若荣绪既勒成司马氏一代事迹，各体具备，卷帙繁富，谅有可观。即以垂世，有何不可。乃唐贞观中，重修《晋书》成，而荣绪之书竟废，吾为荣绪愤之。

这自然也是史学界的一大损失。统治者在当初虽没有消灭其他《晋史》的企图，但事实却招致了这样不好的后果。这和修《五经正义》时所引起的后果一样，虽同属于"无意识的摧毁"，但诚然是古代文献散亡的重要原因。在中国历史上，这样的事实很多，在这里不过举出唐初修书之事以示例而已。

古代统治者最毒辣的手段，表现于"有意识的摧毁"，便是用"稽古右文""采访遗书"的幌子，来施行查禁图书的政策。每逢改朝换代之后，新的统治者顾虑到前朝野史、笔记、诗文之内，包含了不利于己的思想言论，不趁早禁绝，不独有损新朝的尊严，也无法巩固自己的权位。事实上非进行一次图书大检查不可。但是为了避免后世唾骂，不敢明目张胆地去烧书，只得标立一个好听的名目，来愚惑人民，掩饰自己的罪行。我们只拿清代乾隆年间修《四库全书》来看，便可证实当时所烧毁的书籍，是多么严重！偶一检阅当时办理《四库全书》的历次"圣谕"（俱载乾隆《东华录》），便可知道这一件事情的本末。乾隆三十七年（公元 1772 年）正月四日所颁"上谕"有云：

> 今内府藏书，插架不为不富。然古今来著作之手，无虑数千百家。或逸在名山，未登柱史。正宜及时采集，汇送京师，以彰千古同文之盛。其令直省督抚，会同学政等，通饬所属，加意购访。

这好像明确指出专诚访求遗书，是在"彰千古同文之盛"，而别无其他用意似的。但是当时经过了几次大的文字狱以后，地方官吏也不敢轻易献书，恐怕株连受罪。统治者为着解除这般人的顾虑，又在乾隆三十八年"上谕"中郑重申明：

> 书中即有忌讳字面，并无妨碍，现降谕旨甚明。即使将来进到时，其中或有妄诞字句，不应留以贻惑后学者，亦不过将书毁弃，传谕其家，不必收存。与藏书之人，并无关涉，必不肯因此加罪。至督抚等经手汇送，更无关碍，又何所用其畏疑乎！朕平日办事光明正大，可以共信于天下。

这样一来，地方官吏开始积极献书，集中到政府的图书一天天增多了。统治者于是下决心进行严格审查，及时焚禁。所以在乾隆三十九年八月"上谕"中的措辞，便大不同了，竟明目张胆地提出：

正当及此一番查办，尽行销毁，以正人心而厚风俗。

这一处置，并非偶然，而是事先早就安排好的必然措施。当时纂修《四库全书》的大臣们，也就仰承最高统治者的意旨，进行销毁工作。陆锡熊《宝奎堂集》卷四《进销毁违碍书籍札子》说过：

凡明季狂吠之词，肆意妄悖，俱为臣子者所当发竖眦裂。其有身入国朝，为食毛践土之人，而敢于逞弄笔端，意含愤激者，尤天理所不容。自当凛遵训谕，务令净绝根株，不得使有只字流传，以贻人心风俗之害。

这样，便使"有意识的摧毁"成为了严酷的事实。所以《四库全书》告成之日，也正是古代文献散亡最多之时。我们只看近人章炳麟《哀焚书》一篇（见《检论》卷四）中所谈到的，便可见其一斑。

第二章　古代文献的基本情况

第一节　著作、编述、抄纂三者的区别

"著述"二字，认真分析起来，还是有界限的。《礼记·乐记篇》说："作者之谓圣，述者之谓明。"这句话的含义，虽很广泛，但用来衡量写书的工作，还是有意义的。凡是前无所承，而系一个人的创造，这才叫作"作"，也可称"著"；凡是前有凭借，而但加以编次整理的功夫，这自然只能叫作"述"。清代学者焦循《雕菰集》卷七《述难篇》说过：

> 人未知而己先知，人未觉而己先觉，因以所先知先觉者教人，俾人皆知之觉之，而天下之知觉自我始，是为"作"。已有知之觉之者，自我而损益之；或其意久而不明，有明之者，用以教人，而作者之意复明，是之谓"述"。

我们根据这一界说，去取证于历史上的事实。像孔子在中国文化史上，相传有着赞《易》、修《春秋》、删《诗》《书》、订《礼》《乐》的功绩，都不过是整理古代文献的工作而已，并不是他自己有什么新的创造和发明，所以他一生只能提出一个"述而不作"的自我鉴定，由此可见，"作"与"述"是不容混淆的。

综合我国古代文献，从其内容的来源方面进行分析，不外三大类：第一是"著作"，将一切从感性认识所取得的经验教训，提高到理性认识以后，抽出最基本最精要的结论，而成为一种富于创造性的理论，这才是"著作"。第二是"编述"，将过去已有的书籍，重新用新的体例，加以改造、组织的功夫，编为适应于客观需要的本子，这叫作"编述"。第三是"抄纂"，将过去繁多复杂的材料，加以排比、撮录，分门别类地用一种新的体式呈现，这称为"抄纂"。三者虽同是书籍，但从内容实质来看，却有高下浅深的不同。

汉代学者对于"作"和"述"，是分别极其清楚的。当司马迁预备修《史记》时，上大夫壶遂曾经将他的这种工作和孔子修《春秋》并论。司马迁却郑重说明：

> 余所谓述故事，整齐其世传，非所谓作也。而君比之于《春秋》，谬矣。

这几句话，见《太史公自序》。可知司马迁当日，仅认定自己做的是编述工作，而不敢以作者自居。后汉王充快写完《论衡》的时候，有人颂扬他的书可以算一部伟大的著作，他自己却不承认，并在《对作篇》中指出：

> 非作也，亦非述也，论也。论者，述之次也。《五经》之兴，可谓作矣。《太史公书》，刘子政《序》，班叔皮《传》，可谓述矣。桓君山《新论》，邹伯奇《检论》，可谓论矣。今观《论衡》政务，桓、邹之二论也，非所谓作也。造端更为，前始未有，若仓颉作书，奚仲作车，是也。《易》言伏羲作八卦，前是未有八卦，伏羲造之，故曰作也。

王充将所有书籍分为三类，这见解是很正确的。他自己的写作，却不置于"作""述"之林，而只称之为"论"，充分体现了他对学问的谦谨态度和认识问题的深刻。"论"的本字当作"仑"，从亼册（亼即集字），是集合很多简册加以排比辑录的意思。《论语》那部书的命名，便取义于此。所以《汉书·艺文志》说：

> 论语者，孔子应答弟子、时人，及弟子相与言而接闻于夫子之语也。当时弟子各有所记，夫子既卒，门人相与辑而论纂，故谓之论语。

本来《论语》一书，是在孔子死了以后，根据当日学生中的许多笔记本整理辑录而成，所以它的书名实得义于"论纂"。抄纂的工作，以此为最早了。

由《论语》这种写作方式发展下去，后世"语录"一类的书，固然是它的嫡传，但是若能把抄纂的范围推广，那么，一切比较纷杂的文献资料，都可用分类的方法抄录排比，使之成为门类明晰、眉目清楚，有体系、有条理的"类书"。所以类书是完全由抄纂而成的。不独《艺文类聚》《太平御览》之属是类书，即如《文献通考》、朱子《小学》《近思录》之类，也何尝不是类书。它们主要的特征，便是从很多方面搜辑了材料，用新定的类例加以整理和排列，使人们从这里面可以检寻事目，提供参考资料，这对学术研究工作仍然大有裨益，成为不可缺少的书籍。

如果按时代顺序来分析这三大类书籍的发展情况，那么汉以前的书籍，著作为多。这表现在一部分古代文献，虽经秦火，尚能次第在汉初出现，证明了它们一定有保存的价值。由汉到隋八百年中，编述的书籍比较兴盛，包括两汉传注、六朝义疏以及史部群书，都属于这一类。唐以后通用了雕版印刷术，文字传播的方法更广，于是类书说部，充栋汗牛，抄纂的书籍，便风起云涌，一天天增多了。

第二节　编述的体例

在中国古代文献中，以"编述"的作品为最多，而它的作用也最大。它能在某种资料特别庞杂丰富的时期，来一次总结账式的整理，提出新的体例以驾驭旧资料。删繁就简，译古为今，直接给接受文化遗产的人们以莫大的帮助。这对进行学术研究工作，是很有利的。例如周秦之际，百家争鸣，各种学说思想，盛极一时，客观上需要一部总结账式的书籍，于是吕不韦便利用一群知识分子，通过集体创作，各献所长，写成八览、六论、十二纪，共为书一百六十篇的《吕氏春秋》。虽大体"以道德为标的，以无为为纲纪"（高诱《注序》中语），除保存大部分道家思想外，凡儒、墨、兵、农诸家议论，所甄采的也不少。特别是农家旧说，传于后世的极其稀罕，无由考见我们劳动人民祖先进行生产的方式和方法。《吕氏春秋》里，便有《上农》《任地》《辩土》《审时》诸篇，充分保存了秦以前农业生产的经验，成为极可宝贵的理论。这一类的编述工作，偏重在纂辑言论方面，汉代刘向的《说苑》，便是循着这种体例而编述的。

而在记载事实的史料方面，到汉代也庞杂而丰富了。书籍太多，容易使人望洋兴叹，不知从何下手。客观上需要一部总结账式的书籍，于是司马迁毅然以此自任。他在《报任安书》中，自述其志事道：

网罗天下放失旧闻，略考其行事，综其终始，稽其成败兴坏之纪，上计轩辕，下至于兹，为十表、本纪十二、书八、世家三十、列传七十，凡百三十篇。亦欲以究天人之际，通古今之变，成一家之言。

所谓"究天人之际"，"天"指自然现象；"人"指社会现象。所以他所编述的这部通史——《史记》，不但推究社会事物的变化，并且还致详于天文（《天官书》）、地理（《河渠书》）等自然现象，把史书的范围特别扩大了。他所根据的古代文献，除"六经"外，还博采《世本》《国语》《战国策》《楚汉春秋》之类，至为繁夥。他将中华民族的文化，从黄帝时代起，到汉武帝时代止，作出了全面的、有系统的总结；尽可能地凭借几部古代重要文献遗籍，用剪裁、熔铸的方式，改编为崭新的贯通古今的通史。例如他依据《尚书》，便写成夏、商、周本纪；依据《左传》和《国语》，便写成列国世家；依据《论语》，便写成《孔子世家》和《仲尼弟子列传》。其他如《孟荀列传》《老庄申韩列传》，又是从诸子百家的书里，通过提要钩玄的功夫，总括出来的结论。所以他这部百三十篇的写作，可说是中国古代文化的百科全书。这在古代文献中，诚然是一次空前的规模浩大的编述工作。

"编述"的体例，和"著作""抄纂"都有所不同。"著作"固然以创造性的理论为多，而"抄纂"则完全成于辑录，"编述"便介乎二者之间。它用新创的体例，来整理旧有的文献。和"抄纂"根本不同之点，便在于抄纂的书大半必须标明资料的出处，以说明它是有根据的。"编述"便不然，乃是将那些来自不同时间和不同空间的资料，经过整理、熔化的工作，使成为整齐划一的文体，以崭新的面貌出现。那么，这些材料既已由各自分立的旧质变为综合统一的新质了，用不着再来标明它的出处。所以《史记》的每一篇写作，都不外根据经传子史，但他从来不注明出自何书。这是"编述"工作的正体，不独司马迁如此，后来从班固以下修史，无论是纪传体还是编年体，莫不如此。

"编述"的工作，既已将旧有纷杂散乱的资料，改编为综合而有系统的书籍，使原有资料起了质的变化，所以在行文方面，也必然是用当代语言文字，将所采用的古代文献普遍翻译一次，使成为通俗的人所易懂的写作。这种翻译工作，出现在司马迁《史记》里面，也特别明显。例如《尚书》是最艰深难懂的古代文献，在《史记》里所采用《尚书》文字很多，如《五帝本纪》采用《尧典》；《夏本纪》采用《禹贡》《皋陶谟》；《殷本纪》采用《汤誓》《高宗肜日》《西伯戡黎》；《周本纪》采用《牧誓》《吕刑》；《周公世家》采用《金縢》《无逸》《多士》《费誓》；《燕世家》采用《君奭》；《卫康叔世家》采用《康诰》；《微子世家》采用《微子之命》《洪范》；《晋世家》采用《文侯之命》。司马迁概以汉代通行的文字，代替了原文中古奥字句。例如《尚书·尧典》"克明峻德"，《史记·五帝本纪》便改作"能明驯德"；《尚书》"庶绩咸熙"，《史记》便改作"众功皆兴"。这都根据了训诂的原则，用同一意义的今字，去代替经典上的古字，一变而为汉代人人易懂的文辞。这种工作，对于帮助后人理解古代文献，有着不可磨灭的功绩，也可说是编述工作中的重要一环。后来司马光编述《资治通鉴》，根据宋以前的古书，用新创的体例，写成北宋通行的文体，也是沿用这种方法去进行的。

第三节　写作的模仿

　　自从官方选定一部分有利于巩固政权的书籍，名之为"经"，认为是"天经地义"，永恒不变的原理、原则，加以推尊表彰，定为人们必读的课本以后，于是一般知识分子，相率以模仿古人著书为能事。像西汉末年的扬雄，便是最突出的一个。《汉书·扬雄传》称：

　　　　时人有问雄者，常以法应之，撰为十三卷，象《论语》，号曰《法言》。

可见《法言》这部书，完全是模仿《论语》而作的。他的写作很多，不止《法言》如此。班固在《汉书·扬雄传赞》里指出：

　　　　其意欲求文章成名于后世，以为经莫大于《易》，故作

《太玄》；传莫大于《论语》，作《法言》；史篇莫善于《仓颉》，作《训纂》；箴莫善于《虞箴》，作《州箴》；赋莫深于《离骚》，反而广之；辞莫丽于相如，作四赋；皆斟酌其本，相与放依而驰骋云。

那么，扬雄一生写作，没有一种不是模仿古人的。特别是《太玄》拟《易》，《法言》仿《论语》，为后人所效尤，更为后人所指责。宋代孙奕《履斋示儿编》卷七谈到仿古写书的情况道：

作经以拟圣者，其后儒之僭者乎！自非僭者，则扬雄不作《太玄经》以拟《易》，王长文亦不作《通元经》以拟《易》（晋），刘向不作《洪范五行传》以拟《书》（汉），陈黯不作《禹诰》以拟《书》（唐）。而虞卿《春秋》（赵相）、《吕氏春秋》（吕不韦）、《楚汉春秋》（陆贾）、《吴越春秋》（赵晔）、《晋春秋》（檀道鸾）、《唐春秋》（吴兢）之类无闻焉。《汉尚书》（孔衍）、《隋尚书》（王劭）、《后汉尚书》、《汉魏尚书》（并孔衍）、《续书》（王通）、《续尚书》（唐陈正卿）之类无有焉。扬雄不作《法言》以拟《论语》之精微，则王通不作《中说》以拟《论语》之蕴奥。呜呼！《孝经》，孔子所论也。孰知郭良辅又变为《武孝经》（唐），郑氏又易为《女孝经》（唐侯莫陈邈妻），以至《农孝经》（贾元道）、《酒孝经》（无名氏）纷纷而出。《尔雅》，周公所记也。孔鲋又转为《小尔雅》，张揖又衍为《广雅》（魏），以至《埤雅》（陆农师），诮诮而兴。配《孝经》者，又有马融之《忠经》；准《论语》者，又有宋尚宫之《女论语》；皆其僭之尤者乎！

在古代的学者们看来，"拟圣作经"是无比的僭妄，这是当时在尊孔崇圣的思想支配下提出来的见解，自然免不了偏蔽，我们且不必管它。今天但从写作发展的情况来分析问题，仿古著书，是书籍增多的途径之一。而模仿所及，本不限于几部经传。

古人认为"立言"是"三不朽"之一，最足以信今而传后。特别是政治人物和王侯贵族，十分重视它。即使自己没有能力动笔，也必网罗一批才智之士，替自己著书立说。例如秦代吕不韦，汉代淮南王刘安，都是用这种方法来进行编述的。《史记·吕不韦传》写道：

> 是时诸侯多辩士，如荀卿之徒著书布天下，吕不韦乃使其客人人著所闻，集论以为八览、六论、十二纪，二十余万言，以为备天地万物古今之事，号曰《吕氏春秋》。布咸阳市门，悬千金其上，延诸侯游士宾客，有能增损一字者，予千金。

可知吕不韦使用门客替他写书的动机，分明是仿效荀卿这般人，而想立名以垂不朽的。《汉书·淮南王传》也说道：

> 安为人好书、鼓琴，不喜弋猎、狗马、驰骋，亦欲以

行阴德，拊循百姓，流名誉，招致宾客方术之士数千人，作为《内书》二十一篇，《外书》甚众。又有《中篇》八卷，言神仙黄白之术，亦二十余万言。

这和吕不韦的所为，如出一辙。分明是一大群知识分子的集体创作，而著书之名，却为吕不韦和刘安所独得。这便在中国学术史上新辟了一条立名垂后的捷径。

抒发思想言论的书籍，称之为"子"，大半是门弟子或传其学者所加，或为后世目录家所补题，并不是作者自称其写作为"某子"。"子"虽是男子之通称，也是男子之尊称。《论语》中记载孔子的话，概用"子曰"发端，这是学生对老师的称号。周秦之际，诸子百家书籍都没有自称为"子"的。到了汉代，也还是如此。例如《淮南子》这部书，在《汉书·艺文志》里，只称"《淮南内》二十一篇，《淮南外》三十三篇"，而没有"子"的标题。高诱作注解时，在《叙》中但说：

> 物事之类，无所不载。然其大较，归之于道，号曰鸿烈。鸿，大也，烈，明也，以为大明道之言也。

可见当时有"鸿烈"之名，而仍没有"子"的称号。"子"的称号，大约起于魏晋老庄之学盛行以后，对道家思想有较大兴趣的学者们推尊这部书，便加上一个"子"字。所以唐初修《隋书·经籍志》，才称"《淮南子》二十一卷，汉淮南王刘安撰"。

这是"淮南子"的标题，出现于图书目录之始。这一事例，说明了自汉以上记载言论思想的写作，少有自称为"子"的。

晋代葛洪，自号抱朴子，因称自己所写的书，也叫《抱朴子》。他在《自叙篇》中说及自己生活情形道：

> 洪期于守常，不随世变。言则率实，杜绝嘲戏。不得其人，终日默然。故邦人咸称之为抱朴之士。是以洪著书，因以自号焉。

可知那部写作用"抱朴子"三字为名，是他自己加上的。从此以后，梁元帝萧绎，名其书为《金楼子》。隋唐以后，自名其书为"子"的便更多了。这又衍成模仿著书的另一形式。

至于纂辑自己所作诗文成一部书而名之为"集"，也是出于模仿，从魏晋以来才开始的。《四库全书提要·别集类叙》说过：

> 集始于东汉。荀况诸集，后人追题也。其自制名者，则始张融《玉海集》。其区分部帙，则江淹有《前集》，有《后集》；梁武帝有《诗赋集》，有《文集》，有《别集》；梁元帝有《集》，有《小集》；谢朓有《集》，有《逸集》。与王筠之一官一集，沈约之正集百卷，又别选《集略》三十卷者，其体例均始于齐、梁，盖集之盛，自是始也。唐宋以后，名目益繁。然隋唐《志》所著录，《宋志》十不存一；《宋志》所著录，今又十不存一。

由这段总结性的介绍文字，可知六朝以后诗文日盛，而模仿编"集"的风气也日益发展。但是书的传与不传，究竟还取决于书的内容价值如何。所以唐宋以后的文集，虽甚丰富，而不能流传久远、终致亡佚的，也就很多了。

第四节　写作的伪托

古代文献中，特别是较早的写作，一部分是出于后人伪造。后人为什么要造伪书以托名于古人？这却是中国历史上值得研究的问题。归纳来说，大约不外下列几个原因：

第一，在古代社会，一般人的心理，都是崇拜古人而鄙视同时的人。所以古代道术之士，偶有所作，深恐不能取重于当时，以致湮没了他的好内容，不得已托古人之名以传其书，以行其道。例如《易卦》必托名于伏羲，《本草》必托名于神农，《医经》必托名于黄帝，《礼书》必托名于周公，都是这个道理。《淮南子·修务篇》曾经指出：

> 世俗之人，多尊古而贱今。故为道者，必托之于神农、黄帝而后能入说。乱世暗主，高远其所来，因而贵之。为

学者蔽于论而尊其所闻，相与危坐而称之，正领而诵之，此见是非之分不明。

这段话，差不多道破了世俗喜欢托古的根源，并且反映了汉以上的书籍，存在着不少的伪托。这种风气，自汉以下，还普遍盛行，《晋书·曹志传》有这样一段记载：

武帝尝阅《六代论》，问志曰："是卿先王所作邪？"对曰："先王有手所作目录，请归寻按。"还奏曰："按录无此。"帝曰："谁作？"志曰："以臣所闻，是臣族父冏所作。以先王文高名著，欲令书传于后，是以假托。"帝曰："古来亦多有是。"顾谓公卿曰："父子证明，足以为审。自今以后，可无复疑。"

晋初流行的《六代论》，时人以为出曹植之手，司马炎以问植子曹志，而后知其为他人所假托，并指出了假托的原因。这和前面所提到的托古的用意是一致的，所以司马炎说"古来亦多有是"。大约在当时认为是不足奇怪的现象了。《晋书·陆机传》附载陆喜的写作情况道：

其书近百篇。吴平，又作《西州清论》，传于世。借称诸葛孔明，以行其书也。

由此可见，著书托古在晋代还很盛行。这种伎俩，一直传之唐宋以下，仍不能免。像宋代王铚所作《龙城录》，乃嫁名于柳宗元，便是一例。

第二，每逢统治者下诏求书，或者说明献书有赏，于是投机取巧的士大夫们便乘时制造伪书，行欺牟利。秦火以后，《尚书》最为残缺。汉代统治者再三设法访求，也只能找到二十九篇。到成帝时，便出现了《百两篇》。《汉书·儒林传》云：

> 世所传《百两篇》者，出东莱张霸。分析合二十九篇以为数十，又采《左氏传》《书叙》为作首尾，凡百二篇。篇或数简，文意浅陋。成帝时，求其古文者，霸以能为《百两》征。以中书校之，非是。

可知这种伪书，在当时便被识破了。而张霸作伪的动机，正和以后东晋豫章内史梅赜奏上《古文尚书》一样，都是从牟利弋名出发的。此外，如经典中的《周易》，只是古代三《易》之一。《连山》《归藏》，有其名而无其书。到隋代，便有人因《连山》之名，制造伪书了。《北史·刘炫传》记载道：

> 时牛弘奏购求天下遗逸之书。炫遂伪造书百余卷，题为《连山易》《鲁史记》等，录上送官，取赏而去。

像这一类志在取赏的事实，出现在古代士大夫之中，是不足奇怪的。

第三，古代的学者们，有彼此轻视、互相攻击的恶习。特别是名望地位相等的人物，更猜忌如仇雠。像汉魏之际的郑玄与王肃，便是一例。王肃年辈虽较郑玄为晚，但时代相距很近。那时郑氏经学已有大名，群经注说盛行于世。《三国志·王肃传》云：

> 肃善贾（逵）、马（融）之学，而不好郑氏。采会异同，为《尚书》《诗》《论语》《三礼》《左氏解》，及撰定父朗所作《易传》，皆列于学官。肃作《圣证论》以讥短玄。

但是王肃在作《圣证论》的同时，为着替自己的经说找出更有力的依据，还伪造了一部《孔子家语》，并且自己为它作注解，在《自序》中说道：

> 郑氏学行，五十载矣。寻文责实，考其上下，义理不安，违错者多，是以夺而易之。孔子二十二世孙，有孔猛者，家有其先人之书。昔相从学，顷还家，方取以来。与予所论，有若重规叠矩，而恐其将绝，故特为《解》以贻后世之君子。

王肃在这里郑重申明此书出于孔子后人，恰与己说暗合，来证明己说之不谬。其实当时便已有人攻击他。《礼记·乐记正义》引博士马昭的话："《家语》王肃所增加，非郑所见。"又说："肃私定以难郑玄。"可见当时学者早已揭穿了这一秘密。《汉书·艺文志·六艺略》虽有《孔子家语》二十七卷，但是颜师古《注》却明白指出："非今所有《家语》。"从而知唐初诸儒也已认定通行的《家语》是伪书，而《汉书·艺文志》所著录的《家语》，早已散佚。王肃沿用旧名，作书欺世。经过清代学者姚际恒、崔述、丁晏诸家考证，已成定案。这便开了造伪托古的又一途径。

第四，古代的士大夫，不独论学有门户之争，势同水火；而有关政治的斗争，更加厉害。植党营私，各不相下。乃至伪造书籍，彼此诬蔑。例如唐代牛、李之争，是历史上一件大事。那时便出现了一部《周秦行纪》，题牛僧孺撰。宋代晁公武《郡斋读书志》为之解题道：

> 唐牛僧孺自叙所遇异事，贾黄中以为韦瓘所撰。瓘，李德裕门人，以此诬僧孺。

明代胡应麟《四部正讹》更从而证明之，它的伪托确无可疑。同时，士大夫中也有挟私嫌而伪造书籍用相毁谤的：例如唐初欧阳询，不独书法好，有盛名于当时；学问文章，也为时人所推许。但有和他怀私怨的人，写了一部《补江总白猿传》，对他大肆诬辱。这在晁公武《郡斋读书志》和陈振孙《直斋书录解题》中早已道破了。胡应麟《四部正讹》下更明确地指出：

> 《白猿传》，唐人以谤欧阳询者。询状颇瘦削，类猿猱，

故当时无名子造言以谤之。此书本题《补江总白猿传》，盖伪撰者托总为名，不惟诬询，兼以诬总。

这种风气，从唐以下更甚，大半是出于一般不得志的人之手。宋代魏泰，是造伪书最有名的人，他既假托梅圣俞的名字，造《碧云骢》一书以讥诋当世，又陆续写成多种伪书以行于时。陈振孙《直斋书录解题》引王铚《跋范仲尹墓志》有云：

> 近时襄阳魏泰者，场屋不得志，喜伪作他人著书，如《志怪集》《括异志》《倦游录》，尽假武人张师正。又不能自抑，出其姓名作《东轩笔录》，皆用私喜怒，诬蔑前人。

这些事实，更证明我国古代文献，不独时代荒远的伪品为多；即唐宋以下说部之书，日益充积，也就真伪参半了。

第五节　写作的类辑

当人类文明日进、书籍逐渐增多的时候，客观上需要辑录多种或一种的文献资料，分门别类地抄纂在一起，以利于检寻和阅览，这便出现了"类书"。中国历史上类书的出现，一般都认为始于魏文帝时的《皇览》，这是不确切的。如果从"考镜源流"的角度去谈问题，这种书籍的出现，自当溯源于《尔雅》。《尔雅》一书，古时学者们尊之为儒家经典。从汉文帝时，便设立了"《尔雅》博士"，后世又将其列在《十三经》中，一直受人重视达两千余年之久。还有人高托远古，把它看成周公、孔子、子夏、叔孙通等陆续写出的大著作。这种荒远无稽之谈，自然不足取信。这部书凡十九篇，有解说字义的，头三篇《释诂》《释言》《释训》便是；有谈亲属关系的，《释亲》便是；有记房屋器用的，《释宫》《释器》《释乐》便是；有记自然现象的，《释天》《释地》《释丘》《释山》《释水》便是；有录生物品名的，《释草》《释木》《释虫》《释鱼》《释鸟》《释兽》《释畜》便是。这分明是汉初学者汇集群经传注中训诂名物的内容分类纂录而成，所以内容的绝大部分是解经的。分类登载，有条不紊，此非类书而何？谈到中国的类书，应该从《尔雅》算起。至于由最高统治者组织人力，编纂类书以供自己阅览，那才是从魏文帝时的《皇览》开始的。

书籍既然一天天丰富了，一个人不可能遍读天下书。特别是最高统治者，虽然学问不多，偏好附庸风雅，喜与文人学士考古论奇、品文赋诗。为着掌握很多文献资料，以便取用自如，便必须有一部类辑群书的简要本子，为统治者提供一座知识宝库。《三国志·魏文帝纪》云：

　　帝好文学，以著述为务，自所勒成，垂百篇；又使诸儒撰集经传，随类相从，凡千余篇，号曰《皇览》。

既称其书为《皇览》，是专供皇帝阅览的意思。和后来宋太宗分命臣下纂成的类书名为《御览》(《太平御览》)，取义正同。做皇帝的人，而要凭借类书来丰富自己的知识，不止曹丕一人为然。所以魏以后的统治者，也都沿用"皇览"旧名，有所辑录。《隋书·经籍志》子部杂家类，著录《皇览》一百二十卷。注云："缪卜等撰。梁六百八十卷；梁又有《皇览》一百二十三卷。"可知《皇览》这书，到南朝时又有继续编订的本子了。《隋书·经籍志》尚载有《类苑》一百二十卷，《要录》六十卷，《书苑》二百卷，《书抄》一百七十四卷。这一类的书籍，无疑都是类书。由此可知类书的编纂，在唐以前已很盛行了。

　　唐宋以来类书的编出，更为繁夥。像唐代魏徵所辑《群书治要》五十卷，虞世南所辑《北堂书抄》一百六十卷，欧阳询所辑《艺文类聚》一百卷，徐坚所辑《初学记》三十卷，都是现在还存在的类书。其中有的是直接受统治者的命令而编成的；有的虽出私撰，而与统治者的提倡息息相关。到了宋代，统治者更大规模地开展编写类书的工作，像宋太宗时敕修《太平御览》一千卷，真宗时敕修《册府元龟》一千卷，已为惊人巨帙。其后明成祖永乐年间所修《永乐大典》二万二千九百三十七卷；清代康熙雍正年间所修《图书集成》一万卷，更是洋洋大观，投下的人力财力为最多了。

　　《永乐大典》按韵目分列单字，按单字依次辑入与此字相联系的各项文献记载，广收各类图书，共七八千种。永乐元年（公元 1403 年）开始编辑，至六年完成。嘉靖、隆庆间，又依永乐时所缮正本另写副本一部。正本约毁于明亡之际，副本至清代已多散失，清末八国联军侵入北京，多被焚毁；其未毁者，全被劫走。1960 年，中华书局根据历年征集所得的七百三十卷，影印出版，略可窥见一斑。

古今类书中，编纂规模最大、搜集内容最富、至今还存在的，自以康、雍之间修成的《图书集成》为第一。其书总分为历象、方舆、明伦、博物、理学、经济等六《汇编》。《汇编》之内，分若干《典》；《典》之内分若干部。全书共三十二《典》，六千一百零九部。可以想见它所包罗的内容，十分广泛而丰富，诚然是中国历史上由最高统治者组织人力编成的一部大类书。

类书也有由私人编成的，其用意在于专供写文赋诗时取材方便。例如唐代大诗人白居易所修《六帖》，便是一例。据杨亿《谈苑》所说：

> 白居易作《六帖》，以陶家瓶数十，各题门目，作七层架列斋中，命诸生采集其事类投瓶中，倒取抄录成书，故所记时代，多无次序。

可知《六帖》完全是一部杂抄成语和典故的册子，以备采掇辞藻之用。从这种体例一开，类书也就出现了多种多样的形式（如后出《蒙求》之类皆是）。像南宋学者王应麟所编《玉海》二百卷，更成为这一类的大部头类书。它分为天文、律历、地理、帝学、圣文、艺文、诏令、礼仪、车服、器用、郊祀、音乐、学校、选举、官制、兵制、朝贡、宫室、食货、兵捷、祥瑞，共二十一门。每门各分子目，凡二百四十余类。而它的作用，即为"博学宏词科"的应试而编辑的。

如果肯定王应麟的《玉海》是类书，那么宋末元初的马端临所编《文献通考》三百四十八卷，将历代典章制度分属二十四门，照体例来看，又何尝不是类书？所以清初钱谦益《有学集》卷十四《琅嬛类纂叙》说过：

> 古今类纂之书，通有二门：一曰词章家，唐欧阳氏、虞氏、白氏之书是也；一曰典制家，唐杜氏、宋马氏、郑氏之书是也。

其后，章学诚在《校雠通义·宗刘篇》也说道：

> 类书之体有二：其有源委者，如《文献通考》之类，当附史部故事之后；其无源委者，如《艺文类聚》之类，当附集部总集之后；总不得与子部相混淆。

由此可见，如果把类书的范围推广，那么，天地间有不少的书，凡是抄辑文献、类录资料而成的，都属于这一类。像钱谦益所举唐杜氏（即杜佑《通典》）、宋马氏（即马端临《文献通考》）的书，后世称为政书，都是由分类辑录而成，可以归入类书。至于宋郑氏（即郑樵《通志》）的书，乃是远绍司马迁《史记》的体例，为编述通史而作，断不可混为一谈。前人只看到这几种书的名称，同有一个"通"字，便合刻在一起，称为"三通"，并一续再续，增为"九通"。这是一种不合理的配合。我们今天谈到专详典章制度的《通典》《通考》时，便不要再将郑氏《通志》并列其间。

类书大兴以后，对于学术界有利也有弊。诚如《四库全书总目·子部类书类序》所云：

> 此体一兴，而操觚者易于检寻，注书者利于剽窃。辗转稗贩，实学颇荒。然古籍散亡，十不存一。遗文旧事，往往托以得存。

这一评论，是比较恰当的。类书初起，虽大半是为统治者服务的，但却由它保存了不少的古代文献。即以《太平御览》一书而言，所引秦汉以来的书籍多至 1690 余种。其中十之七八，已经散佚很久了。今日尚赖《御览》所引，可以考见其大要。又如《永乐大典》，包藏的古书也不少。清乾隆时修《四库全书》，从其中辑出的佚书而录入《四库全书》的，计经部 66 种，史部 41 种，子部 103 种，集部 175 种。共 385 种，凡 4946 卷；外《存目》129 种，共 616 卷。可知类书对于保存古代文献的功绩，还是很大的。

第三章　整理古代文献的基础知识之一——版本

第一节　何谓版本？何时开始讲究版本？

谈到版本，首先要弄清楚"版"是什么？"本"是什么？合称"版本"，是何含义？这便需要对我们祖先记事、抄书的工具和材料，有个初步了解。在人工造纸术没有发明以前，古代是用竹简、木牍来记事、抄书的。《论衡·量知篇》说过：

> 截竹为筒，破以为牒，加笔墨之迹，乃成文字。大者为经，小者为传记。断木为椠，析之为版，力加刮削，乃成奏牍。

可知古代专以竹简写书，木版可兼用于奏牍。孔颖达《春秋左传正义》曾就《春秋经传集解序》所云"大事书之于策，小事简牍而已"加以分析指出：

> 简之所容，一行字耳。牍乃方版，版广于简，可以并
> 容数行。凡为书，字有多有少。一行可尽者，书之于简；数
> 行可尽者，书之于方；方所不容者，乃书于策。

"方"和"版"，是同样的东西。《礼记·中庸》所云："文武之
道，布在方策。"方指较大的木版，策指较大的竹简。《说文》：
"片，判木也。从半木。""版，判也。""牍，书版也。"版的本义，
原指木片，引申其义，竹片也可称版。

但是用竹简、木牍写书，所容字数，究竟有限。如果记载详
细事物，抄写丰富篇章，古人同时又使用了缣帛。早在《论语》
中，便有"子张书诸绅"的记载；《墨子》也有"书于竹帛，镂
于金石"的话，可知周末记载文字的工具，已经是简牍和缣帛兼
用了。

古人用缣帛记事、抄书，写得很长以后，便要把它卷起来，
才好保存。里面必安一木轴，以利收捲。捲字本只作卷，古音读
与衮同（如"龙卷"即"龙衮"），今人称卷物为衮，即古代遗
语。书的称卷，实起于此。那时一卷书，正和今日书画家所藏手
卷的形式一样，古人就称为卷轴。许多卷轴积存在书架上，轴头
都是露在外面的。这轴头，便是所谓"本"。《说文》："木下曰
本。""本"的原义和"根"相同。清末叶德辉《书林清话》卷
一说：

今人称书之下边曰书根。乃知本者，因根而计数之词。

这话是对的。因根计数，起于卷轴。就卷子中的木轴而言，可以称根，也可称本。那么，"版"的名称源于简牍，"本"的名称源于缣帛，是确无疑义的了。后世因合二者而连称"版本"，用为书册的通名。自从有了雕版印刷术以后，许多人习惯用"版本"二字作为印本的代称。如叶梦得《石林燕语》云：

版本初不是正，不无讹误。世既一以版本为正，而藏本日亡，其讹误者遂不可正，甚可惜也。

葛祐之《齐民要术序》云：

此书乃天圣中，崇文院版本，非朝廷要人，不可得。

王明清《挥麈录》云：

蜀中始有版本。

陆游《老学庵笔记》云：

尹少稷日能诵麻沙版本书厚一寸。

朱熹《上蔡语录跋》云：

> 熹初到括苍，得吴任臣写本一篇，后得吴中版本一篇。

像这一类直称印本为版本，在两宋时已盛行了，他们所称版本，乃对写本而言，是专指雕版印成的书。和"版本"二字的原意虽不相符，但是约定俗成，也就相沿不改。并且由原来单纯的书本名称，一变而为学术界的术语了。于是出现了"版本学"的专门研究，成为校雠学的内容之一。

宋人刻书，也经常采用多种版本去校勘一书。《石林燕语》卷八所谓"宋景文用监本手校《西汉》，末题用十三本校"便是一例。至于公私书目，著录群书，尚未标明什么版本。到南宋时，尤袤的《遂初堂书目》才开始提到不同的版本。

重视版本和讲究版本的风气，开始于南宋，而大盛于清乾、嘉时。尤氏《遂初堂书目》中所登载的版本，一书多到许多种。例如有成都石经本、秘阁本、旧监本、京本、江西本、吉州本等名目。同时，岳珂刻《九经三传沿革例》时，其家塾中所藏不同版本，一书竟有达到23种之多的。

到了明末清初，编造书目的才着重提出宋版、元版的名称。李鹏翀的《得月楼书目》，开始注明某书是宋版，某书是元版，某书是抄本。而季振宜的《沧苇书目》，钱曾的《述古堂书目》，徐乾学的《传是楼书目》，才列宋版、元版为专名。但他们还没有详载某书刻于何时何地，一叶多少行，一行多少字，以及字形大小，墨色浓淡。和后来赏鉴家们之所为，有所不同。

清乾嘉时，于敏中、彭元瑞等先后奉命编撰《天禄琳琅书目》，将宋版、元版、明版、影宋本、抄本，各从其类，分别叙列。乃至刻于何时何地，何人收藏，盖有何印，都一一记载，加以考证。这便是官家藏书目录讲究版本的开端。"上有好者，下必有甚焉者。"于是私人藏书之家，相率以宋刻元刊相矜尚。洪亮吉《北江诗话》卷三论述当时藏书家的流别有云：

> 得一书必推求本源，是正得失，是谓考订家。如钱少詹大昕、戴吉士震是也。次则辨其版片，注其错讹，是谓校雠家。如卢学士文弨、翁阁学方纲是也。次则搜采异本，上则补石室金匮之遗亡，下可备通人博士之浏览，是谓收藏家。如鄞县范氏之天一阁、钱塘吴氏之瓶花斋、昆山徐氏之传是楼是也。次则第求精本，独嗜宋刻。作者之旨意，纵未尽窥，而刻书之年月，最所深悉，是谓赏鉴家。如吴门黄主事丕烈、乌镇鲍处士廷博是也。又次则于旧家中落者，贱售其所藏；富室嗜书者，要求其善价。眼别真赝，心知古今。闽本蜀本，一不得欺，宋椠元椠，见而即识，是谓掠贩家。如吴门之钱景开、陶五柳，湖州之施汉英诸书贾是也。

这段话却对当时藏书家的高下，作了一番评比。那些"第求精本，独嗜宋刻"的赏鉴家，和那些"宋椠元椠，见而即识"的掠贩家，没有什么不同。二者同样是把宋元刻本书当作古董来玩，看成奇货可居。距离为读书而求书、藏书的做法，也就太遥远了。我们今天对于这种讲究版本的风气，应给予严肃的批判。

第二节　雕版印书，当溯源于石经

雕版印刷术，是我国历史上的伟大发明，为人类作出了重要的贡献。究竟是在什么时候发明了雕版印刷术呢？从来有三种不同的说法：一是隋朝（公元六世纪后期）发明说；二是唐朝（公元七至九世纪）发明说；三是五代（公元十世纪）发明说。五代发明说，已为事实所推翻；隋朝发明说，也有人认为不可靠；一般学者多考定我国发明印刷术的时期是在唐朝。现存实物和文献记载，都可证明在九世纪后期，我国已有了印刷术。

但是我始终认为，如果要探讨雕版印书的开始，应溯源于石经。在我国古代，官方把几部重要的儒家经传刻在石版上，作为统一的标准读本，是从东汉熹平三年（公元 174 年）的石经开始的。当时汉灵帝吩咐蔡邕等写好上石，刻成后，竖立在洛阳太学（当时最高学府）门外，以便全国读书的人都以这石版的文字作依据，来校正传抄本的讹误。史称当时"观视及摹写者，车乘日千余两，填塞街陌"。（见《后汉书·蔡邕传》）说明每天都有很多人去抄石经，或用捶拓的方法，揭取印本。络绎于途，拥挤不堪，在社会上引起巨大影响。

此后，魏明帝正始（公元三世纪初）年间，在洛阳太学，又用古文、篆文、隶书三种字体，把儒家经传重刻了几种，称为"三体石经"，每个字都是用这三种不同字体写成的。唐文宗开成（公元九世纪中叶）年间，又在长安太学用楷书写刻了十二部儒家经传（《十三经》中无《孟子》）。这时，印刷术已发明了。不久以后，儒家经传便用雕刻木版的办法代替了雕刻石版，这就比较轻而易举，刷印方便。所以唐以后还有几个朝代都刻了石经，但意义和作用都赶不上熹平石经和三体石经。

从石版上捶拓文字是印刷术的先驱。石版上所刻的字，是正面而凹入的，把纸铺在上面，打平，再用含墨的絮包捶打纸面，揭下来便成黑底白字的纸上文字。后来，劳动人民把这种方法反转过来，加以改进。在木版上刻着凸出而反写的字，用墨刷在版上，再将纸铺在上面，用刷刷过，便成白底黑字的纸上读物了。所以印刷术是捶拓方法的发展。今天我们谈雕版印书，必溯源于石经。把石经说成最早的印刷品，也无不可。

历代如汉熹平、魏正始、后蜀广政、宋嘉祐、绍兴年间所刻石经，大半都已毁坏，可以看到的仅存少数残字了。保存到今天还有完整拓本可读的，只有全部《唐石经》。它是唐文宗大和七年（公元833年）开始刻石，到开成二年（公元837年）刻成十二经经文，通常称为"开成石经"，但从开始的时期数起，也称为"大和石经"。

尽管《唐石经》完整无缺，但经过宋、元、明三个朝代，从没有人过问它。清初，顾炎武才开始拿它对照今本经文校读。然而收获不大，还招致了一些不必有的误解和谬说。一直到乾嘉间，学者们才仔细依据这一版本去审定经文。严可均《铁桥漫稿》卷五《唐石经校文叙》指出：

　　　　若汉、若魏、若唐、若孟蜀、若宋嘉祐、绍兴，各立石经。今仅嘉祐四石、绍兴八十七石皆残本，而唐大和石壁二百廿八石巍然独存，此天地间经本之最完最旧者。……取今本与石经对校，……审知今本逊宋版本，宋版本逊石经，而石经又非善之善者。……然而后唐雕版，实依石经句度抄写。历宋、元、明转刻转误，而石经幸存。以之复古则不足，以正今误则有余。世间无古本，石经即古本矣。

严氏将石经的可贵，说得很清楚。他自己曾经仔细做过一番校读工作，写成《唐石经校文》十卷。发凡起例，至为详尽。但在他之前，钱大昕也写成《唐石经考异》，所下功力也不少。钱氏又曾抽举石经中最可依据的例子加以肯定。《十驾斋养新录》卷三"王女"条云：

　　　　《尔雅释草》："蒙，王女。"《注》："蒙即唐也，女萝别名。"案女萝之大者谓之王女，犹王彗、王刍，鱼有王鲔，鸟有王雎也。今本讹王为玉，唯《唐石经》不误。

又"今本《尔雅》误字"条云：

> 《释草》："孟，狼尾。"今本孟作盂。"泽，乌蕵。"今
> 本蕵作璓。《释鸟》："燕，白脰乌。"今本乌作鸟。"鹭，白
> 鷢。"今本分杨鸟为二字。"鸢，乌丑，其飞也翔。"今本乌
> 作鸟。《释兽》："麠，大麠。"今本麠作麖。此皆转写之讹，
> 唯《唐石经》字画分明可信。顾宁人《金石文字记》转据流
> 俗本，指为石刻之误，毋乃愦愦不分皂白乎？
>
> 《释木》："桑辦有葚、栀。"辦，俗字，当从《唐石经》
> 作辨。

由此可见，《唐石经》是校读经文最可依据的本子，也可说是经
文最早的版本。但是它并非完全没有缺点，《十驾斋养新录》卷
三"石经避讳改字"条云：

> 《唐石经·毛诗》："浈浈其羽。""桑者浈浈兮。""无
> 然浈浈。""是绁袢也。""俾民忧浈。"避世旁。"旽，刺时
> 也。""旽之蚩蚩。""旽六章。"避民旁。

又"石经俗体字"条云：

> 《唐石经》俗体字，如雕作雍（《诗》），蠶作蚕（《周

礼》《尔雅》），甌作殴（《周礼》），齋作齎（《仪礼》），
總作揔（《春秋传》），督作督（《尔雅》），橫作撗（《尔
雅》）。

奕洪之奕从大，博弈之弈从廾，两字音同义别。石经
《左传》："赋《韩奕》之五章。"《尔雅》："奕洪诞戎。"皆
误从廾。

这又指出了《唐石经》存在的不足之处。可知版本虽早，却并不
是白璧无瑕，字字都可宝贵的了。

第三节　雕版印书以前的古写本

在雕版印刷术发明以前，古人所读的书都由手写；在人工造
纸术发明以前，古人写书都用简牍和缣帛。1973 年 12 月在长沙
马王堆三号汉墓中出土的一批古代帛书，是我们今天所能看到的
文字最多、比较完整的古写本书籍。其中《老子》一书，便有
两种写本：一种写本的字体，介于篆书和隶书之间，根据书中不
避汉高祖刘邦讳，抄写年代至晚在高祖时期；另一种写本的字体
是隶书，根据书中避高祖刘邦讳，不避惠帝刘盈讳，抄写年代略
晚，当在惠帝或吕后称制时期。人们为校对、整理方便起见，称

前者为甲本，后者为乙本。这两种写本，距今都已两千多年，是目前所能见到的《老子》一书的最古本子。

依据这两种最古的《老子》写本，去校勘今本《老子》，便大有不同。首先在编次方面，帛书甲、乙两本，都是《德经》在前，《道经》在后，和今本《道经》为上卷、《德经》为下卷的编写次第完全不同。其次，在章段方面，今存的《老子》河上公本、王弼本、傅奕本等都分八十一章；帛书甲、乙本，都没有分章。说明《老子》原书，本不分章。而后世分章，大约出于注家所为。因分章而引起的错误，确也不少。有些上下文意应连在一起讲的，被割裂为两章；有些各自为义的，反被合为一章。这便导致注释的分歧和不必有的争辩。照原文不分章，自可避免这一类的问题。

就拿分了章的今本《老子》和帛书甲、乙本相对照，第四十、四十一章次序颠倒，第八十、八十一章在六十七章之前，第二十四章在第二十二章之前。这便是古代书籍久经传写，以致出现了错乱。在传世的其他古书中，也常有这种情况，不独《老子》为然。

帛书《老子》甲、乙两本文字相同的地方固然很多，但也有许多歧异。可以断定，当日传抄各有依据，不是一个本子。至于今天通行本《老子》不同于甲、乙两本的地方很多，那就更不足奇怪了。

我曾依据帛书甲、乙两本和通行本互校，发现有下列几种情况：

第一，可据甲本以订乙本与通行本之误。

甲本"故居前而民弗害也，居上而民弗重也"二句，承上"必以其身后之"一语而发，辞意甚顺。

乙本作"故居上而民弗重也，居前而民弗害"，与通行本同。则甲本乃原文，而乙本与通行本皆误倒。

第二，可据乙本与通行本以订甲本之误。

乙本"故失道而后德"，与通行本同。甲本作"故失道。失道矣，而后德"。文句重赘，误衍"失道矣"三字。

第三，可据甲、乙本以订通行本之误。

甲、衍句　通行本"上德无为而无以为"句下，有"下德为之而有以为"句。帛书甲、乙本皆无，与《韩非子·解老篇》合。

通行本"谷得一以盈"句下，有"万物得一以生"句，帛书甲、乙本皆无，与敦煌戊本合。

下文"万物无以生将恐灭"，帛书甲、乙本亦无，与敦煌本合。（严遵《道德指归》亦无此十四字）

乙、倒句　甲、乙本并作"甘其食，美其服，乐其俗，安其居"，下接"邻国相望，鸡犬之声相闻"，文意自然。通行本作"安其居，乐其俗"，误倒一语。

丙、误字　通行本"落落如石"，帛书乙本作"硌硌若石"，与慧琳《一切经音义》卷九七"硌硌"下所引《老子》合，是原文本作"硌硌"。

以上所言，不过举列显明易见者一二事以示例而已。即此可知帛书甲、乙两本之为用很大。但此两本虽出汉初人手，在抄写过程中，也不免遗留许多错误。综括起来，约有如下几种情况：

一、在原字基础上，误增偏旁。例如：

以"浴"为"谷"。"谷得一以盈""上德如谷"等句，甲、乙本"谷"字皆误加偏旁作"浴"，以下皆同。

以"盅"为"盅"。"大盈若盅"。

以"壗"为"弥"。"其出也弥远""而民弥贫"等句。

以"宵"为"肖"。"故不肖""若肖"。

二、误省原字偏旁。例如：

以"乃"为"扔"。"攘臂而扔之"，甲、乙本皆误省偏旁作"乃"，以下皆同。

以"皮"为"彼"。"故去彼取此。"

以"胃"为"谓"。"是以侯王自谓孤寡不榖""是谓袭常""是谓玄同"等句。

以"禺"为"隅"。"大方无隅。"

以"免"为"晚"。"大器晚成。"

以"昔"为"措"。"虎无所措其蚤。"

以"寺"为"恃"。"为而不恃。"

以"堇"为"勤"。"终身不勤。"

以"央"为"殃"。"无遗身殃。"

以"方"为"妨"。"使人之行妨。"

像这一类的例子很多，这里也不能尽举。明明是由于抄书的人贪省笔以轻其功，有时只用一个音符以代原字。无分古今，都有这一通病，只能说是一时的误省，有人定要说成是用借字，那就错了。并且古人在抄写过程中，有时因字体较长写掉了下节的。例如：

以"霝"为"靈"。"神得一以靈。"

以"五"为"吾"。"吾是以知无为之益。"

也有写掉了上节的。例如：

以"规"为"窥"。"不窥于牖。"

以"时"为"爵"。"夫莫之爵而恒自然也。"

这种情况的出现，也仍然是由于仓促写书时造成的讹脱，同样不能有任何解释来回护古人。至于古人常用本字以代后起字，保存在帛书甲、乙本《老子》中的也还不少。例如：

以"冬"为"终"。"是以圣人终不为大""故终于无难""飘风不终朝，暴雨不终日"。

以"乡"为"饗"。"若饗于大牢。"

以"官"为"馆"。"虽有营馆。"

以"印"为"抑"。"高者抑之。"

这确是汉初人经常采用的本字，而和前面所说误省偏旁的情况截然不同。我们自应区别处理这些问题，而不可混为一谈。

至于明显的讹体，出现在帛书《老子》甲、乙本中的，如"贱"误为"浅"，"畏"误为"是"，"渊"误为"潚"，"全"误为"金"，"淡"误为"谈"，"精"误为"请"，都是由形近而致讹，和今本一对便清楚了。可以肯定，帛书《老子》甲、乙本虽是两千多年前的写本，有些讹字仍有赖于后世通行本去加订正。

足以说明汉初写本未必尽是，今通行本未必全非。我们没有理由把古写本看成完美无缺，盲目地信从它。谈版本的人，必须注意到这点。

第四节　刻本书的源流

雕版印刷术是劳动人民的伟大创造。初期的这一新兴技术，是属于人民大众的，是为人民大众服务的。凡属人民大众迫切需要的书籍，就首先刊印流传。像唐代白居易所作诗歌，通俗易懂，"牛童马走之口无不道"，那时社会各阶层，都喜欢读他的诗。元微之在长庆四年（公元824年）为白诗作序，便说有人拿白诗印本来换取茶酒。又如日历，是人民大众的必需品。在唐文宗大和九年（公元835年）前后，四川和江东民间都曾"以版印历日"。唐文宗曾下诏："诸道府不得私置历日版。"可见民间刊行日历，早已相习成风。敦煌所出两种唐历——乾符四年和中和二年——现藏法国巴黎图书馆，就是现存唐历的最古刻本。

雕版印刷术也很早就为佛教徒们传播文字服务。有时刻些佛像，如观音和文殊菩萨之类；有时刻些篇幅比较简短的经疏，唐末文学家司空图的《一鸣集》里有一篇《为东都讲律僧惠确化募雕刻律疏文》，下注"印本共八百纸"，便是一例。现存最古的刊本，如发现于敦煌的卷子本《金刚经》，用七张纸缀合而成，末有"咸通九年四月十五日王玠为二亲敬造普施"一行字。咸通九年即公元868年，距今已1113年。这卷中外驰名的唐刻本，现藏英国伦敦博物院。

九世纪末，黄巢起义后，中书舍人柳玭随着唐僖宗逃到成都，在城东南书店里看到"阴阳杂记占梦相宅九宫五纬之流"和"字书小学"，都是雕版印本，足见唐末蜀中雕版之盛。但那时雕刻的书籍，还不都是为统治者和士大夫们服务的，主要是供给一般大众使用的。百姓需要诗歌、日历、佛经和小学韵书一类的阅读物，不需要科场应试的经史。所以五代时宰相冯道目睹这种情况，很有感叹地说："尝见吴蜀之人鬻印版文字，色类绝多，终不及经典。"因建议当时政府雕印《九经》。官方在雕版印刷术发明后约四百年，才开始大规模地雕印《九经》和其他经传，这便是后世盛称的五代监本。

五代时的国子监，是政府设立的学校兼出版的机构。由于冯道的建议，于后唐长兴三年（公元932年）开始校刊《九经》，后来又扩大到《论语》《孝经》《尔雅》《经典释文》《五经文字》《九经字样》等书，所刊经数和《唐石经》全同。所不同的是，《唐石经》只刻经文，省去注文。五代监本则经文大字，每行约十六字；注文双行小字，每行约二十一字。经注并重，完全是六朝以来经注写本的旧式。这一空前未有、规模巨大的出版工作，一直到后周广顺三年（公元953年）才全部完成。

从十世纪到十四世纪，包括宋、金、元三朝，是中国雕版印刷史上全面发展的黄金时代。那时中央、地方、私人、书坊，无不从事雕版印刷工作。数量之多，范围之广，出品之精，都是空前的。在某些方面，明、清两朝也很难赶上。雕版的中心地区，宋代除北宋首都汴梁外，浙江杭州、福建建阳、四川眉山，形成三个强有力的文化区域。金代雕版中心在平水，即今山西临汾一带。元代雕版中心，仍在杭州、建阳。

北宋国子监刻书的范围，除重刻五代监本《十二经》的经注本外，又遍刻《九经》单疏和《论语》《孝经》《尔雅》三经新疏。继又刻《十七史》，重要子书、医书、算书，以及《文选》《文苑英华》等书。这些书籍由国子监校勘后，多数均下杭州雕版。因为杭州在五代时，已是一个政治兼经济的中心，好的刻字能手都集中在这里。所以宋时监本多在杭州开雕。宋时监本，几乎都是浙本。浙本字体方整，刀法圆润，在宋本中实居首位，这是讲究版本的人一致肯定了的。

北宋时的监本书版，遭值靖康之变，全数被金人运走，这就是后来金监本的底本。其就地保存的少数史书雕版，如《史记》、两《汉书》的十行中字本和《新唐书》十四行小字本，到宋高宗南渡重建国子监于首都杭州以后，才继续修补出版。同时又重刻经注和单疏。宋亡，这些书版都转入西湖书院。元代余谦等曾大事修补，继续出版。明洪武八年（公元1380年），又移送南京国子监，重新修补。这些迭经修补有名无实的三朝版，直到清代嘉庆年间（公元1800年左右）南京臬署失火，全部付之一炬。

南宋浙东西各地方政府和官吏，也都提倡刻书。如越州（绍兴）浙东茶盐司刻的《周易》《尚书》《周礼》《礼记》《春秋左传》，将经、注、疏合在一起，给读者以很大方便。又如明州（宁波）重修的北宋本《文选》，婺州（金华）坊刻的《南丰文粹》、白文《九经》等书，在当时都是被人重视的本子。

但是宋版书保存下来的不太多了。过去藏书家为着保存和流传那些世所稀见的宋版古书，便用影抄的方法，将原书面貌留下来，而尤以明末汲古阁毛氏的影宋抄本为最有名。清代《天禄琳琅书目》特别分立"影宋抄本"为一类，位于宋版之后、元版之前，体现了它的价值。

元代杭州刻书盛况，不下于宋。那时中央和地方政府刻书，如《文献通考》《元一统志》《圣济总录》《宋、辽、金三史》之类，多半是大部书。乃至余杭南山普宁寺所刊《藏经》，都是由杭州刻版的。这就说明在十三四世纪，杭州仍然是全国性的雕版中心地区。

福建建阳由于造纸工业非常发达，这就构成了印刷事业的有利条件。十二世纪初叶后，书肆渐多，麻沙、崇化两坊和文人学士合作，刻书不少。如刘叔刚刻的《礼记》，合经、注、疏、释文在一起，代替了越州注疏本和经典释文。黄善夫刻的《史记》，合《集解》《索隐》《正义》为一书，代替了《集解》《索隐》合刻本和《正义》单行本。同时又出版了许多便于科场应试和诗文獭祭的如《事文类聚》《山堂考索》《万卷菁华》《翰墨全书》之类，话本小说如《三国志》《五代史》《宣和遗事》之类，以及医卜星相杂书，至为繁夥。但由于其地多产榕树，木质很松软，邑人多用以雕版印书，既快又多，因之错误不少，在宋版书中为最劣。

四川成都在九世纪末叶，已有雕版书籍流行。唐中和三年（公元883年），柳玭在成都东南书肆，已看到许多字书小学雕版印纸。可知蜀地印书的技术，在此以前便已有了。后来蜀相毋昭裔在成都叫人写了《文选》《初学记》《白氏六帖》雕版行世。宋太祖开宝四年（公元971年），派人到成都雕造《大藏》，依照《开元释教录》的目次付刻，全书不下五千卷。但从十一世纪初叶起，这个出版中心逐渐向西南方眉山发展，出版量也很大。如绍兴年间在眉山所刻的《宋书》《齐书》《梁书》《陈书》《魏书》《北齐书》《周书》等七史，就是历世最久的蜀大字本。

明代官刻的书，有内府刻本，由司礼监领其事。司礼监设有汉经厂、番经厂、道经厂。汉经厂专刻经、史、子、集四部之书，番经厂和道经厂则分刻释、道二家之书，后人因称其所刻本为经厂本。此外，各部院及南北国子监亦有刻本，而尤以南京国子监所刻为最多。又有各直省刻本，以苏州府所刻为最多，淮安府次之。各省中唯福建有书坊，坊刻之书，四部皆备，出版量为最大。此书坊即指建阳麻沙、崇化两坊而言，坊贾射利，人人能刻、能印，印书多而不精，后人也不很爱惜。此外，藩府刻本以及私刻、坊刻甚多，不可胜数。至于刊版地区，则以苏州、常州、金陵、杭州、建阳为中心。明代二百七十余年间所刻的书极多，由于多而不精，存在缺点不小，不能和宋元刻本媲美。不过明翻宋本，也多精善。嘉靖年间所刻的书，整峭有古意。所以近代讲版本的，多推重嘉靖本。时代愈久，旧刻本愈难保存，在今天宋元本既不可多得，明刻本也自然是可珍贵的了。

第五节　宋、金、元、明刻本的不可尽据

自有刻本以来，到现在千多年了。传世的刻本书籍，以宋本为最早而最珍贵。其次是元刻本，保存的量也不多。所以讲究版本的人，便把这些看成稀世之宝。清代学者如卢文弨、顾千里、黄丕烈、严可均，都深知此中利弊得失。卢氏《抱经堂文集》卷十二《书吴葵里所藏宋本白虎通后》指出：

> 书所以贵旧本者，非谓其概无一讹也。近世本有经校雠者，颇贤于旧本；然专辄妄改者，亦复不少。即如《九经》小字本，吾见南宋本已不如北宋本；明之锡山秦氏本，又不如南宋本；今之翻秦本者，更不及焉。以斯知旧本之为可贵也。

这便指出了印刷较早的书，错误要少一些。即使其中不免有些错误，也比较容易发现。所以顾氏《思适斋集》卷九《韩非子识误序》中说过：

宋椠之误，由乎未尝校改故，误之迹往往可寻也。

黄氏《士礼居藏书题跋记续》卷上《武林旧事六卷跋》，也说：

> 校勘群籍，始知书旧一日，则其佳处犹在，不致为庸妄人删润，归于文从字顺，故旧刻为佳也。

严氏《铁桥漫稿》卷八《书宋本后周书后》，也说：

> 书贵宋元本者，非但古色古香，阅之爽心豁目也，即使烂坏不全，鲁鱼弥望，亦仍有绝佳处，略读始能知之。

这些议论，都是深知甘苦之言！非有几十年感性认识的过程，断不能自道其所以然。近人陈乃乾《与胡朴安书》（载《国学汇编》第一集），有这样一段话：

> 尝谓古书多一次翻刻，必多一误。出于无心者，"鲁"变为"鱼"，"亥"变为"豕"，其误尚可寻绎。若出于通人臆改，则原本尽失。宋、元、明初诸刻，不能无误字。然藏书家争购之，非爱古董也，以其误字皆出于无心，或可寻绎而辨之，且为后世所刻之祖本也。校勘古书，当先求其真，不可专以通顺为贵。古人真本，我不得而见之矣；而求

其近于真者，则旧刻尚矣。

这段话，似乎把过去学者们珍重宋元旧本的原因都总结出来了。但我们不必完全盲从它、迷信它。因为宋代刻书，除了有错字、有脱句，也有经当时刻书之人任意增损的地方。如果认为旧本书一无讹谬，那就必然会犯严重的错误。首先我们必须明了宋代版本很复杂，有如杭世骏《道古堂集》卷十八《欣托斋藏书记》所云：

> 今之挟书以求售者，动称宋刻。不知即宋亦有优有劣。有太学本，有漕司本，有临安陈解元书棚本，有建安麻沙本，而坊本则尤不可更仆以数。

这里所举列的版本，还只是宋本中的一部分。其中以麻沙本为最劣，而流布最广。由于刻印过多，讹文脱字，所在皆是。在宋代时，便有人十分鄙弃。陆游《老学庵笔记》卷七云：

> 三舍法行时，有教官出《易》义题云："乾为金，坤又为金，何也？"诸生乃怀监本《易》至帘前请云："……先生恐是看了麻沙本，若监本则'坤为釜'也。"

周辉《清波杂志》卷八也说：

> 印版文字，讹舛为常。盖校书如扫尘，旋扫旋生。……
> 若麻沙本之差舛，误后学多矣。

这都是宋人的可靠实录。陆游更在《跋历代陵名》中，深切地指斥道：

> 近世士大夫，所至喜刻书版，而略不校雠。错本书散满天下，更误学者，不如不刻之为愈也。

这又是何等痛恶之情！宋本书所以存在许多舛误，归纳起来，不外两个来源：一系刻书时所造成的讹谬；一系校书时所遗留的损害。清代学者也曾一一指出来了。顾千里《思适斋集》卷十《重刻古今说海序》有云：

> 南宋时，建阳各坊，刻书最多。惟每刻一书，必倩雇不知谁何之人，任意增删换易，标立新奇名目，冀以衒价，而古书多失其真。

这种后果，自然应由刻书者负责。其次如卢文弨《抱经堂文集》卷二《重雕经典释文缘起》所说：

> 今之所贵于宋本者，谓经屡写则必不逮前时也。然书之失真，亦每由于宋人。宋人每好逞臆见而改旧文。如陆氏

虽吴产，而其所汇辑前人之音，则不尽吴产也。乃毛居正著
《六经正误》一书，讥陆氏偏于土音，因辄改他字以易之。
后人信其说，遂以改本书矣。

这样的后果，自然应由校书者负责。由此可见，宋代的刻书者和
校书者，给书籍带来的损失，确是不小。宋本如此，元刻可知。
我们今天没有理由把宋元旧刻，看成一无讹误的本子。

从宋代以至明、清，刻本书不外三大类：一、官本；二、
家塾本；三、坊间刻本。官本是官方机构监造的；家塾本是学者
或文人出资私家刻印的；坊间刻本是市井书估印布的。特别是坊
间刻本为着射利，印的书很滥杂，不暇校勘，因而给书籍带来的
损害，也十分严重。这在宋、元时期既不能免，到明代便变本加
厉。在刻书时，有意识地对古书进行改窜，引起极恶劣的后果。
顾炎武《日知录》卷十八“改书”条下曾经指出：

    万历间人，多好改窜古书。人心之邪，风气之变，自
此而始。……不知其人，不论其世，而辄改其文，谬种流传，
至今未已。

顾氏生于明末，从小读书便直接受到了当时坊刻本的影响。所以
谈到这个问题，情不自禁地痛斥了一番。远在顾氏以前的明代学
者，也都知道这种弊病。杨慎《丹铅续录》卷三“《世说》误
字”条便已说过：

古书转刻转谬，盖病于浅者妄改耳。如近日吴中刻《世说》，"右军清真"，谓清致而真率也。李太白用其语为诗："右军本清真。"是其证也。近乃妄改作"清贵"。"兼有诸人之差"，谓各得诸人之参差。近乃妄改作"美"。"声鸣转急"，改"鸣"作"气"。"义学"，改作"学义"。皆大失古人语意。聊举一二，他不能尽。

这里所谈的，只是改易个别文字的实例。而明代刻书的最大错误，还在于改变古书的整个面貌。有如杭世骏《道古堂集》卷十八《欣托斋藏书记》所指出的：

古集皆手定。人不一集，集不一名。《东坡七集》《栾城四集》《山谷内外集》，明人妄行改窜，第曰《东坡》《栾城》《山谷集》而已。《朱子集》，多至三百余卷，明人编定止四十卷。李纲《梁谿集》，多至百三十余卷，《建炎进退志》及《时政记》附焉；闽中改刻，题曰《李忠定集》，亦止四十卷。前后互易，古人之面目失矣。宋刻《两汉书》，板缩而行密，字画活脱，注有遗落，可以补入，此真所谓宋字也。汪文盛犹得其遗意。元大德板，幅广而行疏。钟人杰、陈明卿辈稍缩小之，今人错呼为宋字，拘板不灵，而纸墨之神气薄矣。甚至《说文》而儳入《五音韵谱》，《通典》而儳入宋人议论，《夷坚志》而儳入唐人事迹，与元书迥不相谋。明人之妄如此！

照杭氏所言，那么古书卷数太多的，明人可以任意缩减；原来名目有别的，明人可以任意混淆；又可采用其他资料傽入本书；无异于将原书改编了一次。至于书中字句的窜易，更不足奇怪了。清儒黄廷鉴《第六絃溪文抄》卷一《校书说二》有云：

> 妄改之病，唐宋以前谨守师法，未闻有此。其端肇自明人，而盛于启、祯之代。凡《汉魏丛书》，以及《稗海》《说海》《秘笈》中诸书，皆割裂分并，句删字易，无一完善，古书面目全失，此载籍之一大厄也。

这又指出了明代所刻丛书的缺点。凡丛书中所收古书，都经过了当时无知妄人的任意增损割裂，有时甚至改头换面，把书名和作者都毫无顾忌地变了样。正如叶德辉《书林清话》卷七所说：

> 明人刻书，有一种恶习。往往刻一书而改头换面，节删易名。如唐刘肃《大唐新语》，冯梦祯刻本改为《唐世说新语》；先少保公（指叶梦得——引者）《岩下放言》，商维濬刻《稗海》本改为郑景望《蒙斋笔谈》；郎奎金刻《释名》，改作《逸雅》，以合《五雅》之目。全属臆造，不知其意何居！

由此可见，明代刻本存在的缺点，至为严重。经前人指出了的弊害，我们应该知道，才不致为其所误。如果仅仅看到明代距离今天，已经几百年了，偶然遇着那时刻印的书籍，便惊为珍异，甚至据以改正今本，那就错了。

第六节　精校本和精刊本的可贵

过去学者们一向强调读"善本"书。《汉书·河间献王传》云："从民得善书，必为好写与之，留其真。"颜师古注："真，正也，留其正本。"这里所讲的"善书"，便是后世所称"善本"。河间献王刘德，"修学好古"，每从民间找到一部善本书后，便照样写好一副本给原主，自己把那原本留下来。这可说是读书强调用"善本"的开端。到了宋代，学者们便明确提出"善本"的价值。叶梦得《石林燕语》卷八说：

> 唐以前，凡书籍皆写本，未有模印之法，人以藏书为贵。书不多有，而藏者精于雠对，故往往皆有善本。

朱弁《曲洧旧闻》卷四说：

> 宋次道（即宋敏求——引者）家藏书，皆校雠三五遍，
> 世之藏书，以次道家为善本。

周煇《清波别志》卷中说：

> 国朝庆历间，命儒臣集四库为籍，名曰《崇文总目》，
> 凡三万六百六十九卷。尔后于《总目》外，日益搜补校正，
> 皆为善本。

陈振孙《直斋书录解题》卷八说：

> 《元和姓纂》，绝无善本。顷在莆田，以数本参校，仅
> 得七八。后又得蜀本校之，互有得失，然粗完整矣。

他们所谈的"善本"，不约而同地包含了精校的主要内容。可知
昔人所谓"善本"，是由精校而来的。清末张之洞《輶轩语·语
学篇》"读书宜求善本"条云：

> 善本非纸白版新之谓，谓其为前辈通人用古刻数本，精
> 校细勘付刊，不讹不阙之本也。此有一简易之法，初学购
> 书，但看序跋，是本朝校刻，卷尾附有《校勘记》，而密行
> 细字、写刻精工者，即佳。

又云：

> 善本之义有三：一、足本（无阙卷，未删削）；二、精本（一、精校，一、精注）；三、旧本（一、旧刻，一、旧抄）。

张氏这两段话，说得更为明白而具体了。而钱塘丁氏《善本书室藏书志》编辑条例，列举了善本书的四个内容：

> 一曰旧刻。宋元遗刊，日远日鲜；幸传至今，固宜球图视之。
>
> 二曰精本。朱氏一朝，自万历后，剞劂固属草草，然近溯嘉靖以前，刻书多翻宋椠，正统、成化，刻印尤精，足本孤本，所在皆是。今搜集自洪武迄嘉靖，萃其遗帙，择其最佳者，甄别而取之；万历以后，间附数部，要皆雕刻既工，世鲜传本者，始行入录。
>
> 三曰旧抄。前明姑苏丛书堂吴氏、四明天一阁范氏，二家之书，半系抄本。至国朝小山堂赵氏、知不足斋鲍氏、振绮堂汪氏，多影抄宋元精本，笔墨精妙，远过明抄。寒家所藏，将及万卷，择其尤异，始著于编。
>
> 四曰旧校。校勘之学，至乾、嘉而极精。出仁和卢抱经、吴县黄荛圃、阳湖孙星衍之手者，尤校雠精审，朱墨烂然，为艺林至宝。补脱文，订误字，有功于后学不浅。

丁氏所言四类，实与张氏所称三义，足以互相补充发明，都强调了清代学者精校精刊的作用。

清代学者针对明人妄改古书的弊害，特别讲求精心勘对，纠正俗本的讹谬。举凡群经、诸史和周秦子书，都尽力遍找宋元旧椠，精校精刊。他们在这方面，投下了不少劳力，取得了很大成绩，替我们准备了阅读古书的有利条件，我们必须尊重前人的研究成果，好好地依靠它和利用它。清末光绪元年（公元1875年），张之洞编《书目答问》时，在附录《国朝著述诸家姓名略》（国朝即清朝，系张氏称当代之词）即已说过：

> 大抵征实之学，今胜于古。即前代经、史、子、集，苟其书流传自古，确有实用者，国朝必为表章疏释，精校精刊。凡诸先正未言及者，百年来无校刊精本者，皆其书有可议者也。

这段话，是比较符合事实的。清代学者确为我们留下了丰富的精校本和精刊本，值得我们重视。其中以乾嘉学者们做的功夫为最专最精。当时如顾千里、孙星衍、张敦仁、黄丕烈、胡克家、秦恩复、吴鼒诸人，都是喜欢校书和刻书的知名之士，而尤以顾氏为最负盛名。当时诸家校刊古书，都争迎顾氏为助。像孙星衍所刻宋本《说文》《古文苑》《唐律疏义》，张敦仁所刻抚州本《礼记》，严州单疏本《仪礼》《盐铁论》，黄丕烈所刻《国语》《国策》，胡克家所刻宋本《文选》、元本《通鉴》，秦恩复所刻扬子《法言》《骆宾王集》《吕衡州集》，吴鼐所刻《晏子》《韩非子》，都是由顾氏参加校勘，替他们设计雕印的。每书刻毕，他又综合书中校订语写成《考异》或《校勘记》，附刊于后，给读者以极大方便，这成绩是不可湮没的。

在当时还有一些学者，终身忠于校书，并且将他们生平最得意的校本汇刻在一起，供后人参考，这对学术界的贡献也很大。例如卢文弨所刻《抱经堂丛书》，除附刻了他自己的文集、笔记外，大部分是他一生所校订的古书。如《经典释文》《孟子音义》《仪礼注疏详校》《贾谊新书》《春秋繁露》《荀子》《白虎通》《逸周书》《方言》《独断》《西京杂记》《颜氏家训》等，都经过了他的精校，而后才付诸精刊的。

清代精刊本，有许多是模仿宋元旧刻去雕造的。从来谈到刻古书，莫不以宋本为重，这不单是时代久远的缘故。无论从行款、字迹还是纸质、墨色各方面来看，一一精雅古朴，远非后世所及。或密行细字，或大书巨册，无不使人产生美感。北宋刻本，又精于南宋。经史诸子，北宋蜀刻校勘精审，南宋便多舛误，而福建的麻沙本尤甚。有些书版虽系宋刻，历经元、明相承刷印，宋体刓敝已多，无由考见宋本真貌，所以宋本书以宋刻宋印者为最上，但保存到今天的，更为稀罕。

次于宋本的为金、元本。它们之间的区别，固有刊刻年月可知其先后，即就字迹而论，也存在明显的不同。元人统一以后的刊本，写刻多用赵子昂体。近世刻书，以横轻直重为宋体字，楷书精美的为元体字（俗讹为软体字）。实则宋体字由明人仿效宋季书棚本而失其真，元体字也仅可用为赵书的代称。明初刻书，多近元人风格，到中叶渐趋方整。万历以后，盛行今之所谓宋体。

清人如顾千里之流，多见旧本，知其利弊，能够取其长而去其短，所以校刻群书，比较精善。我们今天能得到清人的精校本和精刊本，有时还胜过宋椠元刊。况且由于印刷术的日新月异，凡前人所不易得见的书，今天都可用影照的办法，广为流传。加以过去私家收藏的秘籍珍本，今天绝大部分都集中到了各大图书馆，人人可以借阅参考。所以谈到读书讲究版本，没有比今天更方便的了。

第四章 整理古代文献的基础知识之二——校勘

第一节 校勘的起源和任务

在掌握了版本方面的基础知识以后，才有可能进行校书。校勘书籍，起源很早。《国语·鲁语下》记载鲁大夫闵马父对景伯说的话："昔正考父校商之名《颂》十二篇于周太师，以《那》为首。"后来，汉代经学家郑玄作《诗谱》时，也用了这几句话。孔颖达《毛诗正义》解释道：

> 言校者，宋之礼乐虽则亡散，犹有此诗之本。考父恐其舛缪，故就太师校之也。

正考父是周末宋国大夫，即孔子的七世祖。他那时便进行过校对《商颂》的工作，这便是我国历史上从事校书的开端。

其后二百余年，到了孔子，也精于校书，更加谨慎地处理问题。他曾慨喟地说："吾犹及史之阙文也，今亡矣夫！"（《论语·卫灵公》）这分明是他根据古史记载多阙疑的文字，到后来任人增改，都看不到阙文了，所以感叹深长。说明他是经过校书后，才认识到这点的。

继孔子而从事校书工作的，有他的学生卜商，字子夏。《吕氏春秋·慎行论·察传篇》记其事道：

> 子夏之晋，过卫，有读史记者，曰："晋师三豕涉河。"子夏曰："非也，是'己亥'也。夫'己'与'三'相近，'豕'与'亥'相似。"至于晋而问之，则曰"晋师己亥涉河"也。

本来，亥字古文作**𠀒**，与豕作**𠁁**形近；己字作**𢀖**，与**三**字形近；所以子夏能校正史官记载的"三豕涉河"，是"己亥涉河"的讹字。这就揭示了字形因近似而误的一个通例，给后世校书的人以莫大启示。

但是上面所举列的几件事，都是偶尔为之，并不是什么有目的地进行校书。真正有目的地进行校书，还是从汉代开始的。汉初天下始定，图籍散乱，所以高帝分令"萧何次律令，韩信申军法，张苍为章程，叔孙通定礼仪"（见《史记·自序》《汉书·高帝纪》），这里面便包括了校对书籍的工作。到了汉成帝河平年间，组织人力大规模地校理群书。在以刘向为首的专业队伍分工合作的条件下，取得了辉煌成绩。他们的工作，首先体现在补阙订讹方面。《汉书·艺文志》记其事云：

> 刘向以中古文《易经》校施、孟、梁丘经，或脱去"无咎悔亡"，惟费氏经与古文同。

又云：

> 刘向以中古文（《尚书》）校欧阳、大小夏侯三家经文，《酒诰》脱简一、《召诰》脱简二，率简二十五字者，脱亦二十五字；简二十二字者，脱亦二十二字。文字异者七百有余，脱字数十。

这是刘向校出阙脱的一方面。至于订正讹谬，刘向在《战国策·叙录》中指出：

> 本字多误脱为半字，以赵为肖，以齐为立。

《列子叙录》中指出：

> 中书多，外书少。章乱布在诸篇，中或字误，以尽为进，以贤为形。

《晏子叙录》中指出：

> 中书以夭为芳，又为备，先为牛，章为长。

由此可见，刘向在校书过程中，自以补阙订讹为首要任务。至于删除重复，条理篇目，那是以后的进一步的工作了。

书籍在传抄或雕刻的过程中，不免要写错一些字，或刻错一些字。如果遇着了错误的本子，便会以讹传讹，带来不好的后果。公元六世纪的学者颜之推，在他的《颜氏家训·勉学篇》里，记载了两个故事：

> 江南有一权贵，读误本《蜀都赋》，注解："蹲鸱，芋也。"乃为"羊"字。人馈羊肉，答书云："损惠蹲鸱。"举朝惊骇，不解事义。久后寻迹，方知如此。
>
> 元氏之世，在洛京时，有一才学重臣，新得《史记音》而颇纰缪。误反"颛顼"字："顼"当为"许绿反"，错作"许缘反"。遂谓朝士言：从来谬音"专旭"，当音"专翾"尔。此人先有高名，翕然信行。期年之后，更有硕儒，苦相究讨，方知误焉。

《颜氏家训》中这段记载，反映了南北朝时写本书中所存在的错误，是极其严重的。只因那两个人读了误本书，便以蹲鸱当羊肉，读颛顼为专翾，在当时闹成绝大的笑话。这说明读书必求善本进行校勘，是十分必要的事。所以历代文人学士，都重视这一工作。不过在古代社会，有的是为读书而进行校书，有的是为藏书而进行校书。这二者的目的和任务，是有严格区别的。

藏书家的校书，不是为着做学问，而只是从版本的角度出发的。自己收藏的本子，如果是较晚的抄本或刻本，一定要找一旧本来校订异同，发现有讹误或不同的地方，便详细登录在自己的藏本之上。这样，便使自己藏本的价值与前大不相同了。有时礼聘名手，帮助校书。校完，便称某某校本，为自己的藏本生色不少。所以历代藏书家都重视这一工作。清初藏书家孙从添著《藏书纪要》，清末藏书家叶德辉著《藏书十约》，都着重谈到了这个问题。

孙氏《藏书纪要》分目有八：一、购书；二、鉴别；三、抄录；四、校雠；五、装订；六、编目；七、收藏；八、曝书。叶氏《藏书十约》分目有十：一、购置；二、鉴别；三、装潢；四、陈列；五、抄补；六、传录；七、校勘；八、题跋；九、收藏；十、印记。很明显，他们都把校勘古书的工作，看成藏书的必要条件之一了。

因此他们所提出的校书方法，也就和一般专门从事学术研究工作的人有所不同。孙氏《藏书纪要》谈到校雠，便说：

> 古人每校一书，先须细心绅绎，自始至终，改正错误，校雠三四次，乃为尽善。至于宋刻本，校正字句虽少，而改字不可遽改书上。元版亦然。须将改正字句，写在白纸条

上，薄浆浮签，贴本行上，以其书之贵重也。

凡校正新书，将校正过善本，对临可也。倘古人有误处，有未改处，亦当改正。若明版坊本，新抄本，错误遗漏最多，须觅宋元版、旧抄本、校正过底本或收藏家秘本，细细雠勘，反复校过，连行款俱要照式改正，方为善本。若古人有弗可考究、无从改正者，今人亦当多方请教博学君子、善于讲究古帖之士。又须寻觅旧碑版文字，访求藏书家秘本，自能改正。

然校书须数人相好，聚于一处讲究讨论，寻绎旧文，方可有成。否则终有不到之处。所以书籍不论抄刻好歹，凡有校过之书，皆为至宝。至于字画之误，必要请教明于字学声韵者，辨别字画音释，方能无误。

古用雌黄校书，因古时皆用黄纸写，装成卷轴，故名黄卷，其色相同，涂抹无痕迹也。后人俱用白纸抄刻，又当用白色涂抹。今之改字，用淡色青田石磨细和胶，做成锭子，磨涂纸上，改字最妙。用铅粉终要变黑，最不可用。

若大部书籍，延请多人分校，呈于总裁，计日乃成。若校正刊刻，非博雅君子有力而好古者不能也。书籍上版，必要名手校正，方可刊刻。不然，枉费刻资，草率刻成，不但遗误后人，反为有识所笑。

孙氏这段话，对进行校书的具体方法，虽谈得很清楚，但他的主要目的和任务不外两方面：一、为藏书而校书。多设法觅取宋元本、旧抄本、收藏家秘本，来校勘自家的藏书，成其所谓"善本"，所谓"至宝"。二、为刻书而校书。自己不能校时，可请名手分校。这些，都是从讲求版本的角度来对待这一工作的。

古时的藏书家，必有雄厚的财力，才能"坐拥书城"。这些人有时附庸风雅，也以校书为消遣良法。叶氏《藏书十约》中，谈到校勘说过：

> 书不校勘，不如不读。校勘之功，厥善有八：习静养心，除烦断欲，独居无俚，万虑俱消，一善也；有功古人，津逮后学，奇文独赏，疑窦忽开，二善也；日日翻检，不生潮霉，蠹鱼蛀虫，应手拂去，三善也；校成一书，传之后世，我之名字，附骥以行，四善也；中年善忘，恒苦搜索，一经手校，可阅数年，五善也；典制名物，记问日增，类事撰文，俯拾即是，六善也；长夏破睡，严冬御寒，废寝忘餐，难境易过，七善也；校书日多，源流益习，出门采访，如马识途，八善也。

叶氏所称举的校书八善，充满了封建士大夫闲情逸致、无聊消遣的意味。这种意味，不独为一般藏书家所不免，即少数朴学家中的校书名手，如乾、嘉中的黄丕烈之流，他的朋友严可均即讥其有古董气；而洪亮吉《北江诗话》分藏书家为数等，却把他列入赏鉴家；不能说是冤屈了他。乾、嘉以后至于清末的藏书家们，大抵把旧本书看成赏鉴品的为多。张之洞《𫐓轩语·语学篇》谈到"读书先宜校书"时，着重指出：

> 但校后宜读；若校而不读，便成笑柄。

这分明是针对那些只校书而不读书的人说的。由于校书的目的、任务不同，所以作用也就不同。那种为藏书而进行校书的做法，早已成为过去了。

第二节　书籍校勘的重要性和必要性

在雕版印刷术发明以前，书籍都由手写。在抄写过程中，有时不小心在字体上加了一笔或者减了一笔，便变成了另一个字，直接改换了文句的原意，影响到内容的真实，甚至牵涉到古代制度的认识、说明和处理，以致引起许多混乱。这对于读书考古来说，是多么值得注意的问题。我现在就古书记载有关避讳和学制方面的两个实例，抽出来谈谈。

在我国古代有所谓"避讳"，那就是对最高统治者和家庭里的祖先父母，以及平日所最尊崇的"贤人君子"的名字，在写作和谈说时，都应避而不言，表示不敢直呼其名的意思。所谓"为尊者讳，为亲者讳，为贤者讳"，差不多在中国很认真地执行了两千多年。古人多用单字为名（如孔丘、孟轲），避讳较易。假若双字为名，究竟避哪一个字？还是两字全讳？是值得研究的。古人早已在这个问题上订下了一条类似公约式的守则。《礼记·曲礼上篇》有这样一句话：

> 二名不偏讳。
>
> 郑玄注云：偏，谓二名不一一讳也。孔子之母名徵在。言"在"，不称"徵"；言"徵"，不称"在"。
>
> 孔颖达《正义》云：不偏讳者，谓两字作名，不一一讳之也。孔子言"徵"不言"在"，言"在"不言"徵"者，案《论语》云："足则吾能徵之矣。"是言"徵"也。又云："某在斯。"是言"在"也。

依照汉唐学者的注和疏来看，似乎和今本《曲礼》"二名不偏讳"的话有些出入。这里面必然是写错了一个字。宋代毛居正《六经正误》，开始怀疑到"偏"字应该是"徧"字的误写。这一意见，确有他的识解。但是考之《唐石经》，已经是"偏讳"而不是"徧讳"。如果说今本《礼记》错了一个字，那错误也就很久远了。清代学者如卢文弨的《钟山札记》、顾千里的《礼记考异》，又驳斥毛氏的说法，认为"偏"字义圆，"徧"字义滞，仍然主张保存今日通行本的原貌。段玉裁却赞成毛居正的意见，并且写成专篇，加以补充发挥。《经韵楼集》卷十一《二名不偏讳说》中指出：

各本"徧"作"偏",今按以"徧"为是。……凡阅历皆到曰徧。今人诵书逐字不漏者为一徧,是其义。然则二字而次第尽举之,所谓徧也。何以不云"二名不皆讳",而必云"不徧讳"也?皆者,总计也;徧者,散计也。云"皆",则义未憭;故必云"徧"。……此经"不徧讳",《唐石经》以下作"偏讳",乃讹字之甚者。偏讳,则二名讳一之谓;不徧讳者,乃必二名皆讳之谓;其义适与经相左。今人幸有"言徵不言在,言在不言徵"之文,否则此礼竟泯灭不传矣。宋毛居正《六经正误》不能皆是,而此条独是。

段氏考论详明,此处不能尽引。可知原本《礼记》当作"不徧讳",抄书者不小心,将"徧"字省去一笔,便变为"偏",意义却完全不同了。

另一方面,古人写书,有时不小心,在文字笔画上误增了一笔,也就使原来意思引起很大的曲解。例如今本《礼记·王制篇》有云:

有虞氏养国老于上庠,养庶老于下庠;夏后氏养国老于东序,养庶老于西序;殷人养国老于右学,养庶老于左学;周人养国老于东胶;养庶老于虞庠。虞庠,在国之西郊。

这是古代相传虞、夏、殷、周四代养老制度的一段记载。所谓"国老"，是指贵族中的老年人；"庶老"，是指一般参政者中的老年人。"上庠""下庠""东序""西序""右学""左学""东胶""虞庠"，都是远古学校的名称。从周以上，多系传说，无可征信，我们姑置不论，即周代学制，也不容易弄清楚。《北史》卷四十二《刘芳传》中，登载芳所上《表》，有一段谈到这个问题，说过：

> 自周已上，学唯以二。或尚东，或尚西；或贵在国，或贵在郊。爰暨周室，学盖有六：师氏居内；太学在国；四小在郊。《礼记》云："周人养庶老于虞庠，虞庠在国之四郊。"《礼》又云："天子设四学，当入学而太子齿。"注云："四学，周四郊之虞庠也。"

由此可见，公元六世纪初期，刘芳所见到的《礼记》本子和今本不同。可以肯定"虞庠在国之西郊"一语，唐以前的旧本，作"四郊"，不作"西郊"，值得后人深入研究。一直到清代学者孙志祖，才根据刘芳所见旧本，订正今本《礼记》的误字。孙氏在《读书脞录续编》卷一"《王制》西郊当作四郊"条下云：

> 《礼记·王制》："周人养国老于东胶，养庶老于虞庠。虞庠，在国之西郊。"据《北史·刘芳传》引作四郊，盖西字误也。四郊小学，即东西南北之小学，岂应偏置于西郊？《祭义》又云："天子设四学，当入学而太子齿。"《注》云：

"四学，谓周四郊之虞庠也。"《正义》引皇氏云："四郊虞
庠，以四郊皆有虞庠。"其为四郊之讹无疑。

孙氏这段考证，确是一件有价值的发现！所以阮元《礼记注疏校
勘记》，亟以孙说为是。但以校勘名家的顾千里，却不以孙说为
然，斥其言为模糊乱道（见顾氏《礼记考异》及《与段茂堂第二
札》）。于是段玉裁写成《四郊小学疏证》一篇，以申孙说。顾
氏又为《学制备忘之记》以相驳斥。从此往复辩难，相攻若仇
（两家往来书札，俱载段氏《经韵楼集》卷十二，而顾氏《思适
斋集》无之）。平心而论，段氏原本经术，义证翔实。顾氏不免
以意气相争。而朱琦《小万卷斋文稿》卷四有《四郊小学辨》一
篇，引申段说，更加精密。后来黄以周《礼书通故》第三十二
《学礼通故》也说：

> 《王制》："虞庠，在国之西郊。""西"本作"四"。皇
> 侃云："四郊虞庠，谓四郊皆有虞庠。"以周案皇说是也。近
> 之段懋堂、顾千里，为"四""西"二字异同，争论不已。
> 其征引处互有得失，而大致以段说为得。

晚清学者们谈到这个问题，不独黄以周以段说为得，即孙诒让
的《周礼正义》，也是赞成段说的（说见《大司乐疏》）。只有李
慈铭在这一问题上，独持异议，申顾驳段（说见《桃花圣解庵日
记》壬集第二集，《越缦堂日记》第三十册）。本来，考论古代礼

制，异见纷纭，不容易得出统一的结论。各人自可保留己见，我们且不必在这里深究了。我们只是举出这一类的例子，说明古书在长期的传写过程中，字体稍有一笔之差，便影响到多方面乃至重大方面的具体问题。

至于古书在长期写、刻的过程中，有时无意识地掉了一个字或者添了一个字，由于一个字的不同，便直接影响到内容的真相，带来许多不必要的争论和纠纷。对于做研究工作的人来说，关系尤大。我现在就古书中有关汉初《古文尚书》初出屋壁的一段记载，说明古书中误夺一字的影响，至为巨大。《汉书·艺文志·六艺略》云：

> 《古文尚书》者，出孔子壁中。武帝末，鲁共王坏孔子宅，欲以广其宫。而得《古文尚书》及《礼记》《论语》《孝经》，凡数十篇，皆古字也。共王往入其宅，闻鼓琴瑟钟磬之音，于是惧，乃止不坏。孔安国者，孔子后也。悉得其书，以考二十九篇，得多十六篇，安国献之。遭巫蛊事，未列于学官。

班固这一段介绍性文字，可能是采用刘歆《七略》中《辑略》的原文。《七略》虽已早佚，但从另一段资料足以证明这一问题。《汉书》卷三十六《刘歆传》（附见《楚元王传》），登载了刘歆责让太常博士的一封信，信中谈到《古文尚书》最初发现的情形道：

及鲁恭王坏孔子宅，欲以为宫，而得古文于坏壁之中，《逸礼》有三十九，《书》十六篇。天汉之后，孔安国献之，遭巫蛊仓卒之难，未及施行。

刘歆这封信，后来被梁代萧统录入了《文选》，标题为《移书让太常博士》，是一篇极有史料价值的学术论文。在这里虽只援引了几句，但内容是和《汉书·艺文志》一致的。我们今天研究《古文尚书》初出屋壁的情形，似乎这两段文字是比较原始的记载。

但是从文字上仔细推敲，不难发现这里面存在着十分令人怀疑的问题。孔安国是孔子之后，所以《史记·孔子世家》的末尾，也附载了几句：

安国为今皇帝博士，至临淮太守，蚤卒。

这自然是司马迁的记载，所以称汉武帝为"今皇帝"。在司马迁写《史记》时，已称安国早死，又何由及见巫蛊之难？这是值得研究的疑案！清初学者阎若璩在所著《尚书古文疏证》卷二首先谈道：

予尝疑安国献书，遭巫蛊之难，计其年必高，与马迁所云蚤卒者不合。信《史记》蚤卒，则《汉书》之献书，必非安国；信《汉书》献书，则《史记》之安国，必非蚤卒。然马迁亲从安国游者也，记其生卒必不误者也。窃意天汉后，安国死已久，或其家子孙献之，非必其身，而苦无明证。越数载，读荀悦《汉纪·成帝纪》云："鲁恭王坏孔子宅，得《古文尚书》，多十六篇。武帝时，孔安国家献之，会巫蛊事，未列于学官。"于安国下，增一"家"字，足补《汉书》之漏。

其次，朱彝尊《曝书亭集》卷五十八《尚书古文辨》也说：

> 《史记·孔子世家》称："安国为今皇帝博士，至临淮太守，早卒。"《自序》有云："予述黄帝以来，至太初而讫。"又云："卒述陶唐以来，至于麟止。"是安国之卒，本在太初以前。若巫蛊事发，乃征和二年，距安国之没，当已久矣。《汉纪》："孝成帝三年，刘向典校经传，考集异同。于《古文尚书》云：'武帝时，孔安国家献之。'"则知安国已没，而其家献之。《汉书》《文选》，录本流传，偶脱去"家"字耳。

朱彝尊和阎若璩，生同时而所见相同。又同根据荀悦《汉纪》，订正今本《汉书》久已脱去一个"家"字，必须补上而后可通。这真是一字千金！后来王鸣盛的《尚书后案》，沈钦韩的《汉书疏证》，都沿用此说加以发挥。此例足以说明古书在传写过程中，偶然脱掉虽只一个字，而所引起的后果，十分严重。必须仔细校勘，才能恢复它的本来面目。

另一方面，有些书在传写过程中，偶然误增一个字，意义也就完全不同，或者有些出入，也直接影响到内容的真相。这里可就古书中有关郑玄生平行事的一段记载，说明误增一字的关系，也至为巨大。《后汉书》卷六十五《郑玄传》中，登载了他的一篇《戒子书》，书中有云：

> 吾家旧贫，不为父母昆弟所容。去厮役之吏，游学周秦之都，往来幽、并、兖、豫之域。获觐乎在位通人，处逸大儒，得意者咸从奉手，有所授焉。

这是郑玄晚年有一次患病的时候，写给儿子益恩一封信中的开首一段。叙述他少时处在贫困的环境下，辞却乡啬夫的职务，到西北、河北、中原一带游学，交遍了当时有学问的人，向他们虚心请益，收获很大。

在东汉末年，像郑玄这样一位大学者，不独学问精湛，德行也为当时人们所推重。袁宏《后汉纪》卷二十九说过："郑玄造次颠沛，非礼勿动。"这是多么讲求封建礼节的人！袁宏虽系晋人，他的记载必然也是有根据的。但今本《后汉书》所载郑玄《戒子书》，却有"不为父母昆弟所容"的话，那便成问题了。一个人生活在家庭中，乃至不见容于直系亲属，被迫远离乡井，这在当时是何等可耻的事！似乎和史传中所称道的郑玄很不相称。

这在文字方面必然存在错误，引起学者们的怀疑，但苦于找不到旁证以订正传本之讹。一直到乾隆六十年（公元1795年），阮元在山东学政任内，亲往郑玄故乡，拜谒祠墓，重新加以修治。在积沙中发现了金承安五年（公元1200年）重刻唐万岁通天史承节所撰《碑文》。阮元便根据《碑文》校勘《后汉书·郑玄传》，发现文字互有异同。即如"不为父母昆弟所容"一句，碑文便没有"不"字，足以拿来说明问题和解决问题。阮元在《小沧浪笔谈》卷四中记载这碑发现的经过很详，并加以考证道：

> 承节之文，乃兼取谢承诸史，非蔚宗一家之学。其补正范书，昭雪古贤心迹，非浅也……《传》"不为父母昆弟所容"，碑无"不"字……为父母群弟所容者，言徒学不能为吏以益生产，为父母群弟所含容，始得去厮役之吏，游学周秦。故《传》曰："少为乡啬夫，得休归，常诣学官，不乐为吏，父数怒之。"夫父怒之而已，云为所容，此儒者言也。范书因为父怒而妄加"不"字，于司农本意相反。

阮氏考证此事，加以论定，亦见《山左金石志》。后来发展其文，成为"金承安重刻唐万岁通天史承节撰后汉大司农郑公碑跋"，收入《揅经室二集》卷七。尽管他只找到这样一个孤证来校订《后汉书·郑玄传》，但解释却很明晰，结论是可信的。后来他的门生陈鳣，从黄丕烈处得元刊本《后汉书》，发现也没有"不"字，和唐史承节所撰郑公《碑文》相合，因为文引申阮说，写成

《元本后汉书跋》，收入《简庄缀文》卷三。钱泰吉《曝书杂记》卷上根据陈氏此跋，又加以发挥道：

> 郑公心事，为浅人所诬久矣，得此乃大白。有元刻可证，则亦非范史妄加也。校书之有功于先儒如此！

从上面所列举的几个例子来看，谁说古代书籍在写、刻过程中，一笔画的增减，一个字的有无，关系不很大呢？我们从事校书工作，遇着这一类的问题，必须广致异本，细心校勘，而不容轻易放过。同时，这也说明书籍的校勘工作，是十分重要的。

第三节 校书的条件

由于校书工作本身是一种勘正文字的工作，如果对古代汉字的结构、音读以及语法方面，没有掌握住发生、发展、变化的规律，便很难对一字作充分的分析和研究，不容易判断哪一个是正体，哪一个是讹文。所以两汉时期善于校书的学者，像刘向、扬雄、班固、郑玄，都是"小学"名家；唐代如陆德明、颜师古，也都长于说字。他们校订古书，能够取得辉煌成绩，不是偶然的。清代学者研究古文字、古声韵之学，较之以前，可谓登峰造极，也就推动了校书工作的进一步深入发展。假若清代学者们在古文字、古声韵方面没有深厚的素养，就很难在校书工作上放出异彩，这是毋庸置疑的。所以进行校书工作，首先要在文字、声韵、训诂方面有些素养，这自然是最基本的重要条件。

其次，对通行的、常见的古籍，务求比较精熟。公元六世纪时的学者颜之推曾经说过："校定书籍，亦何容易！自扬雄、刘向，方称此职耳。观天下书未遍，不得妄下雌黄。"（见《颜氏家训·勉学篇》）这把校勘书籍的工作，看成一件多么艰难而严肃的事！当然，如他所说，必须读遍天下书才能校定书籍，不免悬鹄太高，要求太苛，不是人们易于达到的标准，他的话不免失之偏激。但是读书太少，知识领域太狭的人，着手校书，遇着难字难句不易索解时，很容易犯错误或者闹笑话。顾炎武《日知录》卷十八"别字"条下有云：

> 山东人刻《金石录》，于李易安《后序》"绍兴二年，元默岁，壮月朔"，不知"壮月"之出于《尔雅》，而改为"牡丹"，凡万历以来所刻之书，多牡丹之类也。

同卷"勘书"条下又云：

> 凡勘书必用能读书之人。偶见焦氏《易林》旧刻，有曰"环绪倚锄"，乃"环堵"之误；《注》云："绪，疑当作珮。""井堙水刊"，乃"木刊"之误；《注》云："刊，疑当

作利。"失之远矣。幸其出于前人，虽不读书，而犹遵守本文，不敢辄改。苟如近世之人，据臆改之，则文益晦，义益舛。而传之后日，虽有善读者，亦茫然无可寻求矣。然则今之坊刻，不择其人，而委之雠勘，岂不为大害乎！

顾氏这两条记载，真足令人发噱！一般读书太少的人，脑子里只有"牡丹""水利"这一类的字眼。而不知"八月为壮"，见于《尔雅·释天》；"随山刊木"，见于《尚书·禹贡》（刊是斫伐的意思）。当他们遇着"壮月""木刊"等词时，便只得改从习见的名词，和原文意义大乖，给书籍带来损害。可知着手校书，诚非不读书的人所易为力的。至于遇着更为隐僻的文字、艰涩的辞句，如果读书不多，更无从剖析疑滞，审定书本传写的错误。我现在就宋、清学者们校书的故事，举出两个实例，说明这一问题。洪迈《容斋四笔》卷二有一段记载：

周益公以《苏魏公集》付太平州镂版，亦先为勘校。其所作《东山长老语录序》云："侧定政宗，无用所以为用；因蹄得兔，忘言而后可言。"以上一句不明白，又与下不对，折简来问。予《忆庄子》曰："地非不广且大也，人之所用容足尔。然而厕足而垫之致，黄泉知无用而后可以言用矣。"始验"侧定政宗"当是"厕足致泉"，正与下文相应，四字皆误也。

钱大昕《十驾斋养新录》卷十四"风俗通义"条，也记载一件事：

> 卢学士召弓尝寓书问《愆礼篇》载"徐孺子负笥升涉赍一盘醆"，"笥升"二字何义？予答云：此必算字之讹。《史记·郑当时传》："其馈遗人，不过算器食。"徐广云："算，竹器也。"算，与匮同，《说文》："匮，渌米薮也。"《士冠礼》："爵弁、皮弁、缁布冠，各一匮。"注："匮，竹器名。"本算字，误分为两字，遂不可识矣。

这两件事很相似。由于洪、钱两人读书较多，对一般通行的、常见的古籍，比较精熟，所以遇着朋友质疑问难的时候，便不费气力地能够探见本原，审定今本致误之由。虽旁无佐证，却可大胆予以肯定，确能说明问题，解决问题。由此可见，过去不少学者进行校书能够深入，和他们读书的广博是分不开的。况且宇宙万事，总是彼此联系，互相倚依。书与书之间，牵涉的地方更多。凡是经、史、子、集四部中较为重要而常见的书，我们必须阅读，才能更好地进行校书。

　　但是，一个人的聪明才力究竟是有限的、渺小的。长于此或短于彼，不可能具备各方面的知识。摆在我们面前汗牛充栋的书籍，内容是丰富的、繁杂的。如果说一个人竭尽精力，便可校理天下群书，那是一件不可想象的事。我国历史上几次范围较广的校书工作，都是在大规模组织人力、各用所长、分工合作、集体劳动的条件之下，取得成功的。

当汉成帝河平年间，中国历史上出现第一次大规模集体校书的时候，便是采取各委专才的原则进行的。其中只有刘向是一位博涉多通的学者，所以能总校经传、诸子、诗赋三大类书籍。其中还有他的儿子刘歆和杜参、班游等协助他，可知那三大类书籍也不是刘向一人独力校订的。至于兵书、术数、方技等类书籍，则分配给精通这些专业知识的人去校订，发挥他们的特长。这在人事安排上，体现了重视集体力量的精神。

当北宋全盛的时期，开崇文院校理群书。程俱《麟台故事》说："国初循前代之制，以昭文馆、史馆、集贤院为三馆，通名之曰崇文院。"当时名流学者，都被罗致参加了工作。像沈括、苏颂这般人，学问博洽，举凡天文、地理、音律、算法、医方、本草，都有比较精湛的研究。每校一书，都有《叙录》。似乎和刘向校书时有些相同。《麟台故事》卷三有云：

> 嘉祐二年，置校正医书局于编修院，以苏颂、陈检等
> 并为校正医书官。

这又说明了当时也是委任专门人才去校订专门书籍的。不过宋代统治者，还是拘于常格，除对四部之书作一番校订外，便没有注意到方外之书的整理。韩淲《涧泉日记》卷上，有一段这样的记载：

秘书监王钦臣，奏差真靖大师陈景元校黄本道书。范祖禹封还。以谓："诸子百家，神仙道释，盖以备篇籍，广异闻，以示藏书之富，本非有益于治道也。不必使方外之士雠校，以从长异学也。今馆阁之书，下至稗官小说，无所不有。既使景元校道书，则他日僧校释书，医官校医书，阴阳卜相之人校技术，其余各委本色，皆可用此例，岂祖宗设馆之意哉？"遂罢景元。

据此可知，当日不注意到方外之书的整理，是由于一般无识的士大夫们加以阻拦的结果。其实，"医官校医书，阴阳卜相之人校技术"，正是汉代校书成法，为什么不可采用？假使佛法盛行于汉以前，我想河平校书之时，必不嫌用高僧去校订佛经。北宋统治者对这个问题没有处理好，诚然是当日校书工作中的一大损失。

清代乾隆年间，开四库全书馆校理群书，在组织人力方面，也是各用所长，分工合作。校理既毕，分嘱专家们写成每部书的提要，置之卷首。后来又汇辑所有提要，成为《四库全书总目提要》。这和汉代由校书而编成的《别录》，宋代由校书而编成的《崇文总目》，有同样的价值和功用。但《四库全书总目提要》成于众手，纪昀不过总揽其事，有整齐删订之功而已。有如李慈铭《孟学斋日记》丙集上所说：

《四库总目》，虽纪文达、陆耳山总其成，然经部属之戴东原，史部属之邵南江，子部属之周书昌，皆各集所长。

又一次说明了集体力量的伟大！尽管戴氏自经部外，还校订了《算经》《水经注》一类的书；邵氏所作《提要》，除几部正史外，尚有四种属于经，一种属于子，四种属于集（见邵氏《提要》分纂稿）；周氏除整理子部外，还从《永乐大典》中辑出了刘氏兄弟《公是集》《公非集》以下十余家，足以说明他们当日并不局限于所订"经部""史部""子部"，但是他们当日的分工，究竟是各用所长，有所专属的。即使偶尔超越了自己的任务范围，也仍然是发挥他们对某些专业或某部书的特长，来积极进行工作的。

由此可见，过去学者们在校书工作中重视群众智慧、分工合作的原则，值得我们学习。我们如果善于继承这种精神，把它用在个人校书的工作上，也仍有它的积极意义。因为古代书籍包罗宏富，有些内容是比较专门的知识，不容易理解时，便非参考过去的或现存的专家们的写作不可。他们对某些专著或专篇，已经做了校订工作，我们便必须取用这些研究成果，来启发自己，帮助自己。例如我们读《汉书》，对《食货志》的内容不容易弄清楚，便可找有关中国经济史方面的专著来参考；读到《天文志》，更不易懂，便可向天文学家虚心请益；读到《地理志》，不免枯燥乏味，便可参考沿革地理一类的专著；读到《艺文志》，也很模糊，便可向目录学家质疑问难。特别是《地理志》和《艺文志》，从来便已单篇别行，过去学者们深入研究这两篇而写成的专著很多，在校勘方面做了极细致的工作，给我们提供了有利条件。我们如果善于利用它，便可节省精力时间，避免走弯路或走错路。所以单就个人平日伏案校书而论，也应本着重视群众智慧、各用所长的原则，取人之长，补己之短，兼收博采，参考多家，才能很好地进行工作。

不难理解，一个学问有成的人，在古人造字和用字方面，掌握了一般规律，并且博览群书，习惯于联系多方面分析问题，便很容易发现古书中的错误。虽没有其他本子的依据，也仍然可以改订古书；而所得出的结论，又绝大部分属于正确的，或比较正确的。这是由于事先具备了一些好的基本条件，才有可能达到这一境地。清代学者们既对古代汉字的结构、音读以及语法方面的知识有专精研究，他们能够在校书工作上取得辉煌成果，便不是偶然的。

至于较大的校书工作，自非集体协作、各效所长不可。许多历史事实也都证明了这一点。可知校书的必备条件，也仍然是多方面的了。

第四节　校书的依据

过去学者们进行校书工作，大半是采用许多较早、较好的本子来供校勘。特别是从有刻本以后，大家便根据宋元旧椠为底本，像清代校勘家们，便在这里面做了不少功夫，取得了不小成绩。但在今天，便不应停留在这一境地；所根据的底本，也不应局限于宋元旧椠了。就实物言，有龟甲和金石刻辞；就书卷言，有汉初帛书、六朝唐人写卷，都可以拿来校订古书。所以取材的范围，自然较过去广阔多了。

举例来讲，当清末学者孙诒让最先研究龟甲文字时，经常发现"昜日"二字。"昜"字作 ，作 ，作 ，作 ，孙氏认为"昜日，犹言更日"，是改期的意思。"旧释为彤日，则于文龃龉难通。"根据这一考证，便可推知《尚书》里的《高宗彤日》，当为"昜日"之讹，这便订正了几千年间传本中的一个错字。（孙说详《契文举例》卷上）

后来，罗振玉更用《史记·殷本纪》和卜辞对照，证明了大多数的王号，在实物和纸本的记载中，是相同的。其中有不同的，又可据实物以正纸本之讹。古书记载，肯定汤名天乙，最初见于《世本》（《尚书·汤誓篇》释文引）和《荀子·成相篇》。司马迁写《史记》时，也就仍而不改。但卜辞中只有"大乙"，没有"天乙"。罗氏最初考证说："以殷初诸王大丁大甲大庚大戊例之，则天乙为大乙之讹，殆无可疑。"（见《殷商贞卜文字考》）后来又说："天与大形近易讹，故大戊，卜辞中亦作天戊。以大丁、大甲诸名例之，知作大者是。"（见《殷虚书契考释》卷上）这又是根据龟甲刻辞校订古书的一个例证。

至于依据金石刻辞校订古书讹误，起源很早。远在南北朝时，颜之推便以长安出土的秦时铁称权刻辞为依据，订正《史记·秦始皇本纪》"承相隗林"当为"隗状"之误。《颜氏家训·书证篇》尽载其说，考订精谛，确不可易。到了宋代，便进一步发展为金石专门之学。赵明诚《金石录序》便已说过：

> 《诗》《书》以后，君臣行事之迹，悉载于史。……若夫岁月、地理、官爵、世次，以金石刻考之，其抵牾十常三四。盖史牒出于后人之手，不能无失，而刻辞当时所立，可信不疑。

这便强调了金石刻辞的作用。在赵氏以前，像欧阳修写《集古录》，便已取金石刻辞订正史传，为学术界开了一条研究的新途径。清代学者在这方面所做功夫，更切实而专精。近人罗振玉在所撰《吴氏愙斋集古录序》中云：

> 金石文字者，古载籍之权舆也。古者大事勒之鼎彝，故彝器文字，三古之载籍也。唐以前无雕版，而周秦两汉有金石刻。故周秦两汉之金石刻，雕版以前之载籍也。载籍

> 愈远，传世愈罕，故古彝器之视碑版为尤重焉。往尝与友人言：古之典籍，掌之史氏，民间不获传流。孔子辙环列邦，观百二十国之宝书，乃修《春秋》。吾人对三代列邦古彝器，是不啻不下堂而观三古列国之宝书也。生三千年之后，而神游三千年以前，得据以补《诗》《书》之所遗佚，订许、郑诸儒之讹误，岂非至可快之事哉！

这又进一步肯定了金石刻辞是远古的书籍，是校勘家的最好依据，等于是总结了过去学者们所以重视金石文字的原因。宋、清两代学者在这方面的研究成果，各有专著，足供稽览，精义名言，不能尽举。现在但就校订讹文误字，对理解古书有着普遍指导意义的例子，抽出来谈谈。

我们经常在文辞中遇见“昊天不吊”的话，意思是指时运不佳。但这个成语最初见于《尚书》和《诗三百篇》。像《尚书·大诰篇》《君奭篇》的“弗吊天”，《多士篇》的“弗吊昊天”，《诗·小雅》的“不吊昊天”都是。注家只是解“不吊”为“不善”，究竟“吊”字为什么有善义？一直到清末吴大澂研究金文，才考定“不吊”当为“不淑”。古文淑皆作，不从水；与吊字作形近易讹，二字便混为一。于是这一词义通过金文，才把它读正了（详吴氏所著《字说》）。

又如“文”字的古文作，或作，和“寧”字形极相似。因之古书中有很多地方，原文是“文”字的，都讹为“寧”字了。《尚书·大诰篇》中的“前寧人”“寧考”“寧王”“寧武”，

都是"文人""文考""文王""文武"的误写。这也是吴大澂根据金文加以订正的。吴氏《字说》中，既有专篇解说，后来孙诒让写《名原》时，也在序言中就此义作了引申发挥，于是便成了定论。

由以上所举最浅明的例子来看，可知龟甲和金石刻辞实是校订古书的重要依据。前面所列举的，不过是有关文字笔画方面的一些实例。至于古代人名、官名、地名，以及其他史实可以订正书本错误的，更不可胜数，不在这里详说了。

至于雕版以前的古写本，对校勘工作为用更大。例如1972年4月，在临沂银雀山两座汉墓中出土的4900多枚古代竹简；1973年12月，在长沙马王堆三号汉墓中出土的12万字的古代帛书都包蕴着不少周秦诸子及远古佚书。我们从这两批具有历史价值的古文献中，既可整理出许多佚书，更可依据竹简、帛书的古籍，对今本进行校勘。

又如近代发现于敦煌石室中的六朝隋唐人写卷，包括了许多经传和可贵资料在内，更是校勘古书的重要依据。近人影印下来，编入《鸣沙石室古佚书》《佚书续编》《古籍丛残》中的已很多，学者自可凭借它校勘古书。有些单篇另行保存在唐人写卷中的，更须重视。例如《汉书·食货志》，是一篇总结汉以前和汉代社会经济情况的文字。但是日本影印的唐写卷子本《食货志》，和今日通行本在字句方面便有些不同。清末黎庶昌既取以收入《古逸丛书》，王先谦便据以校订今本《汉书》，给读者以很大方便。

总之，龟甲、金石刻辞，汉初竹简、帛书和六朝隋唐写卷，都足以作为校勘古书的依据，它们较任何刻本的时代都要早得多，可靠性就更大了。

其次，又可从多种古书中找出许多内容相同的篇章，作为校勘的依据。例如读《逸周书·时训篇》，便可取《吕氏春秋·十二月纪》《礼记·月令》《淮南子·时则篇》，彼此对勘；读《墨子·所染篇》，也可取《吕氏春秋·当染篇》对勘。此外，如《逸周书》有《官人篇》，《大戴礼记》也有《官人篇》；《荀子》有《劝学篇》，《大戴礼记》也有《劝学篇》（二书内容相同的篇章很多，兹不备举）。韩非子《初见秦篇》，也见《战国策》；《大戴礼记》之《礼察》《保傅》两篇，都出于《汉书·贾谊传》。像这一类的情况，古书中普遍存在，我们都可一一找出其中的相互关系，作为校书的重要依据。

又其次，可以依据较早的传注去校订正文。顾千里在《重刻晏子春秋后序》中说过："古书无唐以前人注者，易多脱误。"这是校勘家的经验之谈！因为传注的时代愈早，去古愈近。有时书的正文已误，而注文未误，便可据旧注以勘改正文。群经传注保存到今天的，以《毛诗故训传》为最古最全，我们就拿它举例证明如下：

《诗·周南·汉广》："南有乔木，不可休息；汉有游女，不可求思。"毛《传》："乔，上辣也；思，辞也；汉上游女无求思者。"

《正义》："《传》先言'思辞'，然后始言'汉上'，疑经'休息'之字作'休思'也。《诗》之大体，韵在辞上。疑'休''求'为韵，二字俱作'思'，但未见如此之本，不敢辄改耳。"

证以陆德明《释文》所说"本作休思"，可知《毛诗正义》的看法是对的。即能断定经文作"不可休思"，由于"思""息"形近，今本经文便讹作"不可休息"了。幸有毛《传》犹存，可以依据传注加以校订，这确是校勘古书的另一途径。我过去感到《逸周书》阙文太多，不容易着手整理。后来细心研究孔晁注解，使用了依据旧注校订正文的方法，才有所收获。例如：

《大戒篇》："无□其信，虽危不动。"注云："转，移也。"

正文不见"转"字，注语却解释到了，可以断定阙文必是"转"字，而原文作"无转其信"。又如：

《程典篇》："不意多□。"注云："多用，谓振施也。"

正文只有"多"字，注语却兼及"多用"，可以断定阙文必是"用"字，而原文作"不意多用"。但举二例，其余自可类推。足以说明孔晁作注时，正文并没有残阙。体现了旧注可贵，可作为校书的依据。

此外，还可依靠类书和旧注所引古书，来校订今日通行本的错误和脱落。因为古人编纂类书和撰述注解时，所见到的写本或刻本时代较早，和古书的原来面目比较接近，大可依据其中所引用的文字，进行校书工作。

类书中如唐代虞世南的《北堂书抄》、欧阳询的《艺文类聚》、徐坚的《初学记》，宋代李昉等所修的《太平御览》、王钦若等所修的《册府元龟》，都保存了不少古本书，可以供给后人校书的资料，所在皆是。唐以前的旧注，如裴松之的《三国志注》、裴骃的《史记集解》、刘孝标的《世说新语注》、郦道元的《水经注》，固然是古书渊薮；即如唐代李善的《文选注》、颜师古的《汉书注》、李贤的《后汉书注》、张守节的《史记正义》、司马贞的《史记索隐》、释玄应和慧琳的《一切经音义》，以及陆德明的《经典释文》，所见到的古书也和今本不同。我们都可依据其中所引用的文字，校勘其他书籍。

但是必须指出：古人引书，不一定完全符合原文，做到一字不差。特别是在引用之际，有节略其辞的，也有引用书意的。这在顾炎武《日知录》卷二十中已经说得很清楚。至于仓促引用的时候，将原来文字弄错或将内容颠倒了的，更不可胜数。宋、明学者们早对这一问题，都明白谈到了。像宋代孙奕《示儿编》卷十三、明代杨慎《丹铅杂录》卷九，举出了许多实例，足以说明古人引书的方式是多种多样的，所造成的错误也是很严重的。所以清代校勘家卢文弨在《抱经堂文集》卷二十《与丁小雅论校正方言书》中指出：

> 大凡昔人援引古书，不尽皆如本文。故校正群籍，自当先从本书相传旧本为定。况未有雕版以前，一书而所传各异者，殆不可以遍举。今或但据注书家所引之文，便以为是，疑未可也。

朱一新《无邪堂答问》卷三谈到校书时，也说：

> 国朝人于校勘之学最精，而亦往往喜援他书以改本文。不知古人同述一事，同引一书，字句多有异同。非如今之校勘家，一字不敢窜易也。今人动以此律彼，专辄改订，使古书皆失真面目，此甚陋习，不可从。凡本义可通者，即有他书显证，亦不得轻改。古书词义简奥，又不当以今人文法求之。

像这一类的言论，对校书工作来说，是一种极有价值的建议。我们必须重视这些意见，极客观地、实事求是地进行工作。古人引书时，既不是那样审慎严密，如果过分地信任它，据之以改本书，便会给本书带来损害。在依据类书、旧注所引古籍去和今本进行校勘时，自不可不谨慎地处理问题。

第五节　校书的态度

过去从事校书工作的，特别是明代读书刻书的人，每喜凭主观判断改易古书。有时原书本不误，经过改易，反致错误的却很多。清代学者们大力纠正明人的偏蔽，经常抱着十分谨慎的态度，去处理那些疑字异文，不轻易改窜古书。这种谨慎的态度，起源很早，相传孔子读书时便已有了。有下面一段古史记载，足以说明问题：

> 《春秋》：昭公十二年，春，齐高偃帅师纳北燕伯于阳。
>
> 《公羊传》："伯于阳"者何？公子阳生也。子曰："我乃知之矣。"在侧者曰："子苟知之，何以不革？"曰："如尔所不知何？"
>
> 何休《公羊传解诂》：子，谓孔子。乃，乃是岁也。时孔子年二十三，具知其事。后作《春秋》，案史记，知"公"误为"伯"；"子"误为"于"；"阳"在；"生"刊灭阙。如，犹奈也，犹曰"奈女所不知何"，宁可强更之乎？此夫子欲为后人法，不欲令人妄亿错。子绝四：毋意，毋必，毋固，毋我。

照上面所举列的文字来看，如果只有《春秋》经文，我们对"伯于阳"三字便不易理解。有了《公羊传》的说明，才知"伯于阳"三字是由"公子阳生"四字写错的，并且写掉了一个"生"字。孔子当时虽明明知道这是传写中弄错的，但顾虑到自己所不知道的事情还很多，不敢马上把它改正过来，这很能体现孔子校书的谨慎态度了。特别是东汉学者何休，在解诂中着重指出了孔子这一精神。所谓"不欲令人妄亿错"，便是说孔子不希望后世校书的人们，在遇着疑字阙文的记载时，随便加以猜测，来处理问题（亿是猜测，错是处置）。意味着孔子当时保存这一记录的原来面目，好像是向后世示范似的。最后，何休又引《论语·子罕篇》的话："子绝四：毋意，毋必，毋固，毋我。"用作结尾，意义更大。所谓"毋意"，是不妄加猜测的意思；"毋必"，是不武断的意思；"毋固"，是不固执己见的意思；"毋我"，是不单凭主观而作判断的意思。孔子平日处理问题，把这四种不好的态度，全都绝除了，自然是采用比较客观的态度来处理一切问题，特别是用在校书方面，这值得我们重视。

相传孔子校书，不但不轻于改字，并且遇着远古记载有阙文时，也不随便补上一个字，以保存古书真貌。疑以传疑，留待后人处理。根据古史记载，又可举出一个实例：

《春秋》：昭公十有四年，春正月，公会郑伯于曹。○无冰　○夏五　○郑伯使其弟语来盟。

《春秋》是一部流水账簿式的古史，是按每年春、夏、秋、冬的顺序来记载列国大事的。每件事的记载都很简略，且不相连续。

这段记载的中间，忽然突出"夏五"二字，自然令人怀疑。晋代杜预《春秋经传集解》在"夏五"二字下注云："不书月，阙文。"谁都会觉得"夏五"二字下必然是一个"月"字，但是修史者从不替它补上，这是何等谨慎不苟的态度！卢文弨《抱经堂文集》卷八《春秋尊王发微跋》指出：

> "夏五"之下，其为"月"也无疑矣。而圣人不益者，谓其文或不尽于此也。益之以"月"，将谓"郑伯使其弟语来盟"为五月之事，所书仅此，无复更疑其上之容有脱文者矣。

《春秋》是否为孔子所修？那是另一问题。即使不一定经过孔子的手整理过，也仍然是两千多年前的旧史。当时编书者对待旧史料，竟这样认真，不随便妄改一字，妄增一文，无疑这是我们进行校书时应该学习的好态度。

汉末大经学家郑玄，遍注群经，首先在校勘文字异同方面，做了很深入细致的功夫。当他遇着很明显的误字时，也只在注中指出："某当为某。"并不轻出己意，改易原文。他注《仪礼》时，采用了今文、古文二本参校，一一载其异同，只说："古文某作某，今文某作某。"也从不加以主观判断，有所肯定。这种做法，便是后世"考异""校勘记"一类写作的开端。唐代陆德明作《经典释文》，宋代朱熹作《韩文考异》，都是先据一个比较好的本子为主，然后附注别本异同于下，仍然是推衍郑氏校书之法而写成专著的。

即如宋人彭叔夏所作《文苑英华辨证》，便是一部校勘古书极成功的典型作品。彭氏在《自序》中说过：

> 叔夏年十二三时，手抄《太祖皇帝实录》。其间云"兴衰治□之源"，阙一字，意谓必是"治乱"。后得善本，乃作"治忽"。三折肱为良医，信知书不可以意轻改。

这段话至为精要！清代校勘家顾千里极佩服彭叔夏的校书法。《思适斋集》卷十五《书文苑英华辨证后》有云：

> 予性素好铅椠，从事稍久，始悟书籍之讹，实由于校。据其所知，改所不知。通人类然，流俗无论矣。叔夏《自序》云："三折肱为良医，知书不可以意轻改。"何其知言也！此书乃校雠之模楷，岂独读《英华》者资其是正哉！

这自然是通过长期校书取得丰富经验以后所得出的结论！他着重指出"书籍之讹，实由于校"，更值得我们警惕。而王念孙校完《淮南子》后，在《读淮南杂志叙》中指出：

> 凡所订正，共九百余条。推其致误之由，则传写讹脱者半，凭意妄改者亦半也。……嗟乎！学者读古人书，而不能正其传写之误；又取不误之文，而妄改之，岂非古书之大不幸乎！

这又是何等严重的问题！乾嘉学者们即针对这些问题，力矫其弊，相戒不轻改字，蔚为风气。于是出现许多精校本，古书始渐渐可读。阮元《揅经室三集》卷二《江西校刊宋本十三经注疏书后》有云：

> 刻书者，最患以臆见改古书。今重刻宋版，凡有明知宋版之误字，亦不使轻改。但加圈于误字之旁。而别据校勘记，择其说附载于每卷之末。俾后之学者，不疑于古籍之不可据，慎之至也。

阮氏谨守昔人成法，不轻改字，可谓慎重。他并且自创新例，在每一讹体误字之旁，别加标识，使读者可以按圈之所在，去检阅《校勘记》，以便稽核异同。这对读者的帮助更大，应该说是一种比较好的校书法。

但是，也还有博学高识的专门名家，掌握了某部书的义例，常能操约持繁，以类统杂。即使没有他书可资佐证，也可直接订正后世传写之讹，勇于改字，无所顾忌。究竟他所改正的字，又十之八九和原本相符，这却不是一般人所能办到的。清代学者段玉裁在《经韵楼集》卷十一《答顾千里书》中说过：

> 夫校经者，将以求其是也。审知经字有讹则改之，此汉人法也。汉人求诸义，而当改则改之，不必其有左证。

这自然是比较大胆的见解。他穷毕生精力注解《说文解字》，将说解原文动辄改易移换。论者病其武断。然而另一方面，单从校勘的角度来看，又体现出他功力的精湛。我曾经取段氏没有见到的唐写本《说文木部残卷》（从篆法和内容来看，确为唐本无疑，近人或疑其伪非是）以校段注，发现段氏所改易的字句和唐写本暗合的很多。归纳起来，举例如下：

一、直改说解中全误之字。栅，二徐本作"编树木也"，段改"树"作"竖"。萁，二徐作"博萁"，段改"博"作"簿"。

二、订正说解中形近之讹。槤，二徐作"积火燎之也"，段改"火"作"木"。枥，二徐作"枥撕棹指也"，段改"棹"作"柙"。

三、改易说解中偏旁之谬。杠，二徐作"橦也"，段改"橦"作"撞"。楫，二徐作"舟櫂也"，段改"櫂"作"擢"。

四、省节说解烦文。槽，二徐作"畜兽之食器"，段改作"兽之食器"。梂，二徐作"削木札朴也"，段改作"削木朴也"。

以上四类，都是独申己见，是正讹误，和唐人写本暗合的。也还有慎于阙疑，不敢轻改，但在注中指出，而暗合于唐写本的，复得四例：

一、从训诂推求，知道说解有误字。乐，二徐作"象鼓鞞木虡也"。段云："鞞，当作鼙。"

二、从制度推求，知道说解有舛义。桶，二徐作"木方受六升"。段云："疑当作方斛受六斗。"

三、根据许氏叙字次第，发现篆文排列不合。部末"棐，辅也"。段云："棐盖弓檠之类，此篆失其旧次。"

四、根据许氏引书义例，发现援据字句失实。榱，二徐本引《春秋传》曰："山不榱"；小徐"山"下多"木"字。段云："今当于'榱'下补'藜'，不当于'山'下添'木'。许书亦有谓《国语》为《春秋传》者，此其一也。"

像这一类的怀疑，虽没有大胆断下，而实与唐写本暗合。这种成绩不是偶然可以取得的。《经韵楼集》卷八《重刊明道二年国语序》中指出：

> 校定之学，识不到，则或指瑜为瑕，而疵颣更甚。转不若多存其未校定之本，使学者随其学之浅深以定其瑕瑜，而瑕瑜之真固在。古书之坏于不校者固多，坏于校者尤多。坏于不校者以校治之，坏于校者久且不可治。

由此可见，段氏平日教示学者，也还是深恶妄改之弊，并引为厉禁的。至于他本人校订《说文解字》时，敢于大胆怀疑，对今本有所改易，这是在他深入钻研一部书的长期过程中，掌握全书义例以后，才进行这样的处理；而能取得较好的成绩，自然不是一般浅尝浮慕的人所易学步的了。所以，谈到进行校书时所应采取的态度，仍然以慎重为第一义。

第六节　清人的校书工作

清代学者中像卢文弨、顾千里这般人遇书即校，遍及四部，这是校勘家的博涉一派；也还另有专精一派，一生功力的重点摆在一方面，不大涉及或者很少涉及其他方面。例如王念孙、王引之父子的校勘群经，钱大昕、钱大昭兄弟的校勘诸史，都是用力精邃，取得了辉煌成就的。朱一新《无邪堂答问》卷二有云：

> 校雠之学，所以可贵，非专以审订文字异同为校雠也，而国朝诸儒，则于此独有偏胜，其风盛于乾、嘉以后。其最精者，若高邮王氏父子之于经，嘉定钱氏兄弟之于史，皆陵跨前人。

这话并不夸大！高邮王氏校经的成果，荟萃在《经义述闻》中；嘉定钱氏校史的成果（主要指钱大昕），荟萃在《廿二史考异》中。但是王氏除《经义述闻》外，尚有《读书杂志》，包括《逸周书》《战国策》《史记》《汉书》以及《管》《晏》《墨》《荀》《淮南》诸子，这便对几部常见的子史，也都作了精细的校勘。钱氏除《廿二史考异》外，尚有《潜研堂答问》，谈到了《易》《书》《诗》《三传》《三礼》《论语》《孟子》《尔雅》《广雅》《说文》等书中的不少问题，也仍然以校订古书的话为多。那么，他们平生所做校书工作，又何尝局限于一部分书籍？不过他们在治学过程中，由于精力时间有限，事实上不能不有所偏重，于是把精力集中在性质相近的书籍里面去，尽心校勘。像王氏对于经学训诂的钻研，钱氏对于诸史异同的考证，在清代学术史上，取得了崇高的地位，这是无可否认的。

王念孙校勘群经、诸子，至为仔细。我们只看他的《读淮南杂志叙》一篇，便可知其梗概。他在叙中指出："凡所订正，共九百余条。推其致误之由，则传写讹脱者半，凭意妄改者亦半。"他归纳起来，条举六十多例（实例甚多，文繁不引）。大意是说，有因字不习见而误者；有因假借之字而误者；有因古字而误者；有因隶书而误者；有因草书而误者；有因俗书而误者；有两字误为一字者；有误字与本字并存者；有校书者旁记之字而阑入正文者；有衍至数字者；有脱数字至十数字者；有误而兼脱者；有正文误入注者；有注文误入正文者；有错简者；有因误而致误者；有不审文义而妄改者；有因字不习见而妄改者；有不识假借之字而妄改者；有不审文义而妄加者；有不识假借之字而妄加者；有妄加字而失其句读者；有妄加数字至二十余字者；有不审文义而妄删者；有不识假借之字而妄删者；有不识假借之字而颠倒其文者；有失其句读而妄移注文者；有既误而又妄改者；有因误字而误改者；有既误而又妄加者；有既误而又妄删者；有既脱而又妄加者；有既脱而又妄删者；有既衍而又妄加者；有既衍而又妄删者；有既误而又改注文者；有既误而又增注文者；有既误而又移注文者；有既改而又改注文者；有既改而复增注文者；有既改而复删注文者；有既脱且误而又妄增者；有既误且改而又改注文者；有既误且衍而又妄加注释者。这是就《淮南子》正文、注文中误、脱、增、删、移、改的严重情况抽出来的实例，便有四十四事。

在《淮南子》中，经常有韵语出现在散文之内，传写既久，不小心将入韵之字写错了，写掉了，或改动了，便失去文句用韵的原貌。王氏归纳起来，实例也不少。大要是：有因字误而失其韵者；有因字脱而失其韵者；有因字倒而失其韵者；有因句倒而失其韵者；有句倒而又移注文者；有错简而失其韵者；有改字而失其韵者；有改字以合韵而实非韵者；有改字以合韵而反失其韵者；有改字而失其韵又改注文者；有改字而失其韵又删注文者；有加字而失其韵者；有句读误而又加字以失其韵者；有既误且脱而失其韵者；有既误且倒而失其韵者；有既误且改而失其韵者；有既误而又加字以失其韵者；有既脱而又加字以失其韵者。这是就《淮南子》韵语中误、脱、增、删、移、改的严重情况抽出来的实例，也有一十八事。

王念孙校勘《淮南子》竟举出六十多条大例，剖析入微，可谓极校书之精能，这种方法可推广到其他方面，用以校一切书，给后人的启示很大！然而遗憾的是，王氏校《淮南子》时，只根据《道藏》本，而没有看到宋本。等到《读书杂志》刻成出版，顾千里求得读之，因从汪阆源处借来宋本《淮南子》，复校一过，发现并纠正了王氏许多错误。王引之亟称顾氏心细识精，并为补刻顾校于《淮南杂志》之后。此事本末，具见王引之《补刊顾校淮南子序》及顾氏《宋本淮南鸿烈解跋》。从这件事又一次使人懂得，自汉以来的校书名家，都以广罗异本为先，不是没有原因的。

在校书工作上，和王念孙同时而有盛名的，便是钱大昕。他湛深经史，博涉多通，校理群书，无不精密。其校正史传异同，载于《廿二史考异》，固人人所共见。但是他在校书工作中所取得的成绩，远远不限于考证文字、订讹补脱这些小问题上。我曾从《潜研堂全书》中反复推寻他校书的成果，概略地归纳起来，认为足以启示后人途径的，约有数端：

一、校以当代史实，而知书中有后人妄改字。考证见《潜研堂文集》卷二十八《跋通典》（由于文长，故不具引，以下皆同）。

二、校以当代史实，而知书中有特殊缺笔字。考证见《十驾斋养新录》卷七"宋人避轩辕字"条。

三、校以行文义例，而知注语误入正文。考证见《养新录》卷六"《后汉书》注搀入正文""《三国志》注误入正文"条。

四、校以文字形声，而知注中有讹误字。考证见《文集》卷二十八《跋唐书释音》、卷二十九《跋乾道四明图经》。

五、校以史传，而知作者时代之误。考证见《文集》卷二十七《跋释名》。

六、校以他书，而知作者姓字之误。复有三例：

甲、姓字全误之例。考证见《文集》卷二十七《跋平水新刊韵略》、卷三十六《与谢方伯书》，《养新录》卷五"平水韵"条。

乙、姓字相同而误之例。考证见《文集》卷三十《跋石刻铺叙》，《养新录》卷十四"石刻铺叙""曝书亭集"条。

丙、二人不嫌同名之例。考证见《文集》卷二十七《跋尔雅疏》单行本。

如上所述的钱氏这种校书法，完全是以史实、他书、文字形声及行文义例作依据，来解决许多问题的，而不仅仅考证文字异同而已。这足以说明他所采用的是一种活的校书法，在博极群书的基础上，广揽兼征，而论定其所以然。远远不是一般校书工作者用旧本对勘今本的方式、方法所能范围了。

总之，清代校勘家较过去任何时期都要多。我们不能遍举，只得抽出两个来谈。不过在当时校书工作者的队伍中，也还有另一种人，沿明人评点古书的积习来做功夫。例如，清初的何焯（学者称义门先生），见书不可谓不广，校书不可谓不勤。沈彤《果堂集》卷十《义门何先生行状》，记其校读古书的情况道：

先生蓄书数万卷，凡经传、子史、诗文集、杂说、小学，多参稽互证，以得指归。于其真伪是非、密疏隐显、工拙源流，皆各有题识，如别黑白。及刊本之讹阙同异，字体之正俗，亦分辨而补正之。其校定两《汉书》、《三国志》，最有名。乾隆五年，从礼部侍郎方苞请，令写其本付国子监，为新刊本所取正。而凡题识中有论人者，必迹其世，彻其表里；论事者，必通其首尾，尽其变；论经时大略者，必本其国势民俗，以悉其利病；尤超轶数百年评者之林。

沈彤是何氏门人，亲自看到何氏校书过程中所做工作，归纳他题识在书本上的内容，除记载刊本异同、文字正俗以外，还有论人、论事、论经时大略的评语。那么，和乾嘉学者们校书的趋向截然不同。不过，由于他勤于动手，楷法工整，批校的书确也不少。流传到后来的，仍为人所重视。但是何氏所做的功夫，毕竟还是文士评点的道路，不是做学问的功力，更谈不到考证的精审了。钱大昕《潜研堂文集》卷三十《跋义门读书记》有云：

> 近世吴中言实学，必曰何先生义门。义门固好读书，所见宋元椠本，皆一一记其异同。又工于楷法，蝇头朱字，粲然盈帙。好事者得其手校本，不惜重金购之。至于援引史传，掎摭古人，有绝可笑者。

钱氏此跋，便已讥其考证多疏，弄错了许多史实。可知像这一类的校书家，便不可不分别对待。所以王应奎《柳南续笔》卷三说过：

> 何义门看书，洵属具眼，然过于细密，便近时文批评。

焦循《雕菰集》卷十二《国史儒林文苑传议》也说：

> 同一校雠也，何义门宜属文苑；（原注：批评甲乙，沿

刘须溪、孙月峰、钟伯敬、茅鹿门一派。）卢绍弓宜属儒林。（原注：比之陆德明、孙奭。）

何氏校书的成绩，在清代学者中既早有定评；我们更应知其浅深得失。不可拿来和那些据实说理、唯求其是的校勘家们混为一谈。清代绝大部分从事校书工作的人，都是讲求朴学、摒弃空谈的。所以像何焯校书的这一风尚，不久便为人所抛弃了。清末孙诒让《籀庼述林》卷五《札迻叙》中说过：

> 近代巨儒，修学好古，校刊旧籍，率有记述。而王怀祖观察及子伯申尚书、卢绍弓学士、孙渊如观察、顾涧蘋文学、洪筠轩州倅、严铁桥文学、顾尚之明经及年丈俞荫甫编修，所论著尤众。风尚大昌，覃及异域，若安井衡、蒲阪圆所笺校虽疏浅，亦资考证。综论厥善，大抵以旧刊精校为据依，而究其微旨，通其大例。精思博考，不参成见。其谊正文字讹舛，或求之于本书，或旁证之它籍及援引之类书，而以声类通转为之钤键。故能发疑正读，奄若合符。

孙氏这段话，概略地总结了清代校勘家的成就。又着重指出他们在校书工作上所掌握的钥匙，便在于能运用"声类通转"的道理来剖析疑难。这就说明清代学者们，早已将古声韵学上的研究成果贯注到校书工作中去了。也诚然只有造诣精湛的朴学家们才能如此，而不是空疏文士所易办到的。

第五章　整理古代文献的基础知识之三——目录

第一节　何谓目录？

"目录"二字连称，始于汉代。《汉书·叙传》云："刘向司籍，九流以别；爰著目录，略序洪烈。"这个名词，一开始便和刘向校书的工作联系在一起。《汉书·艺文志》叙述刘向校书的情况，有云：

> 每一书已，向辄条其篇目，撮其指意，录而奏之。

可知刘向当日每校一书完毕后，写成一篇介绍本书内容的总结性文章，一方面"条其篇目"，一方面"撮其指意"；这便是"目录"，也简称"录"。就现存的《孙卿新书叙录》（即《荀子叙录》）来看，先将三十二篇篇目胪列于前，然后将作者行事、书中内容、整理经过介绍出来，这便是当日刘向每书叙录的统一形式。原来每书《叙录》，都载在本书，随书而行。后又汇集所有《叙录》，成为一书，以便别行于世，名为《别录》。正和清代乾隆年间修《四库全书》时，每书之首写有提要一篇，后又汇集所有提要，成为《四库全书总目提要》，是一样的做法。

原来汇集在《别录》中的群书《叙录》，今天还可看到的，只有《战国策》《晏子》《孙卿子》《管子》《列子》《韩非子》《邓析子》和刘秀（刘歆后改名秀）《上山海经表》，凡八篇。（《关尹子叙录》，是后人伪托。）但是这种《叙录》的体式、义例，对后世影响很大，一直为簿录群书的人们继承下来了。

今考《战国策叙》末云："臣向所校《战国策书录》。"《列子叙》末云："臣向所校《列子书录》。"《孙卿新书叙》末云："所校雠中《孙卿书录》。"可知刘向当日所写每书《叙录》，本但称《录》，实兼包篇目和指意两个内容。武帝时，杨仆所奏《兵录》，也必然是这种性质的介绍文字。

"录"的内容，本包括"目"和"叙"两部分。后人分割其义，各取一偏，也称为"录"。例如《论衡·案书篇》云："六略之录，万三千篇。"这便是称目为"录"。《文选》任彦昇《王文宪集序》云："集录如左。"也是指"叙"后的篇目说的。又如《世说·言语篇》引邱渊之《文章录》，而《文学篇》又引作邱渊之《文章叙》，这便是称叙为"录"。毋煚《古今书录序》云："览录而知旨，观目而悉词。"也以"录"名专属于"叙"。

刘向所作书录，目在叙前，所以称为"目录"。后来仿效它写作的，体式稍有变更，叙在目前，所以改称"序录"，如陆德明《经典释文序录》便是。也有称为"录目"的，如释智昇《开元释教录》有《历代所出众经录目》一篇，也就是"序目"的意思。

古人称及"目录"，实兼"目"与"叙"二者而言，从没有单呼篇目为目录的。晋以后才出现只记书名的目录，同时也单用"目"字或"录"字作书名。像阮孝绪的《七录》，元行冲的《群书四部录》，毋煚的《古今书录》，都是上法刘向遗例，举录以该目。

继刘向、刘歆之后部次群书写成目录的，出现了几种不同的体例。概括起来，可以分为三大类：

一、每部类有小序，书名下有解题的。如《文献通考·经籍考》《四库全书总目提要》之类。

二、有小序而没有解题的。如《汉书·艺文志》《隋书·经籍志》之类。

三、没有小序和解题，只登记书名的。如《通志·艺文略》及其他私家书目之类。

这三大类目录书，都有它各自的主要职志。属于第一类的，在论其指归，辨其讹谬。属于第二类的，在穷源至委，究其流别。属于第三类的，在类例分明，使百家九流各有条理。这三大类目录书，体例虽异，宗旨则同，同归于"辨章学术，考镜源流"。这和藏书家的簿籍，徒供赏鉴之用，大有不同。

我们每读一书，每讨论一个问题，必然要从事物的发生、发展、变化来进行分析研究。一部书的出现和一种学说的产生，都有它的时代背景和授受源流。同性质的书籍，为什么内容不同？不同性质的学说，又有哪些派别？都得弄清楚。过去学者们所强调的"辨章学术，考镜源流"，仍然是极须重视的工作。

学者们谈到弄清楚书籍流别，了解学术源流，便以为有必要研究一下"目录学"，这在清代乾嘉学派中，便有人大力提倡了。王鸣盛《十七史商榷》卷一说过：

> 目录之学，学中第一紧要事，必从此问途，方能得其门而入。

《十七史商榷》卷七又说：

> 凡读书最切要者，目录之学。目录明，方可读书；不明，终是乱读。

《十七史商榷》卷二十二，又引用金榜的话：

> 不通《汉艺文志》，不可以读天下书。《艺文志》者，学问之眉目，著述之门户也。

王氏可算是重视"目录学"了。他平生读书心得，集中写在《蛾术编》中。此编为书九十五卷，开首便是《说录》十四卷，然后继之以《说字》《说地》《说人》《说物》《说制》《说集》《说通》诸类。可知他的为学次第，强调从讲求"目录"入手，程序秩然不混。但同时章学诚，却提出了不同意见。《章氏遗书·外编信摭》有云：

> 校雠之学，自刘氏父子，渊源流别，最为推见古人大体。……近人不得其说，而于古书有篇卷参差、叙例同异当考辨者，乃谓古人别有目录之学，真属诧闻！

而全祖望《鲒埼亭集》卷三十二《丛书楼书目序》中也说：

> 今世所谓书目之学者，记其撰人之时代，分帙之簿翻，以资口给。即其有得于此者，亦不过以为捃扯獭祭之用。

两家所言，切中当时学者们的病痛。特别是章氏着重指出，古人只有校雠之学，别无所谓目录之学，这见解确很卓越！因为古人由校书而叙目录，从刘向、刘歆的《别录》《七略》以后，如郑默的《中经》，荀勖的《新簿》，王俭的《七志》，阮孝绪的《七录》，以至清乾隆年间所修《四库全书总目提要》，都是因校雠官府藏书而编定的。就这些书籍看，自然是图书目录；就他们所做工作而论，只能说是校雠。所谓"版本""校勘""目录"，都不过是"校雠学"的几个组成部分。好像"训诂学"和传注的关系一样，训诂是这一工作的总名；传、注、笺、解、义疏，却是

"训诂学"中的具体写作。如果除"校雠学"外，"目录"可以自成一学；那么，除"训诂学"外，也应有所谓"传注学""笺解学"了。古人最初是没有这些区分的。我早年写《广校雠略》时，就特别赞成章学诚的说法，认为"目录"不能自成为学；但举"校雠"，足以包括无余。它的功用，应该着重在"辨章学术，考镜源流"方面。

但是"目录学"这一名词，却不是从清代学者如王鸣盛这般人开始提出来的。考宋人笔记《苏魏公谭训》卷四，有一条记载：

> 祖父谒王原叔，因论政事。仲至侍侧，原叔令检书史。指之曰：此儿有目录之学。

《谭训》是宋代苏象先记载他的祖父魏公（即苏颂）遗训和逸事的写作。根据这条记载，可知北宋时已有"目录学"这一专门名词了。当时已将能翻检书史的人看成懂目录。本来，凡是熟悉目录的人，翻书是比较容易的；对于学术流别，是比较清楚的。当然在阅读过程中，带来了许多方便。所以，我们今天对这方面仍有注意讲求的必要。但绝不可局限于死记每书的篇目和版本的行款，一定要从学术源流和著述体例方面理解问题。更不要将"目录"从校雠学范畴里分割出来，别成所谓"目录学"。只有从校雠学的角度去看"目录"，才能体现出它在"辨章学术，考镜源流"方面所起的作用。

第二节　书目的部类

　　我国古代藏书的机构，虽设立很早，但是将所有图书作有系统的分门别类，编为图书目录，一直到汉代才正式出现。当公元前26年（汉成帝河平三年），刘向受诏校书的时候，他自己整理经传、诸子、诗赋三类书籍；其余兵书、术数、方技，各委专才，分工合作，而由刘向总其成。那时显然已将天下的书分成了六部分。校书工作没有做完，刘向死了。哀帝又令他的儿子刘歆卒其业，歆于是写成一部总的图书目录，叫作《七略》。这部书分为辑略、六艺略、诸子略、诗赋略、兵书略、术数略、方技略七部分。但其中"辑略"是综述学术源流的绪论，和《汉书·艺文志》中各部类小序相似。所以实际登录书名的门类，只有六略。汉人便直称为"六略"。《论衡·对作篇》所谓"六略之书，万三千篇"，便是指这书说的。这就是中国历史上有分类图书目录的开端。

　　《七略》散佚已久，现在不可得见其原本了（后人辑本不全），但是班固作《汉书·艺文志》，门类条例完全依照《七略》遗规。现在根据《汉志》所载，列其类目如下：

　　六艺略　易　书　诗　礼　乐　春秋　论语　孝经　小学
　　诸子略　儒家　道家　阴阳家　法家　名家　墨家　纵横家　杂家　农家　小说家

诗赋略	赋一	赋二	赋三	杂赋	歌诗	
兵书略	权谋	形势	阴阳	技巧		
数术略	天文	历谱	五行	蓍龟	杂占	形法
方技略	医经	经方	房中	神仙		

上述六略，三十八种。纲举目张，条理秩然。这样有系统的图书分类法，竟出现在一千九百多年之前，诚然是一件伟大的创造。并且在分别部类之际，不是盲目地乱排，而是按学术的源流、书籍的性质，各归其类。而部类的分合，又是按照事物发展的实际情况来处理的。总括起来，它的精到处表现在下列几方面：

第一，从书籍发展的实际情况来处理问题。《七略》对于篇卷较少的书籍，必设法使之归并于同性质的门类。如果发现某一部分太丰富了，便单独把它别立一部，而不死板地硬将它隶属于原门类。例如《七略》不立史部，将历史方面的书籍，录入六艺略春秋类，这是由于那时的史书，自《世本》以至《汉大年纪》，仅有八家四百一十一篇，不能独为一略，所以推本史学的所自出，附列在春秋类。又如诗赋虽导源于《三百篇》，然而六艺略诗类，仅著录六家四百一十六卷。而诗赋到汉代特别发达，已有五种百六家一千三百一十八篇。如果附列在六艺略诗类，便太繁多了；不得不把它分开，使之独立自成一略。所以六艺略之外，还有诗赋略。由此可见，《七略》分类法的总原则，是辩证的，而不是死板的；是发展的，而不是停滞的。

第二，重视书籍作用方面的联系性，而合其所当合。汉人称《六经》为"六艺"，这和《周礼》以礼、乐、射、御、书、数为"六艺"，名同实异。照理论讲，六艺略内只列《易》《书》《诗》《礼》《乐》《春秋》便够了，为什么定要加以《论语》、《孝经》、小学，序六艺为九种呢？这是由于《论语》《孝经》和小学类的字书，是汉代学童诵习的课本，是进一步阅读六经的基础。加以《论语》《孝经》，汉人称为传记，传记所以解经，也是经学入门之书。所以标名虽称六艺，而收书并不限于六类，且变成了九种。这种分类法，不但能示人以治经的门径，并且能使读者由此考见古人治学的规模次第。

第三，重视书籍性质方面的距离性，而分其所当分。兵书、数术、方技三者，看来好像是诸子百家的支流，应该归并在诸子略。但是编书目时，审定这些书的内容实质，确有所不同。因为先秦诸子之书，所谈的多系有关伦理政治方面的主张，大半是一套成体系的理论。至于兵书、数术、方技，完全属于技术。和先秦诸子比较起来，既有虚实的不同，便决定把它们分开。章学诚《校雠通义》说过："《七略》以兵书、方技、数术为三部，列于诸子之外者，诸子立言以明道；兵书、方技、数术，守法以传艺。虚理、实事，义不同科故也。"这话却很精谛。

第四，分类极其细密，部类之中，又有子目。《七略》于每一大类，又细分子目，体现了它的系统性和科学性。例如诗赋一略，至为繁杂，《七略》便能使其有条不紊。自《屈原赋》二十五篇以下二十家为一种，《陆贾赋》三篇以下二十一家为一种，《孙卿赋》十篇以下二十五家为一种，而以杂赋、歌诗二种放在末尾，使人们一览了然，可自知其异同之故。

根据上述四点，可知《七略》的簿录群书，实寓有"辨章学术，考镜源流"的深意。这便是它最卓绝而为后世书目所不易学步的特殊之点。

中国图书分类法的另一系统，便是今日仍在通行的四部分类法。起源于魏晋之际。当魏元帝时（公元260—264年）秘书郎郑默编定一部图书目录，叫作《中经》，到晋武帝咸宁年间（公元275—279年），秘书监荀勖凭着《中经》另编《新簿》，分为甲、乙、丙、丁四部以总括群书。甲部，纪六艺、小学等书；乙部，有古诸子家、近世子家、兵书、兵家、数术；丙部，有史记旧事、皇览簿、杂事；丁部，有诗赋、图赞、汲冢书。那么，荀勖所定的甲、乙、丙、丁四部次序，就是经、子、史、集。后来将子部移后，史部提前，使甲、乙、丙、丁成为经、史、子、集的顺序，是东晋李充加以改定的。唐初修《隋书·经籍志》时，便直标经、史、子、集四部之名，来代替甲、乙、丙、丁的称号。自唐以后，无论是史志（正史中的《艺文志》或《经籍志》），官簿（《崇文总目》《四库全书总目》之类），私人藏书目录（《郡斋读书志》《直斋书录解题》之类），三大类的图书编目，都不能超越这个范围，行之达一千数百年之久。

在四部分类法盛行的长时期内，学者们感于四部分类的局限和狭隘，不足以统括群书；即使勉强归类，也大有"削足适履"之叹；所以仍然有依仿《七略》体例来编排书目的。南朝刘宋时，秘书丞王俭既造《元徽书目》，以甲、乙、丙、丁部次群书，终于认识到有些著述的归类牵强难安，反不如《七略》体例之便。于是又别撰《七志》四十卷，和四部书目并行（见《隋书·经籍志》）。唐玄宗时，令丽正殿写四库书，各于本库每部为目录。"其有与四库书名目不类者，依刘歆《七略》，排为《七志》。"（见《唐会要》）这些事实说明四部分类法不能尽满人意。唐代以后，像李淑的《邯郸图书志》，于经、史、子、集四志之外，加上艺术志、道书志、书志、画志而为八（见《郡斋读书志》卷九）。郑寅的《郑氏书目》，于经、史、子、集四录外，加上艺录、方技录、类录而为七（见《直斋书录解题》卷八）。这些新添的部类，都是从子部内分出的。至于郑樵《通志·艺文略》，则更舍弃一切依傍，自创新例，大胆地将所有图书分为十二类，经类以外别立礼、乐、小学三类；诸子类以外，又别立天文、五行、艺术、医方、类书五类；合之史类、文类而为十二，也仍以从子部内分出者为多。下至清代学者孙星衍编《祠堂书目》，将群书分为经学、小学、诸子、天文、地理、医律、史学、金石、类书、词赋、书画、小说等十二类，而不复采用四部之名。可知物穷则变，经、史、子、集四部，断不是一成不变的分类法了。兹就七略分类法和四部分类法，各列一表，以明其因革损益如次：

（甲）历代采用七略分类法的代表写作对照表 表内所注数字系原书次第

书名	绪论	类别							
刘歆七略	辑略1总论学术源流	六艺略2历史书籍附列春秋类	诸子略3	兵书略5	诗赋略4	术数略6	方技略7		
王俭七志	条例九篇编入首卷	经典志1六艺、小学、史记杂传	诸子志2古今诸子	军书志4兵书	文翰志3诗赋	阴阳志5阴阳图纬	术艺志6方技	图谱志7地域、图书	道佛附见
阮孝绪七录		经典录1六艺	记传录2史传	子兵录3子、书、兵书	文集录4诗赋	术技录5术数、方技	佛录6	道录7	
李淑邯郸图书志		经志1	史志2	子志3	集志4	艺术志5	道书志6	书志7	画志8

书名	绪论	类别									
郑樵通志艺文略		经类1 礼类2 乐类3 小学类4	史类5	诸子类6	文类12	天文类7 五行类8	艺术类9 医方类10				类书类11
郑寅郑氏书目		经录1	史录2	子录3	文录6	艺录4	方技录5				类录7
孙星衍祠堂书目		经学1 小学2	地理5 史学7 金石8	诸子3 小说12 金石	词赋10	天文4	医律6			书画11	类书9

附注：《隋书·经籍志》称："班固、傅毅，典校秘书，并依《七略》而为书部。"可知东汉一代编书目的，完全依照刘氏《七略》体例而无改易。《七略》虽亡，《汉书·艺文志》全采取之。所不同的，将《辑略》拆散，分载每类之后，又改术数略为数术略。从体制上讲，区别不太大。（内容上有不尽同之处，那是另一回事。）王俭《七志》虽亡，而类例具载《隋书·经籍志总叙》；阮孝绪《七

录》虽亡，而《叙录》尚存《广弘明集》卷三；李淑、郑寅之书，宋代晁公武《郡斋读书志》、陈振孙《直斋书录解题》，都已言其类例；所以今天仍可考见其分合异同。

（乙）历代采用四部分类法的代表写作对照表

书名	绪论	类别				
荀勖：中经新簿		甲部1六艺、小学	乙部2古诸子家、近世子家、兵书、兵家、数术	丙部3史记旧事、皇览簿、杂事	丁部4诗赋、图赞、汲家书	
李充：晋元帝时书目		甲部1五经	丙部3诸子	乙部2史部	丁部4诗赋	
隋书经籍志	前有总叙，每类后有小叙	经1	子3	史2	集4	道经、佛经附四部末
唐书艺文志		甲部经录1	丙部子录3	乙部史录2	丁部集录4	
文献通考经籍考	前有总叙，每类首有小叙	经1	子3	史2	集4	

147

书名	绪论	类别				
四库全书总目	每部有总叙，每类有小叙	经部1	子部3	史部2	集部4	

附注：荀勖、李充之书虽亡，其类例悉载阮孝绪《七录序》及《隋书·经籍志总叙》，犹可考见其大凡。

第三节　书目的流别一——官簿

我国图书目录的编定，最初是由官方组织人力，清理书籍，随手写成一个书名单子，好像检点什物，开具一单，备载物名件数以防遗失一样。《汉书·艺文志·兵书略》序云：

> 汉兴，张良、韩信序次兵法，凡百八十二家；删取要用，定著三十五家；诸吕用事而盗取之。武帝时，军政杨仆捃摭遗逸，纪奏兵录，犹未能备。

可知远在汉高祖、武帝时，便先后吩咐臣工们清理过兵书。杨仆既奏上过《兵录》（兵书目录），推想张良、韩信定著三十五家，一定也是有目录的。这便远在刘向校书之前。不过大规模组织人力，遍校群书，还是从西汉末年成帝河平年间开始的。到刘歆分别部类，编成《七略》以后，我国历史上才出现第一部国家藏书的目录，也就是图书分类的开始。

向、歆父子部次群书，分为六类。三国时魏秘书郎郑默，沿用这一体例，编造了《中经》，梁阮孝绪《七录序》云：

> 魏晋之世，文籍逾广，皆藏在秘书中外三阁，魏秘书郎郑默删定旧文；时之论者，谓为朱紫有别。

《初学记》卷十二引王隐《晋书》云：

> 郑默，字思元，为秘书郎，删省旧文，除其浮秽，著魏《中经簿》。中书令虞松谓默曰："而今而后，朱紫别矣。"

晋武帝太康二年（公元281年），汲郡有人盗发古冢，从地下发现很多竹简古书。于是秘书监荀勖组织人力，加以整理，并清点旧有图书，凭借郑默《中经》更著《新簿》。阮氏《七录序》云：

> 晋领秘书监荀勖，因魏《中经》，更撰《新簿》；虽分为十有余卷，而总以四部别之。惠怀之乱，其书略尽。

《隋书·经籍志》云：

> 秘书监荀勖，又因《中经》更著《新簿》，分为四部，总括群书。……但录题及言，盛以缥囊，书用缃素。至于作者之意，无所论辩。惠怀之乱，京华荡覆，渠阁文籍，靡有孑遗。

荀勖所编的《中经新簿》，变更了《七略》的体例，分为甲、乙、丙、丁四部，这便是后世经、史、子、集四部分类法的开端。不过荀氏的分类，子部在史部前，和经、史、子、集的顺序稍有不同而已。到东晋时，李充作《晋元帝书目》，仍以甲、乙、丙、丁四部分类，而次第略加更换。《七录序》云：

> 江左草创，十不一存；后虽鸠集，淆乱已甚。及著作佐郎李充，始加删正。因荀勖旧簿四部之法，而换其乙丙之书。没略众篇之名，总以甲乙为次。自时厥后，世相祖述。

《晋书·李充传》云：

> 李充，字弘度，江夏人。为大著作郎。于时典籍混乱，充删除烦重，以类相从，分作四部，甚有条贯，秘阁以为永制。

李充所编书目，已将《中经新簿》的乙、丙两部先后互换，于是甲、乙、丙、丁便成为经、史、子、集的顺序，为后世所沿用。

晋安帝义熙四年（公元408年），邱渊之又作《新集目录》。《七录序》和《隋书·经籍志》虽没有记载这件事，但《旧唐书·经籍志》却著录了"《义熙已来新集目录》三卷，丘深之撰"。丘深之即邱渊之，唐人避高祖讳，改"渊"为"深"。有人认为是两个人、两部书，那就错了。

刘宋一代编造书目的人很多，如谢灵运、王俭皆是。《隋书·经籍志》云：

> 其后中朝遗书，稍流江左。宋元嘉八年，秘书监谢灵运造《四部目录》，大凡六万四千五百八十二卷。元徽元年，秘书丞王俭又造《目录》，大凡一万五千七百四卷。

又有殷淳，《宋书·殷淳传》云：

> 殷淳，字粹远，陈郡长平人也。少帝景平初，为秘书郎、衡阳王文学、秘书丞、中书黄门侍郎。在秘书阁撰《四部书目》，凡四十卷，行于世。

但在这时应该着重提出的，便是王俭。他既依四部分类法写了宋元徽元年《四部目录》四卷，又依《七略》体例撰述《七志》七十卷。《隋书·经籍志》云：

> 俭又别撰《七志》……然亦不述作者之意，但于书名之下，每立一传；而又作九篇条例，编乎首卷之中。文义浅近，未为典则。

大抵南朝书目，除王俭《七志》的体例全仿刘歆《七略》外，其他都采用荀勖、李充的分类法，以四部为次。梁阮孝绪又斟酌刘歆、王俭的义例，撰成《七录》。《隋书·经籍志》云：

> 普通中，有处士阮孝绪，沉静寡欲，笃好坟史，博采宋齐以来王公之家凡有书记，参校官簿，更为《七录》……其分部题目，颇有次序；割析辞义，浅薄不经。

阮氏写成《七录》，得到他的朋友刘杳之助为多。《七录序》云：

> 通人平原刘杳从余游，因说其事。杳有志积久，未获操笔；闻余已先著鞭，欣然会意。凡所抄集，尽以相与。广其闻见，实有力焉。斯亦康成之于《传》释，尽归子慎之书也。

《梁书·文学传》云：

刘杳，字士深，平原平原人也。少好学，博综群书。沈约、任昉以下，每有遗忘，皆访问焉。自少至长，多所著述，撰《古今四部书目》五卷，行于世。

可知刘杳是一个博闻强记、有名于梁代的书目家。他既对阮孝绪撰述《七录》提供了很多资料，又独自编定《古今四部书目》，这在目录史上的贡献是很大的。阮、刘两家所造书目，虽出私修，和以前那些供职秘阁、校理官书、编成书目的有所不同，但仍然是搜集古今书目而成，和那些簿录私人收藏的书目，却又大异。

此外，王亮、谢朏等复撰《齐永明元年秘阁四部书目》，殷钧撰《梁天监六年四部书目录》，刘遵撰《梁东宫四部目录》，刘孝标撰《梁文德殿四部目录》（均见《隋书·经籍志》），江左图书，于斯为盛。《隋书·经籍志》虽也登载了陈代书目数种，但都没有作者姓名，不知出于谁手。

隋代初年，搜访图书，每书一卷，赏绢一匹，不久而经籍大大集中到官府来了。《隋志·簿录类》有《开皇四年四部目录》四卷，《开皇八年四部书目录》四卷，《香厨四部目录》四卷。开皇十七年（公元 597 年），秘书丞许善心复撰《七林》，既有《总叙》冠首，又于部录之下，明作者之意，而区分其类例。显然是仿效《七略》《七录》的体例写成的。

唐初图籍甚富，魏徵复奏请校定群书，然不闻编述目录。玄

153

宗时，元行冲有《群书四录》二百卷，大约这是采用刘向、王俭的体例，每书都有叙录，所以卷帙这样多。同时毋煚又写成《古今书录》四十卷，每部都有小序，每书都记作者姓名，有释有论。它和《群书四录》，正同汉代的《别录》与《七略》相似。另外又有《开元四库书目》四十卷（见于《崇文总目》）。可以想见唐代藏书的盛况。

经过五代扰攘之后，书籍散亡特别多，所以宋初官府藏书很少。后来削平诸国，收其图籍，馆阁渐渐充实。仁宗时，诏王尧臣等仿《开元四部录》的体例，编成目录，这便是六十六卷的《崇文总目》。南渡以后，孝宗时编有《中兴馆阁书目》；宁宗时编有《续书目》。《玉海》所引《书目》《续书目》，即此二书。

明初搜访图书，到英宗时，杨士奇才写成《文渊阁书目》。不分经、史、子、集，但用千字文编号。每号若干橱，但有册数而无卷数，实际就是当时点检内阁藏书的账簿。到神宗时，中书舍人张萱等，取阁中书重加清理，编为《内阁藏书目录》，始分部类，兼注作者姓名，也间附解题，较之《文渊阁书目》，大有不同。

清康熙时，图书虽备，但未编成目录。乾隆间修《四库全书》成，每书之前，都有一篇《提要》，撮举大旨，校其得失。后又综合各书《提要》，汇集为《四库全书总目提要》，凡二百卷。对于那些质量较差的书，只存书名，略加介绍，称为"存目"，也收在总目内。后又专辑著录各书《提要》，节约其辞，为《简明目录》二十卷。《四库总目提要》和《简明目录》的关系，正好比汉代的《别录》和《七略》一样，一繁一简，相互为用。中国历史上的馆阁藏书目录，要推《四库全书总目》为最完备了。

第四节　书目的流别二——史志

自从东汉初年班固就刘歆《七略》"删其要以备篇籍"，写成《汉书·艺文志》，这便出现了我国第一部编入史籍的书目——史志。晋末袁山松所著《后汉书》中也有《艺文志》，便是沿用班氏《汉书》的体例。唐初李延寿等修《五代史志》，改"艺文志"为"经籍志"，即今天通行的《隋书·经籍志》。于是历代"正史"中，大部分都有登载书目的篇卷。或称《艺文志》，或称《经籍志》。有些"正史"中，本没有这种"志"的，后人补修的不少；有些内容不很确切甚至很错误的，后人订正了很多。现在都得弄清楚，才可以认识到史志在书目中的作用。

《汉书·艺文志》虽是凭借刘歆《七略》改写而成，但它的义例却不全同于《七略》。我往年撰述《汉书艺文志释例》时，从甄审、著录、叙次、标题、注记五方面，总结出了《汉志》和《七略》很多不同的地方（《释例》有《积石丛稿》本，后又附印在《广校雠略》后）。至于研究它的内容写为专著的，以宋代学者王应麟的《汉书艺文志考证》为最早（王书有《玉海》附刊本，后又收入《二十五史补编》）。清末王仁俊有《汉书艺文志考证校补》（上海图书馆藏稿本），姚振宗有《汉书艺文志条理》、《汉书艺文志拾补》（《师石山房丛书》本，后又收入《二十五史补编》），刘光蒉有《汉书艺文志注》（《烟霞草堂遗书》本，后又收入《二十五史补编》）。近人瞿润缗有《汉书艺文志疏证》（传抄本），姚明辉有《汉书艺文志注解》（武昌高师铅印本，上海大中书局印本），顾实有《汉书艺文志讲疏》（东南大学丛书本，商务印书馆印），李笠有《汉书艺文志汇注笺释》（厦门大学油印本）。都对班氏原著做了疏通证明、补苴罅漏的功夫。

晋宋史家撰述《后汉书》的不下十家。只有袁山松的《后汉书》写了《艺文志》，而其书早佚。所以从清代以来，学者们纷纷补修，钱大昭有《补续汉书艺文志》（《积学斋丛书》本）；侯康有《补后汉书艺文志》（《岭南遗书》本，后又收入《二十五史补编》）；陶宪成有《补侯康后汉书艺文志补》（《灵华馆丛稿》本）；顾怀三有《补后汉书艺文志》（广雅书局本，后又收入《二十五史补编》）；姚振宗有《后汉艺文志》（《师石山房丛书》本，后又收入《二十五史补编》）；曾朴有《补后汉书艺文志》（《二十五史补编》本）。这些都对旧史做了填补空白的工作。

替旧史填补空白的工作，相习成风，史家也就推及了汉以后各代。从事补修《三国艺文志》的，有侯康、姚振宗、陶宪曾三家。侯康的《补三国艺文志》和《补后汉书艺文志》一样，同为未完之书；陶宪曾又从而补之。只有姚振宗的《三国艺文志》和《后汉艺文志》一样，是比较精密的撰述。

从事补修《晋书·艺文志》的，有秦荣光、丁国钧、文廷式、吴士鉴、黄逢元五家（吴氏书独名《晋书经籍志》）。著录的书，互有详略异同，可以彼此参证。

清代学者汪士铎，虽曾撰述《南北史补志》，但淮南书局刊本只十四卷，仅有《天文》《地理》《五行》《礼仪》四志。《二十五史补编》本，有二十七卷，除此四志外，从原稿增《舆服》《乐律》《刑法》《职官》《食货》《氏族》《释老》七志，也没有《艺文志》。说明汪氏的《南北史补志》是没有做完的。近人徐崇虽有《补南北史艺文志》，但取材仅限于《南北史》纪传，连《隋书·经籍志》簿录篇所载南北朝著述，也不见于《补志》，足以说明遗漏之多。

此外补《宋书·艺文志》的，有王仁俊、聂崇岐两家。今人陈述有《补南齐书艺文志》（《二十五史补编》本），王仁俊有《补梁书艺文志》（与《补宋书艺文志》稿本，并藏上海图书馆），李正奋有《补后魏书艺文志》（北京图书馆藏抄本），都给研究南北朝艺文搜集了资料。

其实《隋书》十志，统括了南北朝时典章文物之全，实为梁、陈、齐、周、隋五代作，所以又称《五代史志》。《隋书》诸志自可补《南北史》之缺，犹之《宋书》诸志，可以补《三国志》之缺。赵翼《陔余丛考》卷九以为"隋《志》应移于《南北史》之后，以成完书"，最为有识。《隋书·经籍志》便直接可当

《南北史艺文志》读。后人不补，也不会有什么缺憾。

《隋书·经籍志》的编述体例，和《汉书·艺文志》一样，总序之外，每类都有小序。"辨章学术，考镜源流"的作用，便在这里面体现出来。所以汉、隋二《志》，并为研究目录的学者们所重视，从而深入研究的也就不少。清乾嘉时，章宗源作《隋书经籍志考证》，仅及史部；章学诚也作过《考证》，只成一卷（上海图书馆藏稷山馆稿本）。到清末姚振宗撰述《隋书经籍志考证》五十二卷，《叙录》一卷，和他所撰《汉书艺文志条理》一样精密。近人张鹏一有《隋书经籍志补》（《二十五史补编》本），将原书遗漏了的做了拾遗补阙的工作。

《旧唐书》有《经籍志》，《新唐书》有《艺文志》。至新、旧《五代史》独阙。清代补《五代史艺文志》的，有顾怀三、宋祖骏两家（顾书收入《二十五史补编》，宋书有《朴学庐全集》本）。

《宋史》有《艺文志》，而《辽史》《金史》《元史》均阙。清末缪荃孙有《辽艺文志》；王仁俊有《辽史艺文志补证》；近人黄任恒有《补辽史艺文志》（三家书都收入《二十五史补编》）。郑文焯有《金史补艺文志》（传抄本），孙德谦有《金史艺文略》（上海图书馆藏稿本）。清乾嘉间补《元史艺文志》的，有钱大昕；补辽、金、元三史《艺文志》的，有卢文弨、金门诏两家（都收入了《二十五史补编》）。

历代"正史"中的《艺文志》或《经籍志》，散在各书，检校不便。百余年前，有日本人合刊《汉志》《隋志》《唐志》《宋志》《明志》及卢文弨《宋史艺文志补》《补辽金元艺文志》，金门诏《补三史艺文志》，钱大昕《补元史艺文志》为一书，名曰《八史经籍志》。后来传入我国，清光绪间，镇海张寿荣即据以付刊。汇八代艺文为一编，给寻究古今书目的存佚以极大方便。

除历代"正史"有《艺文志》或《经籍志》外，尚有《通志·艺文略》《文献通考·经籍考》，也是属于史志一类的书目。郑樵《通志》本系通史体例，所撰《艺文略》意欲包括古今，备录无遗。自汉、隋、唐《志》以至《崇文总目》，都是他取材的依据。在历代书目中，可算是范围最广博了。其后马端临于宋末元初撰《文献通考》，其中《经籍考》即有七十六卷。大体虽据晁公武、陈振孙两家书目，但宋世馆阁藏书充备，足供采撷。除尽录两家解题外，兼引汉、隋、新唐三《志》及宋三朝、两朝、四朝、中兴诸《志》，《崇文总目》，《通志·艺文略》，诸史列传，群书序跋，和一些文集、语录中的有关文字，以助证说。每书名下都有解题，每部类前都有小序。各种学术的源流，各书内容的梗概，都可考见其大略。在书目中，别开一派。清代朱彝尊撰《经义考》，谢启昆撰《小学考》，都是仿效这一体例去做的。于是"辨章学术，考镜源流"的作用，在书目中更进一步体现出来了。

第五节　书目的流别三——私录

我国历史上的私人藏书，起源很早。《庄子·天下篇》称"惠施多方，其书五车"，这便说明了周末诸子百家都有他们身边常用的书籍。惠施的书，要用五个车子运载，算是很多了。当然，那时用竹简写书，五车竹简，字数并不太多，总起来不过像现在精装本的书籍几册而已。后来写书兼用缣帛，以卷轴计，私人藏书更方便了。

1973 年 12 月，在长沙马王堆三号汉墓中出土的古代帛书，共约 12 万字，包括《老子》《经法》《十大经》《战国策》以及兵书、历书、医书等十多种古籍。三号汉墓的主人，是第一代轪侯利苍的儿子，第二代轪侯利豨的兄弟，葬于汉文帝十二年（公元前 168 年）。那一批殉葬的帛书，无疑是死者生前珍藏的旧抄本古籍。死者生平的藏书，断不止此，不过就最爱好的几种随身入墓而已。

汉初私人藏书的风气，已大盛行，除地下发掘的实物可资证明外，史传记载的事例也很多。《汉书·河间献王传》云：

> 河间献王德，修学好古，实事求是。从民得善书，必为好写与之，留其真，加金帛赐以招之。繇是四方道术之人，不远千里，或有先祖旧书，多奉以奏献王者。故得书多，与汉朝等。

又云：

> 是时淮南王安亦好书，所招致，率多浮辩。献王所得
> 书，皆古文先秦旧书：《周官》《尚书》《礼》《礼记》《孟子》
> 《老子》之属，皆经、传、说、记，七十子之徒所论。

可知刘德、刘安在汉初皆富有藏书，而爱好各有不同。其后像
后汉蔡邕、晋代张华、南北朝的崔慰祖、沈骥士、沈约、任昉、
王僧孺等，都以富于藏书有名当时。《梁书·任昉传》云：

> 任昉，字彦昇，乐安博昌人。高祖践阼，拜黄门侍郎；
> 寻转御史中丞，秘书监，领前军将军。自齐永元以来，秘阁
> 四部，篇卷纷杂。昉手自雠校，由是篇目定焉。昉坟籍无所
> 不见，家虽贫，聚书至万余卷，率多异本。昉卒后，高祖使
> 学士贺纵，共沈约勘其书目；官所无者，就昉家取之。

这里谈到了"勘其书目"，可知任昉藏书，自己早就编写了藏书
目录。私人藏书而有书目，见于记载的，以此为最早。同时，阮
孝绪《七录序》有云：

> 凡自宋齐以来，王公搢绅之馆，苟能蓄聚坟籍，必思致
> 其名簿。凡在所遇，若见若闻，校之官目，多所遗漏；遂总

集众家，更为新录。

这里所称"名簿"，便是指书名目录。从这段话看来，可知自宋齐以来的藏书家，都有他们私人的藏书目录了。

从雕版印刷术发明以后，书籍易得，私人收藏超过前代，书目也就一天天多起来。唐代有吴兢的《西斋书目》，李肇的《经史释题》，蒋彧的《新集书目》，杜信之的《东斋集籍》，可惜都不传于世，无由考见其体例。

到了宋代，民间锓版印行，没有献进官府的书，占绝大部分。于是官府藏书反不及民间的多。郑樵在《通志·校雠略》有一段这样的记载：

> 尝见乡人方氏望壶楼书籍颇多。问其家，乃云：先人守无为军日，就一道士传之，尚不能尽其书也，如唐人文集无不备。又尝见浮屠慧邃收古人简牍，宋朝自开国至崇观间，凡是名臣及高僧笔迹无不备。以一道士能备一唐朝之文集，以一僧能备一宋朝之笔迹；况于堂堂天府，而不能尽天下之图书乎？患不求耳。然观国家向日文物全盛之时，犹有遗书，民间所有、秘府所无者甚多。

但就郑氏所记目睹的事实来看，可知宋代私人藏书的情况，有些是惊人的。以一个普通和尚或道士竟占有图书和资料至如此之多，推之其他有权势的大官僚大地主家庭，更可想见。因之私人藏书目录，也就日益增多。

宋人所编私人书目虽多，而存者无几。现在还可看到的，只有晁公武的《郡斋读书志》，尤袤的《遂初堂书目》，陈振孙的《直斋书录解题》。从这三家的书目里，尚可考见宋时典籍的存佚、真伪，一直为考证家所重视。元代官府所藏，已没有完整的目录；私家书目，更是缺乏。明代得书甚易，又过宋、元，私家簿录乃盛。而以朱睦㮮的《万卷堂书目》，黄虞稷的《千顷堂书目》，祁承㸁的《澹生堂书目》为代表作。上述这些书目，都采用四部分类法。像陈氏《直斋书录解题》，虽不标经、史、子、集之名，仅将历代典籍区分为五十三类，然而类例次第，实则仍本四部。

清人所编私家书目，不可胜数。凡是收藏富美、引以自豪的，如张金吾《爱日精庐藏书志》、陆心源《皕宋楼藏书志》之类，便以"藏书志"命名。也有只登记宋、元版本的，如徐乾学《传是楼宋元本书目》、潘祖荫《滂喜斋宋元本书目》之类便是。也有以善本书为鉴赏的，如孙星衍《平津馆鉴藏书籍记》、丁丙《善本书室藏书志》之类便是。也有记载平生所见书籍的，如莫友芝《宋元旧本书经眼录》《郘亭知见传本书目》之类便是。名目繁多，不能在这里尽举。

大抵古代的士大夫们讲求藏书，动机目的各有不同。清乾嘉时，私人藏书的风气很盛，洪亮吉《北江诗话》曾区辨其流别利弊，分为校雠家、收藏家、赏鉴家、掠贩家。总括起来，有些人是为着做学问而搜访书籍的；有些人是为着夸珍异而讲求赏鉴的。高下浅深，大有不同。特别是许多富贵人家，本来不懂学问，又没有喜欢读书的子弟，在拥有雄厚财产的基础上，偏要附庸风雅，争购图书，用为陈列于大客厅里的装饰品。像这些人所编书目，价值便更低了。

第六节　书目的流别四——其他

我早年撰述《广校雠略》，在谈到簿录体例时，曾经着重指出：

> 书目之体，不外三途：自向、歆《录》《略》，下逮荀勖、王尧臣等，皆因校书而叙目录，此朝廷官簿也；班氏删《七略》以入《汉书》，为《艺文志》，历代史志因之，此史家著录也；若晁、陈之总录家藏，各归部类，则私家之书目耳。

将书目分为三大类，这不过是就历史上最大多数的图书目录而言。三大类书目，都是综括群书、区分门类，加以部次的。同属于综合性的书目。此外还有专门性的书目，值得我们重视。

远在西汉开国之初，韩信、张良序次兵法，删一百八十二家为三十五家，便是编造专门性书目的开始。到汉成帝河平年间，大规模组织人力进行校书的时候，分委步兵校尉任宏校兵书，太史令尹咸校数术，侍医李柱国校方技，仍然是各效所长，写成有关兵书、数术、方技的专门性书目，然后汇集起来，由刘向总持其成，才得编为一部包括多方面的大目录。这更体现了专门性目录对综合性目录所起的作用。

从西汉末年，我国学术界出现第一部图书目录《七略》的时候起，便是将经史摆在第一位。《七略》的第一类是《六艺略》，汉人所谓"六艺"，即指"六经"。由于当时史籍不多，所以从《太史公》以至《汉大年纪》，都收入《六艺略》的《春秋》类，说明了经史同源，在群书中又是领先的。从来经史并称，由来已久。北魏卢昶有《甲乙新簿》，陈承香殿有《五经史记目录》，唐人李肇有《经史释题》，五代杨九龄有《经史书目》，这都是专载经史两类书籍的。

再把范围缩小一下，后来便出现了登载经学书目的专著。清初朱彝尊仿效《文献通考·经籍考》的体例，著《经义考》三百卷。依群经分类纂录，以书名为纲，注明"存"、"佚"、"阙"或"未见"，然后抄录原书序、跋、古今评语于下，以供学者稽考。乾隆时，翁方纲又撰《经义考补正》，以弥缝它的不足之处。

在古代的学术界，从来是把"小学"（文字、声音、训诂之学）附庸于经学的。这从《七略》收"小学"入《六艺略》便开始了。由于朱氏《经义考》没有收录有关文字、声音、训诂方面的书籍，乾隆时，谢启昆著《小学考》五十卷以补其阙，体例一依《经义考》。有人还嫌不够专门，清末胡元玉又编述《雅学考》，专录《尔雅》一类的书目；其后黎经诰又写成《许学考》，专录《说文解字》一类的书目；于是专门之中，更有专门了。

专载历史书籍的目录，当推南朝刘宋时裴松之所撰《史目》为最早。(《史记·五帝本纪正义》已引松之《史目》)《旧唐书·经籍志》有杨松珍《史目》,《通志》认为是唐人,《宋史·艺文志》有商仲茂《十三代史目》，杜镐《十九代史目》;《崇文总目》及《通志》又有宋朝舒雅等撰《十九代史目》;《新唐书·艺文志》有宗谏注《十三代史目》。这一类书名相同而不出于一手，它的内容一定是有出入的。

《新唐书·艺文志》又有孙玉汝《唐列圣实录目》,这便是登载《实录》书目的开端。并且是通录列代的体例，较之《通志》所载《太祖实录目》《太宗实录目》只录一代的体例，还有所不同。

宋代高似孙撰《史略》，大体近于历代史籍目录，而为例不纯。集中有关史籍的书目于一处，或作提要，或抄名文，或录旧事，无所发明。至于自订条例，分立门类，大规模地搜录历代史书，仿朱氏《经义考》的体制，编成有系统有条理的大书，是直至清乾隆时，章学诚有志于修成《史籍考》，才算是史部目录有专书的编述计划。是书拟定了总目，分十一部、五十五类，共三百二十五卷，以敌朱氏《经义考》。由于规划庞大，终于没有成书。

此外地理、方志、文章、诗赋，金石、碑版、法书、名画，也都各就所好，编成书目。这些专门性书目既多，对前代官簿、史志、私录三大类书目，作了拾遗补阙的工作，也为专门研究工作者提供了方便。使人按目求书，以利于深入稽考，影响是很大的。

自从汉武帝"罢黜百家、表章六经"以后，一尊儒术。于是六艺经传，在学术上的地位特为崇高。所以编书目的人，无不把它摆在第一位。虽向、歆《录》《略》，不废数术、方技；晋宋间人所造书目，也兼收佛经；《七志》《七录》，并且特为佛经、道经新增二类；然而或附见于部末，或列为外篇，从来对宗教的书目是不重视的。于是信奉佛教、道教的高徒们，不甘寄人篱下，受人歧视，奋起区分门类，自造书目。在晋代以前，虽也先后相传几部佛家经录，但是真伪难辨，体例未定。一直到东晋中叶释道安写成《综理众经目录》，才创立规格，奠定基础。自晋至唐，佛家编书目的很多，虽绝大部分早已亡佚，但从其他书籍尚可考见端绪。梁启超在《佛家经录在中国目录学之位置》一文中，谈到佛家书目的优点道：

> 其所用方法，有优胜于普通目录之书者数事：一曰历史观念甚发达。凡一书之传译渊源，译人小传，译时、译地，靡不详叙。二曰辨别真伪极严。凡可疑之书，皆详审考证，别存其目。三曰比较甚审。凡一书而同时或先后异译者，辄详为序列，勘其异同得失；在一丛书中抽译一二种或

在一书中抽译一二篇而别题书名者，皆各求其出处，分别注明，使学者毋惑。四曰搜采遗逸甚勤。虽已佚之书，亦必存其目以俟采访，令学者得按照某时代之录而知其书佚于何时。五曰分类极复杂而周备。或以著译时代分；或以书之性质分。性质之中，或以书之函义内容；如既分经律论，又分大小乘。或以书之形式分，如一译多译、一卷多卷等等。同一录中，各种分类并用。一书而依其类别之不同，交错互见，动至十数，予学者以种种检查之便。吾侪试一读僧祐、法经、长房、道宣诸作，不能不叹刘《略》、班《志》、荀《簿》、阮《录》之太简单、太素朴，且痛惜于后此踵作者之无进步也。郑渔仲、章实斋治校雠之学，精思独辟，恨其于佛录未一涉览焉。否则其所发抈必更有进，可断言也。

梁氏这段话，是他在"凤好治佛学史，辄取材于诸家经录，屡事翻检"的过程中所得出的结论，不失为新创的见解！本来，从佛学传入中国以后，无论学术思想上还是文艺风格上都受到不同程度的影响，起了或大或小的变化。在目录方面，也自然不能例外。截长补短，是可以相互受益的。证以唐释智昇《开元释教录》卷一所说：

夫目录之兴也，盖所以别真伪，明是非，记人代之古今，标卷部之多少，撷拾遗漏，删夷骈赘，欲使正教纶理，金言有绪，提纲举要，历然可观也。

像这样地说明目录的体用，可算是达本之论！儒家编造书目的人能见到这点的，也确不太多。释智昇的《开元释教录》二十卷，所以能成为佛家书目中最精善的代表作，不是偶然的。

道经书目，所起较晚。南朝刘宋时，始有道士陆修静创撰《灵宝经目》，这是第一部道经总目录。同时稍后，又有《上清原统经目》，可从《云笈七签》考见其义例。唐初宏奖道教，特起玄都观以居道士，道士编造《玄都观一切经目录》以相夸耀。释法琳撰《辩正论》以攻其伪，书便不见重于世。《新唐书·艺文志》有毋煚《开元内外经录》，兼收道释之书；而《通志·艺文略》有《开元道经目》、唐《道藏音义目录》、宋《明道宫道藏目录》、《洞玄部道藏目录》、《太真部道经目录》、《洞神部道经目录》、王钦若等《三洞四辅经目录》、《道藏经目》诸种。

元、明两代道经目录，无可称述。明天启时，白云观道士白云霁著有《道藏目录详注》。名为"详注"，实则择取少数要书，略作简明介绍而已。但在道教书目十分荒阙的情况下，这书是可以供参考的。《万有文库》中有影印《四库全书》本，明晰可用。

第六章　前人整理文献的具体工作

第一节　抄写

在雕版印刷术还没有出现的时代里，人们希望识字读书，便要自己动手抄书。克服一切困难，来满足求知的欲望。有的人年纪虽很老了，还在孜孜不倦地伏案抄写。特别突出的事例，如五世纪末的沈骥士。《南齐书》本传记载他的行事道：

> 遭火烧书数千卷。骥士年过八十，耳目犹聪明，以火故抄写，灯下细书，复成二三千卷，满数十箧。

这是何等艰苦的工作！八十高龄的老翁，居然完成这样浩大繁重的劳动量，是一件极不容易的事。同时也有穷苦的人，物质条件不够，甚至利用废纸进行抄书工作。《颜氏家训·勉学篇》有一段记载：

> 东莞臧逢世，年二十余，欲读班固《汉书》，苦假借不久，乃就姊夫刘缓，乞丐客刺（名片）或书翰纸末，手写一本。

这也是了不起的典型事例，充分体现了我们祖先刻苦力学的精神。

隋唐以来，虽有了雕版印刷之术，但由于印本不广，很难买到。所以抄书的风气，还很盛行。《旧唐书·柳仲郢传》叙述他抄书的功夫：

> 《九经》《三史》一抄；魏晋以来南北史，再抄。小楷精谨，无一字肆笔。

宋代苏轼在《李氏山房藏书记》里，也说过：

> 余犹及见老儒先生，自言其少时欲求《史记》《汉书》而不可得。幸而得之，皆手自书写。日夜诵读，惟恐不及。

而顾炎武生于明末，在《抄书自序》中，言及当时求书不易的情况道：

> 高祖为给事中，当正德之末，其时天下惟王府官司及建

> 宁书坊乃有刻板。其流布于人间者，不过《四书》、《五经》、
> 《通鉴》、性理之书。他书即有刻者，非好古之家不能蓄。

可知到了明代末年，社会上还是普遍不容易找到书籍，自然非手
抄不可。即以顾氏的博雅，也在同篇中自称：

> 游四方十有八年，未尝干人。有贤主人以书相示者，则
> 留。或手抄，或募人抄之。

由此说明他的一生，是以勤于抄书来积累自己的知识的，后来学
问至于大成，得力于此不浅。

得不到书而必依靠传抄，这是古代社会中的普遍现象。有
时，既得其书，学者们为着研究方便、帮助记忆起见，也仍然勤
于动笔，把它分成门类，或者摘录要义，写成另一形式的本子。
这种工作，以宋代学者做得最勤而最仔细。例如魏了翁的《九
经要义》，便是撮抄群经《注疏》而成；洪迈对于四部群书，都
有节录的本子，从经部、子部到前汉，称为《法语》；从后汉到
唐代，称为《精语》；这都是很显著的成绩。至于袁枢因读《资
治通鉴》，感到账簿式的记录不容易找到每一历史事件的原因和
结果，便发愤将二百九十四卷的大书，依事为起讫，把它分成
二百三十九事，重新抄录一通，名为《通鉴纪事本末》。他最初
的动机，不过为着自己检书方便而已。等到他的抄书工作完成以
后，居然成为一部创造性的伟大著作，并且替史学界除原有的

"编年""纪传"二体以外，新辟了以事为经的纪事本末体，对学术的贡献是极大的。这样的抄书工作，便已提高到整理原书和改编原书的方面去了。后来清代学者在这方面做的功夫也很勤，成绩也很大。这是由于抄书工作已经由"死抄"的方式，转入了"活抄"，才能取得这些成绩。

"死抄"的方式，对帮助记忆也还是有很大益处的。清乾隆时，钱沣在《纲鉴辑略》序中指出：

> 古书无刻本，好古积学之士，于书皆手写成编。虽由得书之难，亦所以读书者与后世异。古人读一书，必求竟乎一书之蕴。使记忆尚不能熟，则书自书而我自我。虽尝识面，转盼已若秦越。一旦索之，挂一漏万，惝恍不能自信，则亦何益之有哉！故手写一，敌口诵十；视仅一过目，有不可以道里计者。乌呼！今欲以此语人，鲜有不笑其迂拙者矣。

其实，有清一代的知识分子，对于抄书，还是十分重视的。像金坛蒋衡，年将六十，手写《十三经》，十二年而成。钱泰吉《曝书杂记》引蒋氏《自跋十三经残字册》有云：

> 余矢志力书，计全经八十余万言，于是先其难者，以《春秋》《左传》二十万言始，凡五年讫工；继以《礼记》，十万言，又二年；其余《周易》《尚书》《毛诗》《周礼》《仪礼》《公羊》《穀梁》《尔雅》《孝经》《论语》《孟子》又五

年；共历一纪乃毕。以碑洞石经为式，用东洋纸，界乌丝阑书之。

稍后，又有李松云手写《十三经》，也费了十二年时间才完成（见段玉裁《经韵楼集》卷一）；凌廷堪也手抄群经（见《校礼堂文集》卷三十）；汤金钊也手写《九经》（见俞樾《春在堂杂文三编》卷三）。其他不甚知名而勤于抄书的，还不可以数计。

古代的知识分子们，不但能独自刻励，从事于抄书的工作，还能参加集体抄书，来保存古代文献。远者勿论，但就明清两代设馆修书时的抄写成绩来看，已经够惊人了。清代学者全祖望在《抄永乐大典记》中，叙述明初修《永乐大典》时所发动的人力，便说：

> 其时公车征召之士，自纂修以至缮写，几三千人。缁流羽士，亦多预者……嘉靖四十一年，禁中失火。世宗亟命救出此书，幸未被焚。遂诏阁臣徐阶，照式模写一部。当时书手一百八十，每人日抄三纸（一纸三十行，一行二十八字），至隆庆改元始毕。

可见前后两次誊抄的工作，是极其繁重的。至于清乾隆时修《四库全书》，规模更为庞大。最初缮写北四阁四分《全书》时，缮书处所用誊录，多由纂修、提调等官保举小楷端秀的举子在馆效力，五年期满，按成绩优劣分别授职。每日每人规定写一千字。每年扣去三十天，为赴公所领书、交书的时间，计每人每年可写二十三万字。初次选取六十名，续行选取四百名。又因缮写《四库全书荟要》，添取二百名。又有天津召试二等之举人、生监，奉旨在馆行走者十二名，通计六百七十二名。后又续行递补，三次召取，共为二千一百四十四人。总为二千八百二十六人（俱详《办理四库全书档案》上册）。后来缮写江南三阁三分《全书》，关于动用人力，改保举为雇用，拨银百余万两，雇觅千人为书手。总计七分《全书》，三分《荟要》，前后所用誊录凡三千八百二十六人。从乾隆三十八年（公元1773年）至五十二年（1787年），费了十五年的时间，完成了这巨大的工作。这诚然是世界上罕与伦比的保存中国古代文献的抄书工作！

第二节　注解

古人用文字记载思想语言和生活活动的痕迹，由于所用工具的简单和记载方式的烦难，自然所记载的文字不能很多，甚至于不能尽情达意。这不是我们祖先有意识地要写成高古深奥的文字来困厄后人，而是当时物质条件的粗糙所决定了的。我们今天研究几千年前留存下来的甲骨、铜器文字以及一部分可靠的书本材料，都应该用这种看法去对待它。

时代愈早的记载，文字愈简少，这是古代文献中的一条通例。表现得最为突出的，便是字字实用，绝少虚词语助。像后世常用的"之、乎、也、者"一类的字，是没有的。这自然是使人难懂的主要原因。加以古代文字的形体、音读和含义，都和后世不同，其中又杂入了远古的方言，更不是后人所易理解。后人想要从这里面了解其记载的内容，便全靠有得力的注解，才能将古代语言文字读成今日的语言文字。这种工作十分重要，对后世的贡献也最大。古人把这种工作叫作"训诂"，称其书为"传"为"注"以及其他名目。清代学者陈沣在《东塾读书记》卷十一中说得很好：

> 时有古今，犹地有东西南北。相隔远，则言语不通矣。地远则有翻译，时远则有训诂。有翻译，则能使别国如乡邻；有训诂，则能使古今如旦莫。

这个比喻很恰当。今人研究远古文献，而必仰赖训诂，正和不懂外国语言文字的人，要与国际友人谈话，必须依靠翻译是一样的。

"训诂"二字，可以合起来讲，也可分开来讲。合起来讲，便成为一种注解、翻译古书的工作的代名词。"训"是解说，"诂"是古言。解说古言使人容易通晓，自然不是一件轻松的工作。由这种工作写出的书，便是"传注"。"传"和"注"的作用，是一致的。例如《公羊传》《穀梁传》《诗毛氏传》，是替《春秋》和《诗三百篇》作解说的；后汉学者郑玄所作《周礼注》《仪礼注》《礼记注》，也是替《周礼》《仪礼》《礼记》作解说的，不过内容和体例稍有不同罢了。有人以为汉以上称"传"，汉以下称"注"，其实古人何尝有此区别。古人除称"传"或"注"以外，还有其他的名称。所谓"说""训""微""故""解""笺""章句"，这一类的流别是很多的。但一检《汉书·艺文志》，便可知其大概。

当两汉博士之学盛行的时候，学贵专门，不相通假。所为传、注，不出一家之言，到魏晋时，便出现了"集解"的体例。像何晏的《论语集解》、范宁的《穀梁集解》，便是这一体例的代表作。何氏《论语集解叙》中所云：

> 集诸家之善，记其姓名，有不安者，颇为改易。

这已经是荟萃众说，以成一书。范氏更将一家子弟见解也都引入，把范围愈推广了。后世集解、集注、集释、集说这一类的体裁，日出不已，都是沿着这种体例向前发展的。

时代愈晚，不独感到远古文献高深难懂，连汉人所为传、注也苦其简奥不易明了。原来替古文献作解说的文字，在客观上，它本身又有重新解说的必要了。于是南北朝义疏之学以起。如皇侃《论语义疏自序》所说："引取众说，以广异闻。"那么，它和集解体例大致相同，不过更为详尽罢了。到了唐代，更有所谓"正义"，那是唐初最高统治者感到"经学多门，章句繁杂"，不容易看清楚。贞观年间，指令孔颖达、颜师古这般人整理《易》《书》《诗》《左传》《礼记》五部经典的义疏。每经只许采用一家的注解为主，而不杂他家之说。《易》用王弼注，《尚书》用伪孔安国传，《诗》用毛传、郑笺，《左传》用杜预注，《礼记》用郑玄注，而编成一百八十卷的义疏，叫作《五经正义》。这便是后来合刻的《十三经注疏》中最先写成的五部注疏。其他八部，也都是遵循着这几部书的体例去撰述的。

注解古书的工作，到宋代而体制大变。一部分作传注的学者们，不屑墨守成规，拘束于一家之言。喜欢发挥自己的意见，甚至不惜推翻前人旧说，别创新解。这在宋人经说中，是极其普遍的，而以南宋朱熹为代表人物。他在宋代传注家中的地位，正和郑玄在汉代传注家中一样重要。后世所谓"汉学""宋学"的门户之争，便以这两人为宗主。郑玄、朱熹所做的工作，虽同是注解古书，而方式和内容都有所不同。清代学者李兆洛《养一斋文集》卷三《诒经堂续经解序》中说过：

> 治经之途有二：一曰专家，确守一师之法，尺寸不敢违越，唐以前诸儒类然。一曰心得，通之以理，空所依傍，惟求乎己之所安，唐以后诸儒类然。孔子曰："述而不作，信而好古。"专家是也；孟子曰："以意逆志，是谓得之。"心得是也。能守专家者，莫如郑氏康成。而其于经也，泛滥博涉，彼此通会，故能集一代之长。能发心得者，莫如朱子。而其于经也，搜采众说，惟是之从，故能为百世之宗。

这段话分析得比较清楚。但是由"专家"的途径发展下去，便流于拘隘；由"心得"的途径发展下去，便流于悍肆。这就形成了两派末流的大弊病。

其实，朱熹本人始终还是佩服汉代学者替古书所作注解，简单明了，做得比较好。《朱子语类》卷百三十五指出：

> 汉儒注书，只注难晓处，不全注尽本文，其辞甚简。

《朱子文集》卷三十一《答张敬夫》，讨论传注的做法时，也说：

> 平日解经，最为守章句者。然亦多是推衍文义，自做一片文字，非惟屋下架屋，说得意味淡薄，且是使人看者，将注与经作两项功夫做了，下稍看得支离。至于本旨，全不相照。以此方知汉儒可谓善说经者，不过只说训诂，使人以此训诂玩索经文。训诂经文，不相离异，只做一道看了，直是意味深长也。

同卷《答敬夫孟子说疑义》又说：

> 本文不过数语，而所解者文过数倍。本文只谓之性，而解中谓之太极。凡此之类，将使学者不暇求经，而先坐困于吾说，非先贤谈经之体也。

179

此种议论，比较正确。因为传注的职责，既以解说古书为主，自以不失古人原意为最大目的。如果把古人原文摆在一边，而自己另外发一套长篇理论，这便是传注家自己的学说，而非古人所知。朱熹深明此理，所以他特别做了专篇文字加以说明。《文集》卷七十四《记解经》有云：

> 凡解释文字，不可令注脚成文。成文，则注与经各为一事，人惟看注而忘经。不然，即须各作一番理会，添却一项功夫。窃谓须只似汉儒毛、孔之流，略释训诂名物及文义理致尤难明者。而其易明处，更不须贴句相续，乃为得体。盖如此，则读者看注，即知其非经外之文。却须将注再就经上体味，自然思虑归一，功力不分，而其玩索之味，亦益深长矣。

此论极精谛而确不可易。不是对传注做过较深探索的人，不能道破替古书作注解工作中的得失利弊。

平心而论，替古书作注解工作，是一件极不容易的事。一方面固然要明于训诂通例，解释得很清楚；另一方面，又必须学问渊博，能够做探本穷源的深入功夫。清代学者杭世骏《道古堂集》卷八《李太白集辑注序》中说过：

> 作者不易，笺疏家尤难。何也？作者以才为主，而辅之

以学。兴到笔随，第抽其平日之腹笥，而纵横曼衍，以极其所至，不必沾沾獭祭也。为之笺与疏者，必语语核其指归，而意象乃明；必字字还其根据，而证佐乃确。才不必言，夫必有什倍于作者之卷轴，而后可以从事焉。

同卷《李义山诗注序》中又说：

> 诠释之学，较古昔作者为尤难。语必溯源，一也；事必数典，二也；学必贯三才而穷七略，三也。

由此可见，过去学者对于注解古书，认为是极其艰难的工作。我们现在除开历代经学家所作传、注、义疏一类的写作不必再谈外，单就南北朝及唐代学者所作其他古书的几部注解来看，如刘宋时裴松之的《三国志注》，后魏时郦道元的《水经注》，梁代刘孝标的《世说新语注》，唐初李善的《文选注》，颜师古的《汉书注》，都是博引繁征，考订精核，但录实证，绝少空言。有些记载，还足以补本书之缺；有些解释，更足以订本书之误。不仅是注解中的典型写作，并且由于这几部书内所征引的古籍大半早已散佚，这些注解的本身早已成为今日学者辑录佚书、考证史实的渊薮。这又是当日动手写书的人所没有预料到的。

第三节　翻译

　　古代留下的文献资料，由于时间距离和空间距离的遥远，语言异音、文字异形，不容易看懂，这便需要有人居其间作翻译。就时间距离来说，一部传世久远的《尚书》，有许多篇佶屈聱牙，读起来很困难。司马迁写《史记》时，采用《尚书》的资料很多：《五帝本纪》全载《尧典》(包括今本《舜典》在内)；《夏本纪》全载《禹贡》、《皋陶谟》(《益稷》在内)、《甘誓》诸篇；《殷本纪》《宋世家》全载《汤誓》《洪范》《高宗肜日》《西伯戡黎》诸篇，而《微子篇》载其半，《盘庚篇》略载大意；《周本纪》《鲁世家》全载《牧誓》《金縢》二篇文字，而《无逸》《吕刑》《费誓》载其半，《多士》《顾命》略载大意；此外如《燕世家》采及《君奭》，《卫世家》采及《康诰》《酒诰》《梓材》，《秦本纪》采及《秦誓》，皆略载大意。由此可见，《尚书》二十八篇的绝大部分材料，都为司马迁吸取了。他在整理这份文献时，不是照原文录下来，而是运用了"以训诂代经文"的原则，很细心地做了翻译工作，使先秦古书一变而为汉代通行的语言文字，替我们减少了在阅读方面的困难。这在整理文献、编述通史的工作上，树立了一个崇高的榜样。

　　我们今天读先秦古书，感到艰深难于理解，读汉人已经翻译了的东西，自然会觉得平易些了。司马迁做翻译工作时，找当时浅近的文字去更换古代艰深的文字，不外采用几个方法：第一，取之于同解谊的文字。例如《尚书·尧典》有"钦若昊天"的话，《史记·五帝本纪》便作"敬顺昊天"。这是由于古代所用"钦"字作"敬"字讲，"若"字作"顺"字讲，所以便直接以此易彼。第二，取之于同声或音近的文字。例如《尧典》"平章百姓"，《五帝本纪》改作"便章百姓"。这是由于"便""平"一声之转，古人通用。第三，取之于通行常见的文字。例如《尧典》云"瞽子"，《五帝本纪》便作"盲者子"，用"盲者"二字代替了"瞽"字。第四，增加文字以足句意。例如《尧典》云"试可乃已"，《五帝本纪》便作"试不可用而已"。清儒钱大昕指出："古人语急，以不可为可也。古经简质，得史公而义益明。"由此可知，《尚书》原文经过司马迁翻译以后，便变成浅明易懂的读物了。

我国学者对于域外文献之整理，在两个大的时期内，进行了大量的翻译工作。一是隋唐以前由印度传入的佛典，二是明清以来由欧西输入的科学书籍，除非经过翻译，否则难于理解。谈到佛典翻译，早在后汉桓、灵时期便已有了。但开始做这一工作的，多属域外流寓中国的高僧，后来才渐渐有中国人直接承担这一工作。其中成就卓著、贡献最大的，自推唐代的玄奘为第一。他本姓陈，洛州人，于唐太宗贞观二年（公元 628 年）冒禁出游印度，遍历五天竺及西方诸小国。凡在外十七年，从高僧、大师受学。于贞观十九年（公元 645 年）回国，带回《经》《论》典籍极多，决心献身于翻译工作，直到他死前一月才停笔。经过十九年的时间，所译《经》《论》共有七十三部，一千三百三十卷。其中如《大般若波罗蜜多经》六百卷、《大毗婆沙论》二百卷、《瑜伽师地论》一百卷、《顺正理论》八十卷、《俱舍论》三十卷，都是数量较多、极其重要的译品，为后世信仰佛学的人盛行研诵的经论，影响于佛学的发展最为深远。

玄奘不独广译梵文经典为汉文，并且还翻译《老子》为梵文，又将印度已失传的《大乘起信论》译为梵文。对沟通当时中印之间的文化，作出了贡献。特别应该指出的是，在他以前的译经者，有的人往往过于意译，乃至失去原意；也有的人过于直译，为中土读者所不解。玄奘所译，独能避开这两种弊病，力求与梵文相近。这是由于他精通梵汉文学，所以他的译品能取得很高的成就，非一般翻译者所可及。从他以后，从事翻译佛典的人，也就难乎为继。当然，在漫长的岁月里，我国高僧埋头苦干，在这一工作中取得了成绩的，还大有人在，这里就不多举了。

不过，我们倒应该指出，佛教到了唐代，已臻极盛，而参加译经工作的高僧们，有些是很有学问的。特别对于义字、声韵、训诂之学，造诣较深，这自然是他们在译经工作中取得成绩的有利因素。如慈恩寺翻经沙门玄应所撰《一切经音义》二十五卷，其后沙门慧琳更广撰《一切经音义》一百卷，都体现他们根柢深厚，搜罗广博。在今天看来，这些书便成为古代文字、声韵、训诂书籍的渊薮，是辑佚工作的重要依据。

佛典翻译的工作渐渐衰替以后，代之而起的便是西洋科学书籍的翻译。这一工作，是从明代末年开始的。明神宗万历八年（公元1580年），意大利人利玛窦来到广东，后至北京。他一方面传西方的宗教，一方面传西方的科技。他通过学习中国语言文字，对于中国的学术，也有所了解。当时明朝士大夫，很多人信从他，并跟他学习西洋天算、舆地、医药之学，而以李之藻、徐光启等为最有名，成就也最大。恰值明末因历法舛错，崇祯中，议用西洋新法，而以阁臣徐光启、光禄卿李天经先后董其事，成历书二百三十余卷，多发前人所未发。朝野上下的大多数人，才叹服西法的缜密。清代因之，便称新法所制之历为"时宪历"。又由历法而推及算学，对中国旧法也有所变动和改进。清初天算学家王寅旭、梅文鼎等，便是受着西洋算法的影响而取得巨大成就的。

自明末开展翻译科学书籍的工作以后，海内学术研究风气为之一变，所取得的成绩也很大。即以我国旧译本《几何原本》而言，是古代希腊数学家欧几里得的著作，是世界上最早公理化的数学书。全书凡十五卷，第一卷论三角形，第二卷线，第三卷圆，第四卷内接形及外接形，第五卷比例之理论，第六卷比例之应用，第七卷至第十卷论整数与几何之关系，第十一卷为立体几何学之初步，第十二卷至第十五卷论立体。前六卷，是徐光启和利玛窦合译；后九卷，是清代咸丰年间李善兰和英人伟烈亚力合译。李善兰研究西洋科学，造诣较深，还译有《重学》二十卷，《曲线说》三卷，《代微积拾级》十八卷，《谈天》十八卷，《植物学》八卷等书。继之而起的，颇不乏人，而以华蘅芳为最著。他和英人傅兰雅共译之书为多，所译以《代数术》《微积溯原》《三角数理》等最有名。李、华诸家译著流布于世以后，影响很大，对于晚清知识分子渐知讲求科学，起了巨大的推动作用。

至于社会科学方面，译书最多而影响极大的，自推严复为第一人。他所译重要的书，有《穆勒名学》《名学浅说》《群己权界论》《群学肄言》《社会通诠》《原富》《法意》《天演论》诸种，而以《天演论》影响最大。它本是一种进化论，宣扬物竞天择、弱肉强食之旨。对于当时积弱贫困、屡被外人侵侮之中国人，给予了极深刻之印象和启示。所以严氏在翻译西洋社会科学书籍方面，作出了很大的贡献。

此外，林纾靠他人口述，用古文翻译西洋文学书籍，除《拿破仑本纪》《布匿第二次战纪》之外，尚译有欧美诸国小说一百七十余种。其中不少是外国名作，译笔也很流畅。国内文人学士读了他的译著，开始懂得西方文学家的思想感情和写作艺术，视野为之扩大，所以也还是有一定作用的。

第四节　考证

我国古代文献，从所用书写的材料来说，由简策进而缣帛，由缣帛进而为纸；就书写的字体来说，由古籀变为篆隶，由篆隶变为楷书。在这漫长岁月辗转变化的过程中，自然免不了简策的缺脱、缣纸的破烂，以及字体嬗变间的讹误失真。所以在后世而想看到古人原本书籍，是很不容易的事。于是我们祖先便想凭借地下发掘所得的实物或书籍，用来考证书传，以推求一事一物的原始情状。远在一千九百年前，我们祖先便已注意到"锄头考古学"的重要了。《太平御览》卷五百六十引《皇览·冢墓记》说：

> 汉明帝时，公卿大夫诸儒八十余人，论《五经》误失。符节令宋元上言秦昭王与吕不韦好书，皆以书葬。王至尊，不韦久贵，冢皆以黄肠题凑。处地高燥，未坏。臣愿发昭王、不韦冢，视未烧诗书。

这样的建议，在当时虽未实行，但由此可以考见，汉人早已知道地下发掘对考证古书的重要作用。

但是竹简古书，容易朽烂缺脱，不能传之久远。古代重要的记载，又有很多托铜器和石碑的刻辞以传于后世。所以"金石之学"，又成了考古的中心。特别是铜器，较石刻更能耐久，可借以考证古代文献的材料更多。我们祖先在很早的时候，便拿"金文"来说明事物的情状，解释古书的疑义。可分四方面来谈：

第一，根据金文以证明经义。《礼记》是"七十子后学者所记"，大部分是汉以前的作品，其中《祭统》一篇，论述鼎铭体例时说过：

> 夫鼎有铭。铭者，自名也；自名以称扬其先祖之美，

而明著之后世者也。为先祖者，莫不有美焉；莫不有恶焉。
铭之义，称美而不称恶，此孝子孝孙之心也，唯贤者能之。

这段话的下面，便援引卫国孔悝的鼎铭一百一十四字的全文，来证明"称扬其先祖之美，而明著之后世"的实例。这便开后世"取金文以证经"的风气。

第二，根据金文以解释文字。东汉许慎作《说文解字》，我国开始出现了第一部"分别部居、据形系联"的字书。但他在《叙》篇中已指出：

郡国往往于山川得鼎彝，其铭即前代之古文，皆自相似，虽叵复见远流，其详可得略说也。

可知许氏在编撰字书时，便已十分重视铜器上面的文字，列为重要资料了。今观《说文解字》全书中所录重文一千一百六十三字，而古籀为多。许慎所根据的材料，"金文"自然是来源之一，这便开后世"取金文以说字"的风气。

第三，根据实物形制以纠正古代传说之谬。《梁书·文学传》有一段这样的记载：

杳少好学，博综群书，沈约、任昉以下，每有遗忘，皆访问焉。尝于约坐语及宗庙牺樽，约云："郑玄答张逸，谓为画凤皇尾娑娑然，今无复此器，则不依古。"杳曰："此言未必可按（《南史》作安）。古者樽彝，皆刻木为鸟兽，凿顶及背，以出内酒。顷魏世鲁郡地中得齐大夫子尾送女器，有牺樽作牺牛形。晋永嘉贼曹嶷于青州发齐景公冢，又得此二樽，形亦为牛象。二处皆古之遗器，知非虚也。"约大以为然。

刘杳根据出土的实物，竟驳倒了东汉大经学家郑玄的臆说曲解，更显示了出土古器对考证古代文献的作用和价值。

第四，根据铜器刻辞以校订古书记载之误。《颜氏家训·书证篇》说：

> 《史记·秦始皇本纪》："二十八年，丞相隗林、丞相王绾等，议于海上。"诸本皆作山林之"林"。开皇二年五月，长安民掘得秦时铁称权，旁有铜涂镌铭二所。其一所曰："廿六年，皇帝尽并兼天下；诸侯黔首大安，立号为皇帝。乃诏丞相状、绾：法度量则不壹，歉疑者皆明壹之。"凡四十字……了了分明，其书兼为古隶。余被敕写读之，与内史令李德林对见。此称权今在官库，其"丞相状"字，乃为"状貌"之"状"，爿旁作犬。则知俗作"隗林"，非也，当为"隗状"尔。

颜之推根据出土的实物，订正了《史记》上面文字的讹体误字，这又替校勘古书的人们，启示了新的途径和方法。

189

由此可见，在隋唐以前的学者，已重视古代器物的形制和刻辞，将其作为考证古文献的依据。不过从秦以后，已普遍用石刻代金刻。自汉以来，碑的应用愈广，而石刻愈多，取以考证史实，为用更大。叶昌炽《语石》卷六中谈到"碑板有资考证"，便曾指出：

> 撰书题额结衔，可以考官爵；碑阴姓氏，亦往往书官于上；斗筲之禄，史或不言，则更可以之补阙。郡邑省并，陵谷迁改，参互考求，了于目验。关中碑志，凡书生卒，必云终于某县某坊某里之私第，或云葬于某县某村某里之原，以证《雍录》《长安志》，无不吻合。推之他处，其有资于邑乘者多矣。至于订史：唐碑之族望，及子孙名位，可补《宗室宰相世系表》；建碑之年月，可补《朔闰表》；生卒之年月，可补《疑年录》；北朝造象寺记，可补《魏书·释老志》；天玺纪功、天发神谶之类，可补《符瑞志》；投龙斋醮、五岳登封，可补《郊祀志》；汉之孔庙诸碑，魏之受禅尊号，宋之道君五礼，可补《礼志》；唐之令长新诫，宋之慎刑箴戒石铭，可补《刑法志》。

据此，可知"石文"价值亦不在"金文"之下。后人谈考古的，便以"金石"并称了。

研究"金石"，到宋代才正式成为专门之学。《宋史·刘敞传》称："敞尝得先秦彝鼎数十，铭识奇奥，皆案而读之，因以考知三代制度。"这是宋代学者研究金石的先驱。他写成了《先秦古器图》，并以拓片分送给欧阳修，提高了欧阳修研究"金石"的兴趣。欧阳修后写成一部为书十卷的《集古录》，登载了几百篇跋尾，这是我国学术史上正式出现金石学专著的开端。后来赵明诚仿其体例，写成《金石录》三十卷，也是私家考证比较成功的写作。至于专录碑刻，具载全文，考证之语，悉书于后，则以洪适的《隶释》二十七卷，《隶续》二十一卷为最详备。清代王昶《金石萃编》之作，便完全沿用了这一体例。从宋代以至今日，研究金石的不下数十百家，成绩非常巨大。著述名繁，不能尽举。加以地下的古器物不断出现，我们可据以考证古代文献的材料，也就日益丰富了。

自殷墟甲骨出土于安阳以后，增加了考证古代文献的新材料。国人最早知道重视这份宝贵遗产而从事研究整理的，搜集、编次、印布之功，以罗振玉为最大（罗氏在考释文字方面，也作出了贡献）；而考证方面取得的成绩，以王国维为最著。王氏早年治学，兴趣十分广泛。哲学、文学、诗词、戏曲，都加研究。随罗振玉到日本后，才听罗的劝导，专心力以治朴学。凭借罗氏的收藏和印本，苦心钻研卜辞，收获很大。他于1917年2月写出从甲骨出土以来第一篇具有重大意义的科学论文——《殷卜辞中所见先公先王考》，后又写出《续考》。有了这两篇论文，才使甲骨文的史料价值为举世所公认，甲骨学才真正成为一门专深的学问。在论文中，论定了《楚辞·天问》之"该秉季德，厥父是臧"及"恒秉季德"中的"该"即王亥、"恒"即王恒；卜辞之"季"，即王亥之父冥。论定了"田"或"亩"为上甲微，"夔"即帝喾。又系统地考证了商之先公先王的名号，大体理出了一个可信的世系。他根据卜辞，强有力地证明了《世本》《史记》所记的商史，并非虚构，它们绝大部分都是可靠的实录。不但从卜辞证明《史记·殷本纪》为不误，而且还纠正了《殷本纪》中所排列的先公先王位次。这是王国维的最大创获，使中国古史上最为纠纷的二题得到了很好的解决。后来他陆续写出《殷周制度论》及《古史新证》等对卜辞进行综合研究的著作，成功地运用甲骨刻辞的材料以证史，不但使殷代史实得以论定，而甲骨文的时代性，也由此更加确定无疑了。

王国维钻研甲骨文字，除深造自得之外，还发凡起例，晓示后来学者以许多有关读甲骨文的方式方法。是他，通过对世系称谓的研究，确定了一些甲骨的具体年代。如《殷虚书契后编》卷上，第二十五页第九片，第十九页第十四片，有父丁、兄庚、兄己之名，王氏即定为祖甲时所卜。这就为后来的断代研究开了端绪，给后来学者以莫大启示。又是他，首次将已碎裂为二的甲骨，缀合复原，还其本来面目。如将《殷虚书契后编》卷上，第八页第十四片，与《戬寿堂所藏甲骨文字》第一页第十片缀合为一。这就为后来的甲骨缀合工作开创了先例，也给后来学者开辟了途径。在王氏之后，这断代和缀合便成了甲骨文研究中的两个重要方面。近几十年来，研究甲骨文的学者，风起云涌。所掌握的材料日丰，所采用的方法更密。著述日新，今胜于昔。读者自能知之，非此处所能悉数，今但称述其首创者以示例。

第五节　辨伪

古代文献堆积如山，其中真伪参半，时代混淆，如果不能辨识清楚，便谈不上进一步研究整理。我们今天想从祖先们遗留下来的残编断简中得着一些正确的东西，那么考订材料的真伪，自然成为极迫切的工作了。

这一工作的展开，是从汉代学者开始的。尽管远在两千多年前，孔子的学生子贡已经说过："纣之不善，不如是之甚也！是以君子恶居下流，天下之恶皆归焉。"（《论语·子张》）孟子也说过："尽信书，不如无书。吾于《武成》，取二三策而已。"（《孟子·尽心》）这都只是疑古的开端，而不是什么辨伪。一直到汉代学者，才正式在辨伪工作上奠立一个基础。

辨伪工作，一开始便和校书工作结合在一起。汉代学者们，原来也是通过校书来考订古书的真伪和时代的。《汉书·艺文志·诸子略》农家，有《神农》二十篇。颜师古注引刘向《别录》云："疑李悝、商君所说。"可知刘向在西汉末年校定图书时，便疑这书是伪托的，并且这书内容是谁所说，也假定出来了。我们根据这一线索，去探寻由刘向的儿子刘歆删《别录》而写成的《七略》，也还可考见不少有关辨伪的言论。《七略》虽已早佚，但绝大部分保存在《汉书·艺文志》中。班固根据《七略》写为《艺文志》，凡班氏自注之辞，多半是从《七略》中节取来的，也就是刘歆从《别录》中删略下来的。无疑这是刘、班二家共同的结论。我往年写《广校雠略》时，认为："审定伪书之法，至刘、班而已密。以《汉志》所载传疑之书考之，复得六例。"现在就我归纳出来的六例，条列如下：

一、明定某书为依托，但未能确指其人

诸子略小说家，有《黄帝说》四十篇。注云："迂诞依托。"（此乃班氏自注，下同）

兵书略阴阳类，有《封胡》五篇。注云："黄帝臣，依托也。"

又：《风后》十三篇，《图》二卷。注云："黄帝臣，依托也。"

又：《力牧》十五篇。注云："黄帝臣，依托也。"

又：《鬼容区》三篇。注云："图一卷。黄帝臣，依托。"

二、从文辞方面，审定系后人依托

诸子略杂家，有《大禹》三十七篇。注云："传言禹所作，其文似后世语。"

小说家，有《伊尹说》二十七篇。注云："其语浅薄，似依托也。"

又：《师旷》六篇。注云："见《春秋》。其言浅薄，本与此同，似因托也。"

又：《天乙》三篇。注云："天乙谓汤。其言非殷时，皆依托也。"

三、从事实方面，审定系后人依托

诸子略道家，有《文子》九篇。注云："老子弟子。与孔子并时，而称周平王问，似依托者也。"

小说家，有《务成子》十一篇。注云："称尧问，非古语。"

四、 明确指出依托之时代

诸子略道家，有《黄帝君臣》十篇。注云："起六国时。"

又：《杂黄帝》五十八篇。注云："六国时贤者所作。"

又：《力牧》二十二篇。注云："六国时所作，托之力牧。力牧，黄帝相。"

阴阳家，有《黄帝泰素》二十篇。注云："六国时，韩诸公子所作。"

农家，有《神农》二十篇。注云："六国时，诸子疾时怠于农业，道耕农事，托之神农。"

五、 明确指出系后世增加

诸子略道家，有《太公》二百三十七篇。注云："吕望为周师尚父，本有道者。或有近世又以为太公术者所增加也。"（按此注末十五字句意欠安。当为或又以近世有为太公术者所增加也。）文有误倒。

小说家，有《鬻子说》十九篇。注云："后世所加。"

六、 不能肯定的，暂时存疑

诸子略杂家，有《孔甲盘盂》二十六篇。注云："黄帝之史；或曰夏帝孔甲，似皆非。"

综合上面所举《汉书·艺文志》考订伪书的六例来看，可知刘、班所言，虽很简略，但却启示了后人辨伪的一些最基本的方法。至于针对着专篇写作，提出有力的证据，考订它确系伪品，也以汉儒着手为最先。像后汉大经学家马融，否定《尚书·泰誓》，便是一例。孔颖达《尚书正义》卷十一引马融《书序》有云：

> 《泰誓》后得，案其文似若浅露。又云："八百诸侯不召自来，不期同时，不谋同辞。"及"火复于上，至于王屋，流为雕。五至，以谷俱来，举火"。神怪，得无在子所不语中乎！又《春秋》引《泰誓》曰："民之所欲，天必从之。"《国语》引《泰誓》曰："朕梦协朕卜，袭于休祥，戎商必克。"《孟子》引《泰誓》曰："我武惟扬，侵于之疆；取彼凶残，我伐用张，于汤有光。"孙卿引《泰誓》曰："独夫受。"《礼记》引《泰誓》曰："予克受，非予武，惟朕文考无罪。受克予，非朕文考有罪，惟予小子无良。"今文《泰誓》皆无此语。吾见书传多矣，所引《泰誓》，而不在《泰誓》者甚多，弗复悉记。略举五事以明之，亦可知矣。

这段考证，虽不太长，却很有力量。在马融以前，是没有人做过这样的辨伪工作的。《隋书·经籍志》和《经典释文》，都著录马融《尚书注》十一卷；而新、旧《唐志》，只著录十卷。马国翰《玉函山房辑本序》认为《隋志》连《书序》在内，故多一卷。从知当日马融注《尚书》，对诸篇真伪都有所考证；考证之语，都在《书序》中，可惜今天无从考见其详了。这一段考证《泰誓》的话，有力地举出古书中所引《泰誓》，都不见于此篇，以证成作伪之实。这一方法的运用，对后世辨伪工作者们启发尤大。

在古代文献中既包蕴着各种各样的伪书，学者们便需要有辨伪的眼光和学识，才不致为伪书所骗。自从汉代学者在这方面做了一些发凡起例的工作以后，历代知识分子都注意到了这个问题。连唐代大文学家韩愈在《答李翊书》中，自述为学次第时也说："……然后识古书之正伪，与虽正而不至焉者，昭昭然白黑分矣。"很明显地将古书分成了三类：一类是真（正）的；一类是假（伪）的；一类是书虽真而价值不大高（不至）的。可知韩氏平日读书，也认真进行了辨伪工作，并且在这方面取得了成果，分清了黑白。到了宋代，这风气更为盛行。如欧阳修、吴棫、程大昌、王应麟，以及理学家程颐、朱熹，都能大胆怀疑，对辨伪工作提出了不少问题，取得了很多成绩。但从来很少有人把那些辨伪方法系统化起来，总结为规律性的知识。明代胡应麟开始在所著《四部正讹》内指出考核伪书之法有八：

一、核之《七略》，以观其源；

二、核之群《志》，以观其绪；

三、核之并世之言，以观其称；

四、核之异世之言，以观其述；

五、核之文，以观其体；

六、核之事，以观其时；

七、核之撰者，以观其托；

八、核之传者，以观其人。

这八条方法，已经对辨伪工作启示了途径。意思是说，遇着一部可疑的古书，第一，检查一下最早的目录书，看著录了没有。第二，翻阅历代史书的《经籍志》或《艺文志》，研究这部古书什么时代见于著录，以考其流传的线索。第三，从作者同时人的写作中，检查有无谈到或称引这部书的地方。第四，从后世的书籍中，检查有无发挥或引申这部书的言论。第五，从文体上，检查是否和作者所处时代的笔调相合。第六，从内容上，检查是否与作者所处时代的事实相符。第七，检查所标作者姓名，是否出于托古。第八，检查首先传播这部古书的是什么人。这八条方法，自然是从前人辨伪成果和有效经验中总结出来的。近代梁启超在《中国历史研究法》第五章第二节谈到"鉴别史料之法"时，又提出辨识伪书的十二条公例：

一、其书前代从未著录，或绝无人征引而忽然出现者，十有九皆伪。

二、其书虽前代有著录，然久经散佚，乃忽有一异本突出，篇数及内容与旧本完全不同者，十有九皆伪。

三、其书不问有无旧本，但今本来历不明者，即不可轻信。

四、其书流传之绪，从他方面可以考见，而因以证明今本题某人旧撰为不确者。

五、真书原本，经前人称引确有左证，而今本与之歧异者，则今本必伪。

六、其书题某人撰，而书中所载事迹在本人后者，则其书或全伪或一部分伪。

七、其书虽真，然一部分经后人窜乱之迹，既确凿有据，则对于其书之全体，须慎加鉴别。

八、书中所言，确与事实相反者，则其书必伪。

九、两书同载一事绝对矛盾者，则必有一伪或两俱伪。

十、各时代之文体，盖有天然界画，多读书者自能知之。故后人伪作之书，有不必从字句求枝叶之反证，但一望文体，即能断其伪者。

十一、各时代之社会状态，吾侪据各方面之资料，总可推见其崖略。若某书中所言其时代之状态，与情理相去悬绝者，即可断为伪。

十二、各时代之思想，其进化阶段，自有一定。若某书中所表现之思想，与其时代不相衔接者，即可断为伪。

梁氏除提出这十二条公例以外，尚有《古书真伪及其年代》一书，所言辨伪方法，可与此相表里。较之胡应麟所提出的八条，更加具体而周密了。

清末张之洞在《𫐓轩语》中说过："一分真伪，而古书去其半。"的确，我们面对着浩如烟海的古代文献，不免望洋兴叹。如果能掌握住辨伪的本领，便自能识别书的价值，有所别择去取，不致空耗岁月，多走弯路，这对节省时间来说，也有极大好处。所以辨识伪书，是研究、整理古文献的人必须学会的本领。即使自己一时难于进行这一工作，但对前人已经论定、为学术界所公认了的问题，有必要把它弄清楚。不独关系读书避免走弯路或走错路，即在作考证文字时，也可不致误引伪书，把假东西当成真材料了。

第六节　辑佚

古代文献，既存在着严重的散佚现象，往往前代《艺文志》或《经籍志》已著录了的书，过了一个时期便找不到了。于是有些好学博览之士，为着满足自己求知的欲望，特别对于已经散佚了的古代名流学者的写作，寄予无穷的歆慕和追求，想尽方法，希望通过其他书籍中引用的材料，重新搜辑、整理出来，企图恢复作者原书的面貌，或者恢复它的一部分，这便是"辑佚"。这一工作，是从宋代学者开始动手的。章学诚《校雠通义·补郑篇》说过：

> 昔王应麟以易学独传王弼，《尚书》止存《伪孔传》，乃采郑玄《易注》《书注》之见于群书者，为《郑氏周易》《郑氏尚书注》。又以四家之《诗》，独《毛传》不亡，乃采三家诗说之见于群书者，为《三家诗考》。嗣后好古之士，踵其成法，往往缀辑逸文，搜罗略遍。

章氏明明认定搜辑佚书的工作，是从南宋学者王应麟开始的。以后学者们谈到这一问题，大半无异词。独叶德辉《书林清话》卷八有"辑刻古书不始于王应麟"一条，着重指出：

> 古书散佚，复从他书所引，搜辑成书，世皆以为自

宋末王应麟辑三家《诗》始，不知其前即已有之。宋黄伯思《东观余论》中，有《跋慎汉公所藏相鹤经后》云："按《隋·经籍志》《唐·艺文志》，《相鹤经》皆一卷。今完书逸矣，特马總《意林》及李善《文选注》、鲍照《舞鹤赋》抄出大略，今真静陈尊师所书即此也。而流俗误录着故相国舒王集中，且多舛午。今此本既精善，又笔势婉雅，有昔贤风概，殊可珍也。"据此，则辑佚之书，当以此经为鼻祖。

叶氏对过去学者们的说法加以反驳，认为不是从王应麟才开始辑佚。尽管他们的见解有些不同，但辑佚的工作，毕竟是宋代学者开其端，这是大家所公认了的。我们今天也不必再纠缠于开始于哪一个人、哪一部书，作些不必要的争论了。

宋代学者不独已经动手搜辑佚书，并且还对这一工作提出了指导性的理论。郑樵《通志·校雠略》有"书有名亡实不亡论"一篇。其中指出：

> 书有亡者，有虽亡而不亡者，有不可以不求者，有不可求者。《文言略例》虽亡，而《周易》具在；汉魏吴晋《鼓吹曲》虽亡，而《乐府》具在；《三礼目录》虽亡，可取诸《三礼》；《十三代史目录》虽亡，可取诸《十三代史》。……凡此之类，名虽亡而实不亡者也。

这段言论，在八百年前的南宋初年学术界，诚然是一种创见！无异于给当时学者指出了一条辑佚的路。但是另一方面，郑氏说话不免失之轻率，把问题看得太容易。所以章学诚《校雠通义·补郑篇》，提出了不同的意见：

> 郑樵论书，有"名亡，实不亡"，其见甚卓。然亦有发言太易者，如云："郑玄《三礼目录》虽亡，可取诸《三礼》。"则今按以《三礼正义》，其援引郑氏《目录》，多与刘向篇次不同，是当日必有说矣，而今不得见也，岂可曰取之《三礼》乎？又曰："《十三代史目》虽亡，可取诸《十三代史》。"考《艺文》所载《十三代史目》，有唐宗谏及殷仲茂两家。宗谏之书凡十卷，仲茂之书止三卷，详略不同如此，其中亦必有说，岂可曰取之《十三代史》而已乎？其余所论，多不出此。若求之于古而不得，无可如何，而旁求于今有之书则可矣。如云古书虽亡而实不亡，谈何容易耶！

本来，郑樵那段话的缺点，在于太笼统而不细致。真正从事搜辑佚书的工作，便应该十分审慎精密。经过章氏加以诘难，更说明了搜辑佚书不是一件太轻松的工作。但是这一工作，毕竟是需要去做的。郑樵所提出的方法，从原则上看，不能说是错误。后世学者谈到辑佚的具体方法时，也不过本着郑樵那段话的精神进一步具体化罢了。明人祁承爜《澹生堂藏书约》，谈到"购书"便说过：

书有亡于汉者，汉人之引经多据之；亡于唐者，唐人之著述尚有之；亡于宋者，宋人之纂集多存之。即从其书各为录出，不但吉光片羽，自足珍重；所谓举马之一体，而马未尝不立于前也。

祁氏虽仅是一位有名的藏书家，此言专为找书而发，但仔细研究一下，这段话无疑是渗透了郑樵之言的精神的。其实运用到辑佚方面去，也不能离开这些原则。明代学者像孙瑴从群书中辑录纬书佚文，编为《古微书》，虽范围很局隘，体例也不很好，仍然是沿着宋代学者开辟的途径努力去做的。到了清代，随着朴学家们实事求是的治学风气的形成，这一工作用的方法比过去精密多了。于是"辑佚"便成为当时学术界中心工作之一，取得的成果也特别显著。

清代学术界辑佚工作能够普遍展开，和乾隆年间修《四库全书》有着很密切的联系。尽管在修《四库全书》以前，有不少私人辑佚的作品，但是大规模地搜辑佚书，还是直接受了修《四库全书》的影响向前推动的。当乾隆三十八年（公元1773年），安徽学政朱筠奏请开四库馆的时候，便以搜辑佚书为迫不可缓。朱氏《笥河文集》卷一《谨陈管见开馆校书折子》有云：

臣在翰林，常翻阅前明《永乐大典》，其书编次少伦，或分割诸书以从其类。然古书之全而世不恒觏者，辄具在焉。臣请敕择取其中古书完者若干部，分别缮写，各自为书，以备著录。书亡复存，艺林幸甚。

这是朱筠当日对最高统治者所上条陈之一。清高宗采纳了他的建议，当即派员校核《永乐大典》，并编定《四库全书》。当时修书一开始，便是和辑佚紧密结合着的。先后从《永乐大典》中辑出之书，录入《四库全书》和登记在《四库全书存目》中的，计经部六十六种，史部四十一种，子部一百三种，集部一百七十五种，共三百八十五种，四千九百二十六卷。今《四库全书总目》中标明"《永乐大典》本"的书，都是已佚而重新辑出的。这是中国历史上空前的大规模的搜辑佚书的惊人成果！

在这次所辑出的佚书中，有不少价值极高、久已失传的名著。即以历史书籍而论，如五百二十卷的李焘《续资治通鉴长编》，一百五十卷的薛居正《五代史》，九十卷的郝经《续后汉书》，都是卷帙浩繁的大书。又如《东观汉记》一书，可以补正范晔《后汉书》的阙失之处颇不少，其书早佚，这次也从《大典》中辑出二十四卷，这对历史研究工作者来说，已经提供了不少宝贵资料。至于所辑宋、元人文集，可供考证者尤多。我们谈到这里，不得不感谢前人在整理文献的工作中所投下的辛勤劳动和留给我们的丰富遗产。谁说辑佚不是重要的工作！

但是我们知道，大部分古代文献，在宋元时散佚最多。而明初编集《永乐大典》时，只是就当时现存的书，按字分编，散隶各韵。其实有不少古书，在明初已经不可得见了。所以辑佚的来源，应该多方发掘，不可局限于少数书或一部书，特别是搜辑唐

204

以前的古书，更非依据比较早的书籍不可。大抵辑佚工作者用力的途径和方法，有下列几方面：

一、取之唐宋类书，以辑群书；

二、取之子史及汉人笺注，以辑周秦古书；

三、取之唐人义疏，以辑汉魏经师遗说；

四、取之诸史及总集（如《文苑英华》之类），以辑历代遗文；

五、取之《经典释文》及《一切经音义》（以慧琳《一切经音义》为大宗），以辑小学训诂书。

这些都是辑佚的资料来源。古注中，以裴松之《三国志注》、郦道元《水经注》、刘孝标《世说新语注》、李善《文选注》、慧琳《一切经音义》为最重要。这些书，都保存了许多佚书。清代学者们从这里面，仔细清检和整理出来了很多好东西，值得我们珍重。如马国翰的《玉函山房辑佚书》，多至五百八十余种；王谟的《汉魏遗书抄》，多至四百余种；黄奭的《汉学堂丛书》，多至二百五十余种；都是洋洋巨观，遍及四部。虽在取材方面，有时不很审慎精密，但前人毕竟费了许多心力，为文献工作者提供了丰富的资料，我们可以有别择地加以利用。

第七章　前人整理文献的丰硕成果

第一节　修通史

我们的国家，有着五千年以上的悠久历史，文献资料真是够丰富了。不独一个人的精神岁月，不可能遍读尽观，连书名也很难多记。教一个人从散漫繁杂的书籍和材料中，去盲目从事研究，虽穷毕生精力，日夜不休，是断然不会也不可能有所成就的。客观上便十分迫切需要有一部总结性的百科全书式的书籍。它能以一部书，统括若干部书，包含了多方面的知识，把旧有的文献删繁就简，去粗取精，编述为有系统有剪裁的书籍，使人们读了这一部书，可以取得应有的知识。这对节省人们的时间、精力和丰富人们的知识来说，贡献是非常巨大的。

这种艰巨的工作，在两千年以前，便有人发愿做过，并且取得了伟大的成功。这便是公元前91年（汉武帝征和二年），大史学家司马迁写成的一百三十篇、五十二万六千五百字的巨著《史记》。这也是我国历史上完成了这种工作的第一部书。人们一提到《史记》，总以为仅仅是最重要的史学名著，是纪传史之祖。其实这部书通贯古今，包罗万象，是一部百科全书式的知识宝库，汉武帝以前社会变化和自然变化的现象，都被它记录无遗了。它的内容：以人物为中心的，有十二本纪，三十世家，七十列传；以年月为中心的，有十表；以事物为中心的，有八书。大部分写作，虽致详于社会变化和人事活动方面，但像八书中的《天官书》《历书》便谈天文算法，《河渠书》便谈水道地理，列传中的匈奴、南越、东越、朝鲜、西南夷、大宛诸传，便完全记载边远地区其他民族的山川、地域、风俗、人情了。

司马迁所采取的材料，极其广泛。首先由于他的父亲司马谈为太史令，掌管国家文献，父子相继任职，自然可以饱览异书秘籍，为整理文献提供了优越条件。他所接触的材料，大概可分为两大类：一部分是旧有的已经整理成编的书籍，如《诗》《书》《左传》《国语》《世本》《战国策》《楚汉春秋》之类；而另一部分，是一堆没有经过整理成编的零散材料，如《史记》中所称《谍记》《历术》《甲子篇》《禹本纪》《秦纪》之属。至于《秦楚之际月表》所称"太史公读秦楚之际"，《高祖功臣侯者年表》所称"余读高祖侯功臣"，《惠景间侯者年表》所称"太史公读列封"，《儒林列传》所称"余读功令"，那更是指当时文献档案一类的东西。由此可知，司马迁在编述这部百科全书式的通史的过程中，对于史料的搜集，是从多方面分途并进的。

司马迁为着要编述一部百科全书式的通史，不独要将社会变化和自然变化的现象全部记录进去，而且还要将诸子百家学说，足以反映某一时代文化思想的议论，用提要钩玄的方式，通过列传来介绍给全社会。如所撰《管晏列传》《老庄申韩列传》《司马穰苴列传》《孙子吴起列传》《孟子荀卿列传》诸篇皆是。他深恐世人对于诸子百家的学说，读其书而不知其人，所以替他们写成列传，实际上是替他们的书籍各作一篇叙录，这便开创了后世"学术史"的门路，对保存文化遗产有着重大的作用。

　　由此可见，这部百科全书式的通史，内容真是够丰富了。司马迁只能写到他生存的时候（汉武帝时）为止，无疑的，他很希望后人续修己书，以至于无穷。但是，如《四库全书总目》在《通志提要》中所指出的：

　　　　其例总括千古，归一家言，非学问足以该通，文章足以熔铸，则难以成书。

所以司马迁以后两千年间，勇于以这一工作自任的，也就不多了。公元六世纪初，梁代开国的统治者萧衍（梁武帝），曾经领导着他的臣下，写成六百卷的大部书，正式标出了"通史"的名目。因为它是在当时最高统治者的命令和亲自指导下修成的，所以《隋书·经籍志》直题"梁武帝撰"。《史通·六家篇》称：

　　　　其书自秦以上，皆以《史记》为本，而别采他说以广异闻。至两汉以还，则全录当时纪传。而上下通达，臭味相依。又吴蜀二王，皆入世家；五胡及拓拔氏，列于夷狄传。大抵其体皆如《史记》，其所为异者，唯无表而已。

梁武帝组织人力所修成的《通史》，虽不传于后世，但从这里也可想见其义例的大概了。

到了公元十二世纪初期，当宋高宗赵构时代，大史学家郑樵崛起于福建莆田。《宋史》本传称道其人：

好著书，不为文章，自负不下刘向、扬雄，居夹漈山，谢绝人事。久之，乃游名山大川，搜奇访古。遇藏书家必借，留读尽乃去。

而郑氏在《献皇帝书》中，自言十年为经旨之学，三年为礼乐之学，三年为文字之学，五六年为天文地理之学，为虫鱼草木之学，为方书之学。他既积累了二三十年的功夫，在学问方面奠定了雄厚的基础，便有志独修通史。他在《寄方礼部书》中说过；

樵欲自今天子中兴，上达秦汉之前，著为一书，曰通史。呜呼！三馆四库之中，不可谓无书。然欲有法制可为有国家者之纪纲规模，实未见其作。

在《上宰相书》中，又自述其志事道：

集天下之书为一书。……竹头木屑之积，亦云多矣，将欲一旦而用之。

据此，可知他平日留心搜集的材料已经不少，很想把它整理成为一部总结账式的大著作。所谓"集天下之书为一书"，这是何等雄伟的气魄和庞大的规模！

由于郑樵生长在偏僻的穷乡，不容易找到书籍，闭户读书三十年之后，又出游于外搜访图书，也经历十年之久。等到游罢归来，年龄已老，身又多病，不幸在五十九岁时便死去了。虽有远大志愿，莫由实现。今天所流传的《通志》二百卷，只有《二十略》是他精心结撰之作。其中纪传部分，多由删录诸史而成，遂为后世所訾议。其实，这是他在和疾病作斗争的过程中勉强凑合而成，非郑氏原意如此，只得赍志以没。后人定要吹毛求疵，便湮没了他修纂通史的孤怀卓识。

本来，从班固以后，修史者断代为体，每一朝代都有一部总的记录。特别是从唐初设馆修史，便成为历代开国时的成规，前后相续，已成为一系列的记载，还需要什么通史呢？这是值得明确的问题。郑氏《通志总序》谈到断代史的弊病说过：

语其同也：则纪而复纪，一帝而有数纪；传而复传，一人而有数传。天文者，千古不易之象，而世世作《天文志》；洪范五行者，一家之书，而世世序《五行传》。如此之流，岂胜繁文？语其异也：则前王不列于后王，后事不接于前事。郡县各为区域，而昧迁革之源；礼乐自为更张，遂成殊俗之政。如此之类，岂胜断绠？曹魏指吴蜀为寇，北朝指东晋为僭；南谓北为索虏，北谓南为岛夷。《齐史》称梁军为义军，谋人之国，可以为义乎？《隋书》称唐兵为义兵，伐人之君，可以为义乎？房玄龄董史册，故房彦谦擅美名；虞世南预修书，故虞荔、虞寄有嘉传。甚者桀犬吠尧，吠非其主。《晋史》党晋而不有魏，凡忠于魏者，目为叛臣；王凌、诸葛诞、毌丘俭之徒，抱屈黄壤。《齐史》党齐而不有宋，凡忠于宋者，目为逆党；袁粲、刘秉、沈攸之徒，含冤九原。噫！天日在上，安可如斯！似此之类，历世有之，伤风败义，莫大乎此。

这段话指出断代史的大弊有三：第一，无论在叙述人事还是制度文物方面，都难避免重复；第二，前后又有隔绝不相连贯之处；第三，修史者各站在本朝统治者的立场说话，没有一定的是非标准。后来章学诚《文史通义·释通篇》更明确提出：

通史之修，其便有六：一曰免重复，二曰均类例，三曰便铨配，四曰平是非，五曰去抵牾，六曰详邻事。其长有二：一曰具剪裁，二曰立家法。

这都是但就叙事而论，认为有了通史便可综合群史，删繁就简，写成有系统有条理的本子，省减了学者的精神和目力。至于包罗万象，成为像郑樵所说"集天下之书为一书"的写作，使人们读了这部通史，而其他书籍可废，那更便利学者。这在继承五千年文化遗产方面，可以起传递和翻译的作用，在今天仍然是十分迫切需要的。

第二节　纂方志

在广博的古代文献中，一般的史书，大部分是以时代为中心，依着时代先后叙述史实。或者通贯古今，或者专详一代，都是围绕着当时的政权来服务的。这是历史事件的"纵的叙述方式"。另外还有一种"横的叙述方式"，便是以地区为中心，专详于某一地区的风俗、民情、方言、古迹，以及疆域、人物等等，其中又依时代先后叙述各事物的发展变化，这便是地方志书，也简称"方志"。虽然过去的学者们认为方志是史书的旁支，但它却很普遍地保存了不少的社会真实史料，作用极为重大。

方志的起源很早，远在周末，各国都有记载本国的史书，《孟子》所称："晋之《乘》，楚之《梼杌》，鲁之《春秋》，其实一也。"这便是最古的方志。相传孔子出游在外，得观"百二十国宝书"，从今天来看，也不过是涉览了许多部方志而已。从秦朝统一天下，开始了大一统的局面以后，版图日广，而分地记载的写作也逐渐增多。在隋以前，方志但称为"记"，根据《隋书·经籍志》所著录的书籍而论，以三国时吴人顾启期所撰《娄地记》为最早。从此以后，还有《洛阳记》《吴兴记》《吴郡记》《京口记》《南徐州记》《会稽记》《荆州记》等数十种书，这都是后世府州县志一类的作品。至于分门叙述，成为专科性的书籍，更是繁多。例如图绘地形，则有《周地图记》《冀州图经》《齐州图经》《幽州图经》之类；记载风俗，则有《陈留风俗传》《北荒风俗记》之类；描写山水，则有《衡山记》《游名山志》之类；叙述建筑，则有《三辅黄图》《洛阳宫殿簿》之类；谈沿革，有《三辅故事》《并帖省置诸郡旧事》之类；记寺观，有《洛阳伽蓝记》《华山精舍记》之类；志冢墓，有《圣贤冢墓记》之类；录物产，有《南州异物志》之类；述土地，有《元康三年地记》之类；综户口，有《元康六年户口簿记》之类（以上均见《隋志》史部地理类）。此外替人物作传记，也有依地区来综括的。《隋志》便著录了《兖州先贤传》《徐州先贤传》《交州先贤传》《益部耆旧传》等十数种，以及《列女传》《女记》之类（均见史部杂传类）。这些书籍，都为编纂方志提供了材料、创造了条件。所以到了隋代，便出现了规模浩大的包括全中国的几部结集性方志。《隋书·经籍志·史部地理类叙》称：

　　隋大业（公元605—617年）中，普诏天下诸郡，条其风俗物产地图，上于尚书。故隋代有《诸郡物产土俗记》一百五十一卷，《区宇图志》一百二十九卷，《诸州图经集》一百卷。

这便是中国历史上官方编纂全国范围的方志图经的开端。后来像唐代李吉甫所修《元和郡县志》，宋代乐史所修《太平寰宇记》，以及元、明、清三朝所修《一统志》，都是沿用这种体例进行编辑的。

古代私修方志而具备今日志书形式，到目前还存在的，以几部宋代写作为最早。但是它的体例，却远在晋代便已成立了。《隋书·经籍志·史部地理类》称：

晋世挚虞，依《禹贡》《周官》作《畿服经》，其州郡及县分野、封略、事业、国邑、山陵、水泉、乡、亭、城、道里、土田、民物、风俗、先贤、旧好，靡不具悉，凡一百七十卷。今亡。

这却可算是我国地方志的创作。虽其书久已亡佚，但据《隋志》所言，包括的门类确已很多，已经具备今日地方志书的形式了。晋人写作，现在还存在的，像常璩所写《华阳国志》十二卷，从远古起，到东晋永和三年（公元347年）止，首为《巴志》，次《汉中志》，次《蜀志》，次《南中志》，次公孙、刘《二牧志》，次《刘先主志》，次《刘后主志》，次《大同志》（记汉晋平蜀以后事），次《李特雄期寿势志》，次《先贤士女总赞论》，次《后

贤志》，次《三州士女目录》。而嘉泰甲子（公元 1204 年）李𡐤
序亦称：

> 首述巴中南中之风土，次列公孙及刘二牧，蜀二主之兴
> 废，及晋太康之混一，以迄于特、雄、寿、势之僭窃，以
> 西汉以来先后贤人，梁、益、宁三州士女总赞，序志终焉。

这里面的内容，自以风土人物为主。虽十之七八叙述政治沿革，
但也注意到了交通险塞、物产土俗、大姓豪族，以及先贤士女各
方面，无疑是今日方志的初祖。

古代的士大夫们，勇于私人独造方志。传世的宋元作品，已
经不多。明代虽较丰富，而体制多滥。这几代的方志中，私修
的颇不少。像宋代朱长久的《吴郡图经》，梁克家的《三山志》，
范成大的《吴郡志》，罗愿的《新安志》，高似孙的《剡录》，陈
耆卿的《赤城志》，常棠的《澉水志》；元代于钦的《齐乘》；明
代康海的《武功县志》，韩邦靖的《朝邑县志》等，都是由独力
搜录而成。清代朴学大兴，作者纷起，一般考证专家，很多都参
与了主修方志的工作。如章学诚所修《和州志》《永清县志》《亳
州志》，董方立的《长安志》《咸宁志》，洪亮吉的《泾县志》《淳
化志》《长武志》，孙星衍的《邠州志》《三水志》，武亿的《偃
师志》《安阳志》，段玉裁的《富顺志》，钱坫的《朝邑志》，李
兆洛的《凤台志》，郑珍和莫友芝合撰的《遵义志》，都是比较
精粹的结撰。

清代方志发达的最大原因，是由于统治者诏令的敦促。康熙十一年（公元 1672 年），大学士卫周祚奏请分令天下郡县，修辑志书，诏允其请。雍正七年（公元 1729 年），诏各省重修通志，上诸史馆，以备修《大清一统志》的采择。后来又令各州县志书，每六十年一修，著为功令。由此官修的书日益充积，地方行政长官以开局修志为"斯文重任"，自己纵然学识不够，也必然自居主修之名，而罗致学问宏博之士，为之纂辑。于是公私所修，门类更广。总括全国范围的，称"一统志"；省区称"通志"；府、厅、州、县，便只称"志"。综合二县或数县之事以成一书，便称"合志"；自县以下，镇有"镇志"，里有"里志"。这样由于范围的推广，卷帙乃更繁多了。根据初步的统计，由宋至今，千年之间，保存的方志将近八千种，共十余万卷。其中百分之八十以上，是清人编纂的。

　　从方志本身的发展程序来说，隋唐以前，以专门性的叙述为多。如风俗、山川、人物、建筑之类，每书只谈一项。到隋代，才由分而合，成为综合性的包括全国范围的志书。历唐宋元明以至清代，便已盛极一时。由于某些地区在某些事物有专门叙述之必要，学者们便又由合而分，从事专门事物之记录。例如专载一方人物的，便有潘力田《松陵文献》，刘伯山《彭城献征录》等书；著录一方诗文著述的，便有郑虎臣《吴郡文粹》，孙诒让《温州经籍志》等书；叙述一方风俗逸闻的，便有屈翁山《广东新语》，田纶霞《黔书》等书。记氏族，则有全谢山《四明族望表》；记水道，则有刘孟赡《扬州水道记》；记金石，则有关中、

216

山左、中州诸《金石志》；记大事，则有汪中《广陵通典》。这都是方志发展到清代，渐由综合而趋向专门之具体情况。这一类写作的出现，断不是像隋唐以前那些专门性叙述的简单概括，而是经过调查整理，功夫做得更详尽，更具体，用新的义例编述而成的。

方志的价值，不但与国史相等，其作用往往比二十四史、"九通"之类的书籍，还重要得多。因为二十四史、"九通"之类，是以历代王朝为中心，只是记载有利于维护统治与服从的社会秩序的事实和言论，而丝毫没有注意到平民的生活与活动。远在千多年前，已有人道破这点。唐代李翰为杜佑《通典》撰《序》，便已说过：

> 夫五经群史之书，大不过本天地，设君臣，明十伦五教之义，陈政刑赏罚之柄，述礼乐制度之统，言治乱兴亡之由，立邦之道，尽于此矣。非此典者，谓之无益世教，则圣人不书，学者不览，惧冗烦而无所从也。

又说：

> 《通典》非圣人之书，乖圣人之旨，则不录焉，恶其烦杂也；事非经国礼法程制，亦所不录，弃无益也。

由此可知，群经、诸史完全是为统治者服务的，其中自然找不到

217

有关广大人民的材料。

至于方志，便以社会为中心。举凡风俗习惯、民生利病，一切不详载于"正史"内的，都借方志保存下来了。其中如赋役、户口、物产、物价等类记载，最为可贵。特别是赋役一项，无论在哪一部志书，都记载很详悉。即如清人陆陇其所修《灵寿志》，素以简洁著称，而记载赋役特详，推之其他方志，莫不如此。在今天而欲研究过去劳动人民受压迫的严重情况，方志实是最重要的资料源泉。至于方言、风谣、金石、艺文诸类，在在可为史部考证之用，更显示出方志的重大价值了。

第三节　绘地图

我们祖先创造出绘制地图的方法，已有几千年历史。《周礼·地官》中有一段这样的记载：

> 大司徒之职，掌建邦之土地之图，与其人民之数，以佐王安扰邦国。以天下土地之图，周知九州之地域广轮之数，辨其山林川泽丘陵坟衍原隰之名物。

而《夏官》又称：

职方氏掌天下之图。

即使《周礼》是战国晚出之书，也正足以证明地图在周末已为统治者所重视了。在那时，各国都有地图。荆轲刺秦王，置匕首于地图中，更是一个显明的例证。秦始皇兼并六国后，尽量收拾天下图籍，置之秦廷。掌握了各国的地图和户口册，自然是统一天下的首要条件。汉高祖兴起时，也曾得力于此。《史记·萧相国世家》叙述萧何入关时的情形道：

> 沛公至咸阳，诸将皆争走金帛财物之府分之，何独先入收秦丞相御史律令图书藏之。沛公为汉王，以何为丞相，项王与诸侯屠烧咸阳而去，汉王所以具知天下阨塞、户口多少、强弱之处、民所疾苦者，以何俱得秦图书也。

这里所用"图书"二字，是指地图和户口册，能提供天下阨塞、户口多少的一般情况。所以萧何入关后，首先把这些东西弄到手。《史记》所云"何独先入收秦丞相御史律令图书藏之"，这便指明了当时是从丞相府取得了律令，从御史大夫府取得了图书（古书语法，此例甚多）。地图在秦代，是保藏在御史大夫府的。汉初沿袭秦制，所以《史记·三王世家》便有"御史奏舆地图"的记载。到哀帝元寿二年（公元前1年），改定三公官，以御史大夫为司空，地图从此便归司空收管。所以《后汉书·光武本纪》记载建武十五年封皇子事，便是"大司空上與地图"了。

　　我国历史上记载绘制地图的方法，从晋代裴秀的《禹贡地域图序》开始，才有详尽的叙述。其文今在《晋书·裴秀传》中，指出制图之体有六：

　　　　一曰分率，所以辨广轮之度也；二曰准望，所以正彼此之体也；三曰道里，所以定所由之数也；四曰高下，五曰方邪，六曰迂直，此三者各因地而制宜，所以校夷险之异也。有图象而无分率，则无以审远近之差；有分率而无准望，虽得之于一隅，必失之于他方；有准望而无道里，则施之于山海隔绝之地，不能以相通；有道里而无高下方邪迂直之校，则径路之数，必与远近之实相违，失准望之正矣，故以此六者参而考之。然远近之实，定于分率；彼此之实，定于道里；度数之实，定于高下方邪迂直之算。故虽有峻山巨海之隔，绝域殊方之迥，登降诡曲之因，皆可得而举定者，准望之法既正，则曲直远近无所隐其形也。

从这段议论里，我们可以看出裴氏制图法已经使用了比例尺（分率），注意到方位（准望）和距离（道里），懂得了地形的表示方法（高下方邪迂直），这都是符合近代科学原则的。

　　当时除绘成《禹贡地域图》十八幅以外，还发明了方格缩放地图的方法，将一幅原来"用缣八十匹"的天下旧图，以一分为十里，裁缩为方丈图（见《北堂书抄》卷九十六），这自然是当时伟大的创造。裴秀在晋初做司空，职掌地图，虽然他的这些发明多出其门客京相璠等集体工作的成果，但是这些工作由他总其事，他便有系统地总结了古代制图的经验，汇集了当时的群众智慧，在制绘地图的工作上开辟了新的道路。这功绩诚然是不可磨灭的。裴秀生于公元 223 年（魏文帝黄初四年），卒于公元 271 年（晋武帝太始七年），远在公元三世纪中期，我们祖先在制绘地图方面，便已有了这样卓越的成就！

南朝刘宋时（公元五世纪初），谢庄能以木板制绘可以分合的活动地图。《宋书·谢庄传》说：

> 分左氏经传，随国立篇，制木方丈，图山川土地，各有分理。离之则州别郡殊，合之则宇内为一。

我们体味最后两句话，显然它是用木板随各国地域广狭曲直，裁成不整齐的形式，有如七巧板一样，合拢来成为一张总图，分开来便成为列国分图。这在地图的发展史上，诚然是一种杰出的发明。有人认为"制木为图"是一种立体的木刻模型，这种推想，不很恰当。

唐代统治者特别注意地图的制绘，并规定全国州府每三年一造地图（见《唐六典》）。德宗时（公元八世纪末），宰相贾耽留心于此。《旧唐书·贾耽传》称他好地理学，绘有《陇右山南图》和《海内华夷图》，广三丈，纵三丈三尺，率以一寸折成百里；又用朱墨辨别古今郡县，古郡国题以墨，今州县题以朱，这便是我国制绘地图分别朱墨的开端。

北宋沈括（公元 1031—1095 年）学问极博，对于制绘地图十分重视。《梦溪笔谈》卷二十五有一段记载：

> 予奉使按边，始为木图，写其山川道路。其初遍履山川，旋以面糊木屑写其形势于木案上。未几寒冻，木屑不可为，又熔蜡为之，皆欲其轻而易赍故也。至官所，则以木刻上之。上召辅臣同观，诏边州皆为木图，藏于内府。

沈氏由于山川跋涉不便携带笔墨，加以实地写摹，木板为宜。他那种在行旅中不废测绘的精神，是值得后人学习的。

元代绘制地图最成功的人，以朱思本为最著。他是十三世纪末、十四世纪初期的人，周游各地，并遍访四方使臣，参究《水经注》及唐《通典》《元和郡县志》、宋《元丰九域志》《元一统志》等，自至大四年（公元 1311 年）至延祐七年（公元 1320年），费十年之力，以其所得绘成《广舆图》。原图已不可见，唯万历七年有山东重刻嘉靖末罗洪先所增补的《广舆图》，可以推知其梗概。朱氏所制，先成各地之分图，继为总图；用计里代方之法，以期正确。明代地图，多以此为依据。

在明代以前，我国绘制地图的方法，是在旧有的基础上逐步改进而发展的。从明代意大利人利玛窦来中国，输入《万国舆图》以后，为我国地图学推广了知识范围，改进了测绘方法，渐渐变易了过去制图的面貌。远在公元 1581 年（万历九年），利玛窦初抵澳门，搜读我国各种地理书籍，而融会以西洋新的知识，作成《华译坤舆万国全图》，介绍于我国。后二十年，当1601年（万历二十九年），利玛窦至北京，又以《万国图志》献给当时最高统治者。由是我国人对于外国地理，始有所认识。由于利玛窦在中国日久，所绘中国部分之图，实有胜过旧图之处。

清初，西洋测绘之学传至我国，于是统治者对于制图之术，精益求精，特别是公元1674年（康熙十三年）刊印比利时人南怀仁的《坤舆全图》，关系尤大。南怀仁得到统治者的信任，留华数十年，递次遣派赴内地各省及满蒙各地，从事实际测绘，配以各国教士的协助，于公元1717年（康熙五十六年）作成《皇舆全图》。这是我国地图发展史上前此未有的大成绩，迄今尚为我国地图之最重要依据。

远在公元三世纪中叶，我国学者在绘制地图方面，已经有高深的理论和精密的技术，并且出现了杰出的制图专家裴秀。至于运用那种技术到绘制历史地图方面来，也是从裴秀的《禹贡地域图》开始的。《晋书·裴秀传》谈到他在这方面的创造时说过：

> 以《禹贡》山川地名，从来久远，多有变易，后世说者，或强牵引，渐以暗昧，于是甄摘旧文，疑者则阙，古有名而今无者，皆随事注列，作《禹贡地域图》十八篇奏之，藏于秘府。

这是我国最早的历史地图。可惜地图的保存较书为难，当时又没有雕版印刷之术，无法传之后世，乃是必然的。目前我国保存的历史地图，以西安石刻《禹迹图》为最早，出于北宋学者之手，是公元1137年刘豫称齐帝时所立（时为阜昌七年，当宋高宗绍兴七年），距离现在已经八百多年了。此图假若当日不是刻之于石，也是无法保存久远的。

自从十七世纪西洋绘制地图的技术传入中国以后，清代学者就在我国固有的绘图技术基础之上，兼采新法所长，来绘制历史地图，而以清末杨守敬做的工作为最专最精。在杨氏前，尚有李兆洛所制《历代地理沿革图》二十二幅，用朱墨套印，在当时为创格。杨氏因李图之旧，更加扩充，更加精密，因绘成《历代舆地图》。1906年至1911年（光绪三十二年至宣统三年），陆续付刊，朱墨套印，总名《历代舆地图》，分名则依朝代和所根据的材料以标题，如《前汉地理图》《续汉郡国图》《三国疆域图》《隋地理志图》《唐地理志图》《宋地理志图》《明地理志图》等数十目。大部分根据是史志，其次才是后人补修的志。史志上怎样记载，他便怎样画，杨氏是对正史地理志负责的。考证虽比较详尽，但那刻木雕版用红底套印的办法，已经不适时用。近人改用新式印刷之术，以五色版石印，较旧本明晰醒目多了。

第四节　制图表

人们通常谈话，总是拿"图书"二字连称，说明了"图"和"书"是互相联系的。"书"只是用文字记载抒情、纪实、说理的作品；有了"图"，便呈现出事物具体的形象，可以帮助直观地说明问题。有些难于理解的书籍，假若不配合以图，是不容易求懂的。我们祖先在几千年以前，便考虑到了这一点。所以当写书时，多附之以图。《汉书·艺文志·兵书略》首先便载"《鲍子兵法》十篇，《图》一卷"，"《伍子胥》十篇，《图》一卷"。鲍子虽不知为何人，但列在伍子胥之前，则其为春秋时人可知。远在周末，写兵书的人们便已配合以图了。《汉志》著录兵书，总共五十三家，七百九十篇，图四十三卷。图的数量，也不算少。可惜六略之中，只有《兵书略》保存了图，其他《六艺》《诸子》《诗赋》《数术》《方技》五略，都只有书无图。这里面自然湮没了古人很多宝贵的遗产！郑樵在《通志·图谱略》中即已指出：

> 汉初典籍无纪，刘氏创意总括群书，分为七略，只收书，不收图。艺文之目，递相因习。故天禄、兰台、三馆、四库内外之藏，但闻有书而已。后之人将慕刘、班之不暇，故图消而书日盛。

郑氏又谓"向、歆之罪，上通于天"。这虽指责未免太苛，但在当日部次群书时，对于"图"不够重视，以致散佚，则是难辞其咎的。

《汉书·艺文志》除兵书外，著录的图太少，无由考见我们祖先制图工作的范围和体例。现在根据《隋书·经籍志》所著录关于图的书籍，约可分为八大门类：

一、关于礼制方面的，经部礼类有《周官礼图》《丧服图》《五服图》《周室王城明堂宗庙图》诸种。

二、关于名物方面的，经部论语类有《尔雅图》，史部谱系类有《钱图》，子部小说家有《鲁史欹器图》《器准图》诸种。

三、关于文字方面的，经部小学类有《文字图》《古今字图杂录》诸种。

四、关于仪注方面的，史部仪注类有《晋卤簿图》《陈卤簿图》《诸卫左右厢旗图样》诸种。

五、关于人物方面的，史部杂传类有《陈留先贤像赞》《会稽先贤像赞》《东阳朝堂像赞》诸种。

六、关于地理方面的，史部地理类有《黄图》《洛阳图》《山海经图赞》《江图》《水饰图》《周地图记》《冀州图经》《齐州图经》《幽州图经》诸种。

七、关于天文方面的，子部天文类有《周髀图》《浑天图》《玄图》《天文横图》《天文集占图》《天文十二次图》《杂星图》《星图》《月行黄道图》《日月薄蚀图》《二十八宿分野图》诸种。

八、关于医药方面的，子部医方类有《明堂孔穴图》《本草图》《黄帝明堂偃人图》《针灸图经》《十二人图》《黄帝十二经脉

明堂五藏人图》《治马经图》《马经孔穴图》《引气图》《道引图》
诸种。

　　根据上面所综括的情形来看，可知唐代以前的学者们，已
将不容易理解的文献，或者必须实绘其形以传于后的事物，都作
出了图。这对接受古代文化遗产，或彻底了解每一事物的真相，
都有极大的帮助。郑樵在《通志·图谱略》里强调了图的作用，
他说：

　　　　今总天下之书，古今之学术，而条其所以为图谱之用者
　　十有六：一曰天文，二曰地理，三曰宫室，四曰器用，五
　　曰车旗，六曰衣裳，七曰坛兆，八曰都邑，九曰城筑，十
　　曰田里，十一曰会计，十二曰法制，十三曰班爵，十四曰古
　　今，十五曰名物，十六曰书。凡此十六类，有书无图，不可
　　用也。

郑氏所举出的十六种，其实也不外上面所归纳见于《隋书·经籍
志》的八大门类的内容。自唐宋以下，图之为用甚广，名目也就
更繁多了。

　　其次，古人对于纷杂的事物，不容易用文辞来厘析的，便用
列表的方法来以简驭繁。这种方法起源很古，就今天存在的古文
献而论，以见于西汉司马迁《史记》中的十表为最早。《梁书·刘
杳传》有一段记载云：

> 王僧孺被敕撰《谱》，访杳血脉所因。杳云："桓谭
> 《新论》云：'太史公三代世表，旁行邪上，并效周谱。'以
> 此而推，当起周代。"僧孺叹曰："可谓得所未闻。"

据此可知，列表的方法在周代便已有了，司马迁不过沿用旧体来统括杂乱的历史事件。《太史公自序》说过：

> 并时异世，年差不明，作十《表》。

清末王先谦在《汉书补注》中解释道：

> 并时，谓侯国同时；异世，谓世家传嗣；其年历差互，
> 皆非《表》不明。

可以知道表的作用是很大的。所以郑樵在《通志序》中极力推崇说：

> 《史记》一书，功在十《表》。犹衣裳之有冠冕，木水
> 之有本源。

这并不是过分的夸扬！我们仔细研究一下，从《三代世表》至《汉兴以来将相名臣年表》十篇的写作，差不多成了全书的纲领。年代远的，便用世表；年代近的，便用年表或月表。而列表之

际，各有不同。如《三代世表》，以世系为主；《汉兴以来诸侯年表》，以地为主；《高祖功臣侯者年表》，以时为主；《汉兴以来将相名臣年表》，以大事为主。皆各随事制宜，因机而变。这都由于费了周密的思考，才能成为伟大的创造性的体例，给后人以莫大的方便。像唐代史学家刘知几，本来是反对列表的。《史通·表历篇》指出：

> 《表》，次在篇第，编诸卷轴，得之不为益，失之不为损。用使读者莫不先看《本纪》，越至《世家》，《表》在其间。缄而不视，语其无用，可胜道哉！

这已十分明显地在攻击表，但在《史通·杂说篇》却又说：

> 观太史公之创表也，于帝王则叙其子孙，于公侯则纪其年月。列行萦纡以相属，编字戢香而相排。虽燕越万里，而于径寸之内，犬牙可接；虽昭穆九代，而于方尺之中，雁行有叙。使读者阅文便睹，举目可详，此其所以为快也。

这段话又在极力推崇表的作用，前后议论，判若两人。大概是由于表有不可磨灭的价值，刘氏也无从去推翻它；到最后，也只得肯定它的优点。

"表"在古代，又称为"谱"。从汉以下，表和谱的名称，并行不废。后汉大经学家郑玄，研究《诗三百篇》，便作《诗谱》

以总列诸侯世系及诗篇次第。他在《诗谱序》中说过：

> 欲知源流清浊之所处，则循其上下而省之；欲知风化芳臭气泽之所及，则傍行而观之；此诗之大纲也。举一纲而万目张，解一卷而众篇明，于力则鲜，于思则寡。

这便把列表的作用在于纲举目张、以简驭繁的功效完全指出了。

经学家既采用列表的方法，来说明经传中纷杂的事物，由是而逐类推广，写作便日益增多。就《隋书·经籍志》所著录的来说，经部礼类，便有《丧服谱》；春秋类，便有《春秋左氏诸大夫世谱》；小学类，便有《文字谱》《音谱》这一类的书。这就充分说明，唐以前学者早已替清代朴学家开辟了研究道路。清儒治文字、声韵、训诂之学，列表的功夫为最勤，都是循用这种方法来着手的。

"表"的作用，发挥在研究史学方面的，那就更多了。清人对这种工作，也作出了不少成绩。像万斯同的《历代史表》，齐召南的《历代帝王年表》，段承基的《历代统纪表》，沈炳震的《廿一史四谱》，陈芳绩的《历代地理沿革表》诸种，都替后人创造了工具书，给研究工作者以检查方便，节省了许多精力和时间，对学术界的贡献是很大的。

但是史的范围极其广泛，有如章学诚在《方志略例一》所指出的：

> 有天下之史，有一国之史，有一家之史，有一人之史。传状志述，一人之史也；家乘谱牒，一家之史也；部府县志，一国之史也；综纪一朝，天下之史也。

谈到表的应用，乃普遍及于这四种史书。无论国史、方志、家谱，以及私人年谱等，都有表为之纲领。而尤以应用于一族一姓的家谱为最广，这在五世纪初便已盛行了。《隋书·经籍志》史部谱系类著录谱牒至数十家之多，如实反映了六朝重视门阀的一般情况。从六朝以下一千余年，在中国社会里家族修谱的风尚，几与封建社会相终始，于是列表的方法应用在这方面，就更多了。

第五节　编字典

我们祖先从开始创造文字起，到现在有了几千年的悠久历史，但是字书的出现，却是很晚的。像秦汉时代的作者很多，写出了不少有关文字的书，如李斯的《仓颉篇》，赵高的《爱历篇》，胡毋敬的《博学篇》，司马相如的《凡将篇》，史游的《急就篇》，李长的《元尚篇》，扬雄的《训纂篇》，过去学者们多认为是中国字书的前导。其实，这一类的书，仅仅是三字成句、四字成句或七字成句的歌括体课本，是秦汉时代用以教儿童们的通俗读物，所以古人称之为"小学"。今天还保存着的《急就篇》，便是几个字一句而协韵的歌括体。它的内容，杂记普通事物如人名、药名、器物、动植物一类的日常生活应有的常识，和后世乡塾所通行的《千字文》《百家姓》《幼学》《杂字》一类的课本体裁相近。只能说是儿童们易于记诵的识字读物，而不可谓为有系统有条理的字书。

在公元 100 年的时候（后汉和帝永元十二年），杰出的文字学家许慎写成了《说文解字》十四篇（连《叙篇》言，共十五篇），有条不紊地收载了九千三百五十三文，我国第一次出现了有系统、有条理的字书，也就是我国字典开山之祖。它所根据的材料，除接收前面所述《仓颉篇》等书的遗产外，还搜集了经典中的文字和钟鼎彝器的刻辞；并且很虚心地向同时的通人学者普加采访，于是材料便丰富了。以一人之力，居然整理成为据形系联、以五百四十部统括当时所有文字的伟大写作，这当然不是一朝一夕可以成功的。

《说文解字》写成以后，到公元 121 年（安帝建光元年）才由他的儿子许冲奏进朝廷，传抄于世。后汉末年的学者如郑玄注《周礼》《礼记》，应劭作《风俗通》，都引用这部书。可见行世不久，便为学者们所尊重。后世纷纷模仿这一体裁来编书的固然很多，而终身笃信谨守，把它看同经典一样重要的，亦复不少。北齐颜之推在《颜氏家训·书证篇》中推服这部书道：

大抵服其为书，隐括有条例，剖析穷根原。郑玄注书，往往引其为证。若不信其说，则冥冥不知一点一画有何意焉。

清儒段玉裁在《说文注》中也说：

　　无《说文解字》，则仓、籀造字之精意，周、孔传经之大旨，蘮蕴不传于终古矣。

这一类的称誉，如果有人把它搜集起来，可以裒然成册。由今天看来，《说文解字》中的错误固然很多，但是远在一千八百多年以前，却能自立新体、井井有条地把所有文字综录起来，成为一书，是一件大不容易的事。它之所以能行久传远，受到人们的尊重，就书的组织和内容来看，自有其科学性和系统性。我们首先从许慎这部书的基本精神所在，也就是替后人开示门径的不朽功绩方面，抽举两点来谈：

　　第一，根据文字的形体来分别部居，确立了中国字书的编写法。许慎作《说文解字》，替中国文字学奠定了坚实的基础，给后世编纂字书立下了明确的规范，在中国文化史上作出了伟大的贡献，这是谁也不能否认的。但是，任何事物都有它的发生、发展、变化的过程。《说文解字》的出现，绝不是天上掉下来的，而是前有所承、陆续发展而成的。探溯其源，在它以前的歌括体字书中，如今天还保存完整的西汉元帝时史游所作的《急就篇》，便已开创了据形系联的体例。《急就篇》发端便提出了"分别部居不杂厕"的原则。在下面用七字一句联成的韵语中，将有关锦绣、染色、丝帛、稻粱、蔬酱、果饵、衣襦、针缕、履袜、金属、器用、竹木、鱼虾、席帐、饰物、珠玉、乐器、脍炙、酒酿、人体、弓矛、车舆、辔勒、房屋、农具、六畜、鸟兽、疾病、医药、丧祭等类常见事物，以字群的偏旁相同系联在一起了。可以说是后来字书据形系联、分部收字的先驱。毫无疑问，生在史游以后一百几十年的许慎，是从这里面得到了重大启示的。本来，史游最早提出"分别部居不杂厕"，许慎也跟着说："分别部居，不相杂厕。"一脉相承，更是一个明证。

许慎把史游"分别部居不杂厕"的原则加以发展变化，将当时所有文字按照形体的构造区别部类，凡形旁相同的字，就聚集在一起，以共有的形旁作部首，凡同从一个形旁所构成的字群，都系属其下。许多部首又依形体的相近与否来编排后先相承的次序。这样，便将极其纷杂繁多的汉字，都有条不紊地编在一书中。这一方法是前所未有的，是许慎继承前人"分别部居"之法，加以改进而创立的一种新体例。将过去歌括式的字书，一变而为有系统、有条理的写作，真是我国古代文献整理工作中一件了不起的大事！

后来晋代吕忱作《字林》，梁代顾野王作《玉篇》，也都依据《说文》的分部法而续有修订。虽然《字林》早佚，《玉篇》也多后人增窜之迹，分部有些不同于《说文》的地方，但是根据文字形体来分别部居的原则，却已树立得很稳定。历代相沿，下迄《康熙字典》以至今日新出字书，基本上没有改变这一"据形系联"的编写法。

第二，根据字形的结构来推求意义，明晰了中国文字的分类法。在许慎以前，没有人拿"六书"的条例来分析古代汉字。从他开始，才运用旧有"六书"之说解说文字。本来，"六书"之说所起较晚，分明是学者们用归纳方法研究文字时所得出的六种条例。到刘歆校理群书时，才把它记录下来。后来被班固采入了《汉书·艺文志》。其次，郑众的《周礼保氏注》也提到了"六书"。郑众是郑兴的儿子，郑兴是刘歆的学生。最后，许慎《说文序》中称说"六书"为最详，并且每类都有简明的界说和举例。许慎是贾逵的学生，贾逵的父亲贾徽又是刘歆的学生。所以郑众、许慎两家提出的"六书"，也还是渊源于刘歆。虽其名称次第各有不同，而其条例实是一脉相承。许慎更使用了这条例，分析每个字的构造，以求得其本义。这在文字学研究工作上，是一个重要的发展。后人不察，便以"六书"为古人造字时预先订立的六种方法，那就大错特错了。后世学者研究古代汉字，而能审定哪些是象形字，哪些是形声字，都是以《说文》所阐发的理论为基础而去推求的。尽管这部书内所分析、解说的不一定都准确可靠，但是无论如何，它仍然是研究古代汉字的一把钥匙。非此，便无从下手。许慎在写书时的工作态度，是谦虚的、谨慎的。这体现在下列两点：

一是博采。《说文》虽以小篆为主，但并不抛弃古文和籀文。即《序》中所谓"今叙篆文，合以古籀"。因而保存了不少秦以前的古代文字，使人可由此以推溯根源。由于他一人耳目所限，所收古籀文字虽不太多，但由此而启示了后世研究古文字的一个途径。除古籀以外，他又广收或体和俗体，并不鄙薄当时通行的字体，更把研究的范围推广了。至于征引所及，除取证经传群书以外，凡当时学者的见解，田野流行的谣谚，也都加以适当的采摭，可见他的取材极其广泛。

二是阙疑。他在《序》文中说过："于所不知，盖阙如也。"这种实事求是的治学态度，是值得后人重视和仿效的。果然，在全书说解中，时常发现"阙"字。归纳起来：有字形构造不得解而阙的；有字义无可考而阙的；有字音不详其读而阙的。他从不"强不知以为知"，以自欺欺人。

最后，可就《说文》全书的系统性，分四部分来谈：

一、分部的系统性。五百四十部的次序，始"一"终"亥"，根据意义的可相连接和形体的彼此近似，把部首按次序联系起来。《序》中所谓"同条牵属，共理相贯；杂而不越，据形系联"，便是五百四十部前后相从的原则。

二、部内列文的系统性。每部之内，收录字群，也自有它的条理。像木部、水部所载诸字，先列木名、水名一类的字于前，而列其状态作用一类的字于后。大抵收字较多的大部，莫不如此。至于和部首相反成形以及重叠为文的字，都列在部末，这又是全书的通例。

三、说解的系统性。每字下的说解，措辞先后，也都有一定的次序。大抵先说字义，如云"某、某也"。再说字形，如云

"从某""象某之形"。最后，说字音，如云"从某某声""读若某""读同某"等皆是。

四、总结。每部之末，必有总结性的数字，统计"文几重几"。这样，便不容易使部内之字有所脱落。而在《后叙》又总结全书说："此十四篇，五百四十部，九千三百五十三文，重一千一百六十三，解说凡十三万三千四百四十一字。"这样的工作，做得很仔细而周密。

如上所述，可知《说文解字》这部书所以受人尊重达一千八百多年之久，不是偶然的。在这漫长的岁月里，不独经生学者们说字解经，都以它为依据；即编写字书，也都遵守它"据形系联"的基本原则。一直到明代梅膺祚作《字汇》十二卷，又首末二卷，才正式依笔画的多少定分部的次第。从一画到十七画，列二百十四部，统三万三千一百七十九字。每部中，又以笔画的多少为列字的次第。卷首又以一画至三十三画的字，依笔画的多少总列于前，以便学者检查。这种按笔画多少排列文字的办法，表面上看来是破坏了《说文》的科学性和系统性，其实《说文》一书，是以小篆为主，所以谈得上"据形系联"和"共理相贯"的原则。其后改篆为隶，变隶为楷，字形一变再变，已看不到可以"据形系联"的痕迹。梅氏为着适应客观需要，不得不就《说文》编写方法加以变化。假若能从事物发展的观点来看问题，这诚然是中国字典编写方法的一大改进。较《字汇》稍后的《正字通》，以及清初所修《康熙字典》，都是依照新的编排办法写成的。

第六节　辑丛书

由于各种书籍日益繁多，研究专门学问的人，不容易找到材料，于是在学术界很需要有聚集同类书籍合编为书，便于诵习的本子，这便是丛书的起源。清代学者李调元《童山文集》卷三《函海后序》指出：

> 古无以数人之书合为一编而别题一总名者，惟《隋志》载《地理书》一百四十九卷，《目录》一卷。注云："陆澄合《山海经》以来一百六十家以为此书。澄本之外，其旧书并多零失，见存别部自行者，惟四十二家。"又载《地记》二百五十二卷。注云："梁任昉增陆澄之书以为此记。其所增旧书亦多零失，见存别部行者，惟十二家。"是为丛书之祖，然犹一家言也。左圭《百川学海》出，始兼裒诸家杂记，至明而卷帙益繁。

李氏所称"一家言"，是指《隋志》所载《地理书》和《地记》之类的书籍，只是地理家专门知识的材料而已。本来，在没有雕版印刷术以前，书皆手写，不可能裒辑多方面的书籍编为丛书。而丛书之起，最初只是为做学问方便计，从合抄同性质书籍开始的。所以今天所称"专科性丛书"，实是我国一切丛书之祖。《隋志》所载《地理书》《地记》一类的书，便是最典型、最原始的丛书。不过那时全靠手写，自然不会发展太多，直到雕版印刷术盛行以后，这类丛书才逐渐发达。

"专科性丛书"，对于学术研究帮助极大。例如明代郎奎金辑刊《五雅全书》，专刻训诂学的五种名著；清人沿用其例，便有《小学汇函》《许学丛书》之类的出现。其次，关于经学，便有《经苑》《古经解汇函》《皇清经解》诸种；关于史地，便有《史学丛书》《舆地丛书》诸种。这一类的丛书，给专门研究者以极大的便利。

"综合性丛书"，兼收并蓄，不拘门类。前人认为左圭《百川学海》是综合性丛书之祖，其实这书刻于宋度宗咸淳九年（公元1273年），在它以前，还有俞鼎孙所编的《儒学警悟》七种、四十一卷，刻于宋宁宗嘉泰元年（公元1201年），早于它七十二年，可算是最早的综合性丛书。又在它以前，唐代陆龟蒙有《笠泽丛书》，只是他个人的笔记，如《自序》所说"丛脞细碎之书"，虽有丛书之名，而实非丛书之体。至于《儒学警悟》《百川学海》，虽有丛书之实，尚未明标丛书之名。至于名实兼备，实开始于明代程荣的《汉魏丛书》，而继之以《格致丛书》《唐宋丛书》等。

到了清代，则丛书之刻愈多愈精，而效用各有不同。如黄丕烈的《士礼居》，孙星衍的《岱南阁》，以仿刻宋元旧椠为主；卢文弨的《抱经堂》，胡珽的《琳琅秘室》，以精校古书为主。至于鲍廷博的《知不足斋》，多至三十集，二百二十种；伍崇曜的《粤雅堂》，多至二十集，一百二十一种，后又续刻十集、六十四种；张海鹏的《学津讨源》，多至二十集，一百七十三种；吴省兰的《艺海珠尘》，多至八集，一百六十四种；更已将范围推广，包罗至富，无所不备了。

辑刻丛书也有以地区为范围的，专收某省某邑历代的著述成为一部书。清代学者李兆洛在《养一斋文集》卷四《娄东杂著序》中，强调了这种丛书的作用。他说：

> 今人每合多种书刻之，谓之丛书。经见稀而简册少者，借以流布，亦善举也。而不问时代，不择雅郑，取充卷轴，苦于不伦，识者病焉。蒙窃谓丛书之刻，当随乎人所居都邑，萃其乡先哲著述，编而录之。或关于土风民俗之迁变，或究于贤人才士之出处，或辨于贞义士女之事实。耳目亲切，可无讹淆；见闻称说，足资法戒。其有达官贵士，条记国故，借资多闻；素族通儒，殚心名理，以开文秀；乃文献之总持，辎轩之先路，无泛杂之病，而收切近之效者也。

其实，这种体例在明末便已有了。天启三年（公元1623年），海盐县知县樊维城刊《盐邑志林》，综集了历代县人的著述，凡三国三种，晋二种，陈一种，唐一种，五代一种，宋三种，元一种，明二十九种，共计四十一种，六十五卷。这是我国第一部"地方性丛书"。清代刊行的《泾川丛书》《金华丛书》之类，便是沿用这一体例编定的。由一邑推广到一省，便有《岭南丛书》《畿辅丛书》《湖北丛书》《豫章丛书》之类相继出现了。

学者们看到丛书之刻，一方面给予了研究工作的方便，另一方面，又保存了许多零散而没有刊本的短书小册，并且能推广其流传。于是进一步，便有合刻经史子集四部之书的倡议。清代学者王昶《春融堂集》卷四十八《西安大兴寺重修转轮藏经殿记》说过：

> 古书之传，往往逾时而失之。究其故，盖未尝旁搜博取，合经、史、子、集四部萃为一书，复锓之板，以流通于世，故遗佚如是其易也。

这种议论，是根据明末曹学佺《儒藏说》的见解加以发挥的。清乾隆时，周永年也认为释、道二家，汇刻经典，累数万卷，名曰《藏经》。至于儒家，独付阙如，诚为憾事。而有名的校勘家顾广圻，又强调翻刻宋元本书籍之不可缓。他在《思适斋集》卷十二《艺芸书舍宋元本书目叙》中指出：

> 天水、蒙古两朝，自秘阁、兴文，以暨家塾、坊场、儒学、书院，雕锓印造，四部咸备，往往可考。固无书无地无人，不皆宋元本。其去今日，远者甫八百余年，近者且不足五百年，而天壤间乃已万不存一。虽常熟之钱、毛，泰兴之季，昆山之徐，尚著于录者，亦十不存二三。然则物无不散，时无不迁，后乎今日之年何穷，而其为宋元本者，竟将同三代竹简，六朝油素，名可得而闻，形不可得而见，

岂非必然之数哉！然则为宋元本计，当奈何？曰：举断不可少之书，覆而墨之，勿失其真，是缩今日为宋元也。是缓千百年为今日也。幸其间更生同志焉，而所谓宋元本者，或得以相寻而无穷，计无过于此者矣。

这一主张，在当时虽没有实现，却引起了学术界的注意。将王、顾两家的议论结合起来，便给后人以莫大的启示。后来商务印书馆影印宋元旧本四部之书，成为《四部丛刊》，自然是受了这种议论的影响而进行的。

1922年，《四部丛刊》的印成在当时是我国文化史上一件大事。此书集合了经、史、子、集四部之书三百二十三部（《二十四史》不在内），共八千五百四十八卷（有四种无卷数），装订为二千一百册，是一部影印精本、包罗宏富的大丛书。所采用的底本，除涵芬楼所藏外，遍访海内外藏书家所有的宋、元、明旧椠，缩印成为体式整齐的本子。并载原书尺寸大小于每书首叶，以存旧本面目。内有宋本三十九，金本二，元本十八，影宋写本十六，影元写本五，校本十八，明活字本八，高丽旧刻本四，释道藏本二，其余也都是明清两代精刻本。1934年，又继续搜辑宋元精刊，印成《四部丛刊续编》五百册；1935年到1936年，又续出《四部丛刊三编》五百册；这对保存和整理我国古代文献，作出了重大贡献。

当商务印书馆印成《四部丛刊》不久，中华书局便有《四部备要》的辑印，对传播古书也起了积极作用。它是用仿宋活字排印的，采集的书偏重实用方面。例如经部便有《十三经古注》、《十三经注疏》、清代《十三经新疏》；史部便有《二十四史》、正续《资治通鉴》；子部便有周秦诸子；集部便有历代名家别集。其他各种，也都是学者必读之书。用一种字体排印成整齐划一的本子，分装二千二百余册。如果单从实用的角度来估量它的作用，自然较《四部丛刊》还要广。不过书系排印，不免有脱字误字，阅读时遇有疑难，必须取旧本对勘。

近世辑印丛书，以《四部丛刊》和《四部备要》的规模为最大，服务面也最广。但是二书收采的对象，都偏重在四部之内的常见书，来不及将唐宋以下笔记、丛抄、杂说之类的写作，尽量收进去。这便十分需要另有一部较大的丛书，来弥补这一缺陷，以满足博览纵观的学者们求知之欲。商务印书馆在1935年开始辑印《丛书集成》，便是适应这一客观需要着手编次的。在选定丛书的过程中，以"实用"与"罕见"二者为标准。综合性丛书中，宋代占二部，明代二十一部，清代五十七部；专科性丛书中，经学、小学、史地、目录、医学、艺术、军事等方面，合十二部；地方性丛书中，省区、郡邑各四部；总计共选集丛书一百部。原约六千种，去其重复，实存四千一百余种；原二万七千余卷，实存约二万卷。印成袖珍小本，分装为四千册。凡是不易找到单行本的笔记、丛抄、杂说，以及偏僻文集和零散写作，大部分保存在这里面。商务印书馆于1935年另编有《丛书集成初编目录》一册，将所包含的四千多种书作了分类，载明作者和卷数。检览是编，便可按目求书。

商务印书馆继《四部丛刊》初编、续编、三编印行之后，又影印了一部《四库全书珍本》的大丛书。就文渊阁所藏《四库全书》中，选印外无刻本的罕见书二百三十一种，分装为一千九百余册。其中辑自《永乐大典》而别无他本可代的达九十余种。此外，也都是未见流传的孤本书，所以称为"珍本"。由于收入《四库全书》的古籍，绝大部分有刻本流传，只有少数的书仅存抄本在《四库全书》内。万一因事故而《四库全书》被毁，这些珍本便将随之而尽亡。为了保存流传这些稀睹文献而影印出来，是一件有意义的事。但是这些被影印出来的书，大半是比较冷僻的写作，非人人必读之书可比，参考价值不太大。

第八章　历代校雠学家整理文献的业绩

中国历史上有大名的校雠学家，也就是贡献较大的文献学家。所谓"校雠"，本不限于勘对文字异同，而尤重在他们辨章学术、考镜源流之功，为不可没。今但就其中规模广博，成就卓著的几位大名家，提出来加以阐述。

第一节　刘向、刘歆在整理文献方面的成就

汉代初年的图书，特别是兵书，从春秋战国以来，一直是百家竞兴，有增无已。《汉书·艺文志·兵书略》云：

> 自春秋至于战国，出奇设伏、变诈之兵并作。汉兴，

张良、韩信序次兵法，凡百八十二家。删取要用，定著三十五家，诸吕用事而盗取之。武帝时，军政杨仆捃摭遗逸，纪奏《兵录》，犹未能备。

可知远在汉高祖、武帝时，已先后进行过两次小型的校理兵书的工作。但是真正由国家组织人力，大规模地校理天下群书，还是从汉成帝河平三年（公元前26年）开始的。《汉书·艺文志》有一段这样的记载：

至成帝时，以书颇散亡，使谒者陈农求遗书于天下。诏光禄大夫刘向校经传、诸子、诗赋，步兵校尉任宏校兵书，太史令尹咸校数术，侍医李柱国校方技。每一书已，向辄条其篇目，撮其指意，录而奏之。

这时向子歆也同受诏，参加了工作。这次大规模的校书，是由向、歆父子总其成。其余分委专才，各效所长。《风俗通》称"刘向为孝成皇帝典校书籍二十余年"（《太平御览》六百六引），可算是始终其事的了。

刘向（公元前77—前6年），本名更生，字子政，沛（今江苏沛县）人。汉皇族楚元王（刘交）四世孙。曾任谏大夫，敢于直言。成帝时，任光禄大夫，终中垒校尉。其子歆，字子骏。后改名秀，字颖叔。同时受诏校书秘阁。向既撰成《别录》，歆又奏上《七略》，为中国校雠学开辟了道路，奠定了基础。今天如果要深入研究向、歆父子在当时做了一些什么工作，取得了哪些成绩，便首先要对汉代书籍的情况，包括它的形式和体例，有一个初步了解。

汉初用以抄写书籍的材料，不外竹简和缣帛。在过去，是不可能看到汉代书籍原貌的。从 1973 年 12 月，在长沙马王堆三号汉墓中出土一批古代帛书以后，才得以考见汉初流行于社会的古书形式和体例。出土帛书有十多种古籍，其中以《老子》为最重要，并有两种不同的写本，距离现在都有两千一百四十多年了。我们就围绕着《老子》来谈问题，可以明确当时由传抄古书而出现的几种情况：

一、传抄的来源不一，因而出现不同的本子。帛书《老子》有甲、乙二本，不独字体不同，内容也有出入。

二、传抄过程中，遗留不少错别字。《老子》甲、乙本和今本对校，发现许多讹体误字。

三、古人写书，多取内容相近的篇章抄在一起。《老子》乙本卷前有《经法》《十大经》《称》《道原》四篇。其中《十大经》记载黄帝及其大臣如力黑、高阳等行事与问答之辞，《称》写的是处世格言，《道原》乃推究道之本原，至于《经法》，乃法家言论，都和《老子》思想相近。

四、传抄的古书，多无篇题。《老子》甲本卷后有古佚书四种，便没有篇题。

五、传抄的古书，不分章节。《老子》甲、乙两本都没有分章。

六、传抄的古书，编次前后也不一致。《老子》甲、乙本都是《德经》在前，《道经》在后，和今本不同。但证之周秦诸子包括《老子》本书谈到"道德"时，总是"道"在前，"德"在后。可以断定汉以前传抄《老子》的，便有编次不同的两种本子。

上面但就西汉初年的传抄本帛书《老子》来看，便存在这样多的问题。推之他书，莫不如此。足以说明汉代流行于社会、保存在朝廷的图书，是一大堆丛杂、散乱、编次不同、没有篇题、错字很多的传抄本。刘向在校书过程中，针对这种严重情况，做了几方面的细致工作：

一、广罗异本，仔细勘对

他在《管子叙录》中便说："所校雠中《管子书》三百八十九篇，大中大夫卜圭书二十七篇，臣富参书四十一篇，射声校尉立书十一篇，太史书九十六篇，凡中外书五百六十四篇，以校。"（其他《叙录》，也都谈到了这一点。但举其一示例，以下称引皆同）可知他在校书之先，收罗了不少异本，作为他进行校勘的依据。

二、彼此互参，除去重复

他在《晏子叙录》中便说："所校中书《晏子》十一篇，臣向谨与长社尉臣参，校雠太史书五篇，臣向书一篇，臣参书十三篇，凡中外书三十篇，为八百三十八章。除复重二十二篇，六百三十八章。定著八篇，二百一十五章。外书无有三十六章，中书无有七十一章，中外皆有，以相定。"推之《管子》"除复重四百八十四篇，定著八十六篇”；《孙卿书》“除复重二百九十篇，定著三十二篇”。被删除了的，确也不少。

三、校出脱简，订正讹文

《尚书》残缺最甚。《汉书·艺文志》称："刘向以中古文校欧阳、大小夏侯三家经文，《酒诰》脱简一、《召诰》脱简二。率简二十五字者，脱亦二十五字；简二十二字者，脱亦二十二字。文字异者七百有余，脱字数十。"他自己在《晏子叙录》中指出："中书以天为芳，又为备，先为牛，章为长，如此类者多。"这又提到了在校书过程中所发现的错字不少。其他《叙录》中，也约略谈及。

四、整齐篇章，定著目次

例如《礼经》十七篇，定著《士冠礼》第一，至《少牢下篇》第十七。《晏子》八篇，定著《内篇谏上》第一，至外篇《不合经术者》第八。《孙卿书》三十二篇，定著《劝学篇》第一，至《赋篇》第三十二。这一类的篇目次第，今天还保存着。

五、屏弃异号，确定书名

例如一部《战国策》，有许多不同的名称。他在《叙录》中谈道："中书本号，或曰《国策》，或曰《国事》，或曰《短长》，或曰《事语》，或曰《长书》，或曰《修书》。臣向以为战国时游士辅所用之国，为之策谋，宜为《战国策》。"可知不少古书，原来没有一定的名称，是由他在校书时重新定下来的。

六、每书校毕，写成《叙录》

他每校完一部书，便写成《叙录》一篇，主要介绍作者生平行事、思想内容、写作价值，以及学术的源流，雠校的经过。当时每书各有《叙录》一篇，散佚甚早。今观《管子》、《晏子春秋》、《孙卿书》（即《荀子》）、《战国策》诸书《叙录》，尚可考见它的体式。每篇举列全书篇目于前，然后继之以一大段介绍文字。《晏子春秋》《孙卿书》叙录，还保存了《叙录》的原貌。

从上面所列举的情况来看，可知刘向校书，除勘对文字异同、订正讹误之外，还大有事在，实包括版本、校勘、目录三方面的内容。特别是每书校毕，写成《叙录》一篇，更寓有"辨章学术、考镜源流"的巨大作用，这便是后世目录解题的开端。最初是每书一篇《叙录》，写在本书上面，后来将群书《叙录》抄集在一起，成为一部总的叙录汇编，以便别行于世，所以又称为《别录》。他的儿子歆，后来在《别录》的基础上删繁就简，编为《七略》。班固作《汉书》，又在《七略》的基础上，写成《艺文志》。历代史志，多沿其体，给后来学术界的影响，极其深远。

第二节　郑玄在整理文献方面的成就

汉成帝河平年间大规模地组织人力进行校书，在以刘向为首的集体工作的条件下，整理了一大批古代文献。原来没有书名篇名的，定著了书名篇名；原来编次杂乱的，排好了前后秩序；原来内容重复的，除去了冗繁篇章；原来传抄错误的，改正了讹谬文字。于是一大堆丛杂、散乱、舛牾的古代文献，开始成为了初步可供阅览的读物。

但是原来保存在社会上的未经整理的一部分古代文献，并没有被销毁，仍在广泛流传。书籍的异本，文字的传讹，还普遍存在。特别是汉代经学有今古文之争，"经有数家，家有数说"，反映在书籍里面的问题就更多了。许多经学家都自发地做整理古代文献的工作。到了东汉末年，便有郑玄集其大成，在当时中国学术领域内作出了巨大的贡献。

郑玄（公元127—200年），字康成，北海高密（今属山东）人。兼通今古文经学，遍注群经。聚徒讲学，弟子很多。在他以前，有郑兴、郑众父子，河南开封人，以经学有名于时，玄注经多采其说。后来经学家们为了区别异同，因称郑兴父子为"先郑"，郑玄为"后郑"。清人著述中多改称郑元，是为避康熙的讳而更易的（康熙名玄烨）。由于郑玄学问渊博，经术湛深，学术界因称其学为"郑学"，与"许学"并重于世。

过去学者们毫无例外地把郑玄看成一位经学家，是汉代经学的集大成者。其实他所整理、注释的书，不限于六艺经传，也还注《纬》、注《律》，可算是在整理古代文献方面，做了极其广泛而又深入的工作。"经学"二字，本不足以范围他。

过去学术界很少有人注意到郑玄在整理文献方面的成就，只是佩服他所作的《三礼注》《毛诗笺》十分精审罢了，却湮没了他在学术研究工作上其他领域内的贡献。我早年撰述《广校雠略》时，曾经慨唱地指出：

> 后世经师徒服康成注《礼》笺《诗》，精审无匹，而不知其谱《诗》赞《易》《书》，甄论六艺，叙《三礼目录》之功，为尤不可泯。千载悠悠，则亦未有能真知郑学者。因欲为书发明之，未暇也。

那时年少气盛，自以为真知郑学，想在校雠方面肯定郑玄的巨大成就。清代学者只有段玉裁在《经义杂记序》中说过：

> 校书何昉乎？（昉通昉——引者）昉于孔子、子夏。自孔、卜而后，汉成帝时，刘向及任宏、尹咸、李柱国，各显所能奏上。向卒，歆终其业。于时有雠有校，有竹有素，盖綦详焉，而千古之大业，未有盛于郑康成者也。

我又根据段氏这段话，在《广校雠略》里加以发挥道：

> 夫惟段氏精于校雠，故能识得康成深处。顾后人徒以康成注经兼录异文，考订疑误，大有裨于遗经，而不知其不可泯没之功，固犹在考镜源流，厘析篇帙间也。郑君《戒子益恩书》有曰："自乐以论赞之功，庶不遗后人之羞。"所谓论赞，犹云理董群书耳。论者撰定之意，赞者犹序录也。

（郑氏有《易赞》《书赞》。赞即序也，详《正义》。）观其为《易》《书》作赞，为《诗》作谱，为《三礼》作目录，为《论语》作《篇目弟子注》，辨章学术，部次群书，向、歆而后，一人而已。如第谓注《周礼》并存故书今书，注《仪礼》兼录古文今文，为后世校书之法所自出，而相与推尊之，尚未足以知郑学也。

我那种打算总结郑玄在校雠学上的成就的想法，积累了多少年。一直到六十岁以后，才重温故业，整理旧稿，区处条理，写成《郑氏校雠学发微》，偿吾夙愿。其中所谈问题太多，在这里不能尽举。今但就郑玄在校雠过程中做得最为精密的工作，抽出几点谈谈：

一、备致多本，择善而从

郑玄诠释诸经，也以勘对文字异同为先务。他所采用的本子，校《仪礼》，有今文古文的不同；校《周礼》，有故书今书的区别。他注《仪礼》时，有的地方经文采用今文本，便在注中说明"古文某作某"；有的地方经文采用古文本，便在注中说明"今文某作某"。注《周礼》时，在注中说明故书、今书不同之处，也很详细。择善而从，毫无固拘。

二、注明错简，指出误字

郑玄注经，发现经文有错简时，便在注中加以说明。例如《仪礼·丧服》《礼记·乐记》《礼记·玉藻》诸篇，错简很严重，只在注中谈到，而不擅自移换。其次，遇着经文显有误字时，在注中但云："某当为某，声之误也。"也并不逞臆改字。这都反映他在校书过程中，是怎样严密谨慎地处理疑难问题。

三、考辨遗编，审证真伪

郑玄在注经过程中，发现经文可疑，便考订真伪及其年代。例如他从时令、官制等方面，证明《礼记·月令》是秦代的作品，为后人提供了辨伪的方法。后世谈到《月令》的，如郑樵《六经奥论》、崔述《丰镐考信录》，都说不是周时书，而晚出于秦世，这是上承郑氏绪论而推衍出来的。

四、叙次篇目，重新写定

郑玄整理礼书，篇目次第，一依刘向为准。所以遍注群经，独"三礼"有《目录》。《周礼》六篇，依天、地、春、夏、秋、冬六官编次，没有两样的本子。《仪礼》十七篇，便依照《别录》的篇目次第。至于《礼记》四十九篇，既条其篇目，又依刘向《别录》，明其所属门类。《礼记正义》在每篇标题下引郑氏《目录》云：此于《别录》属某门。如《曲礼》属制度，《檀弓》属通论，《曾子问》属丧服之类，一一指出，至便学者。郑玄通究"三礼"，叙次篇目，也仍然是上承刘向遗法而努力去做的。

五、条理礼书，普加注说

郑玄从事校雠，以整理礼书的功绩为最大。《后汉书·儒林传》云："中兴，郑众传《周官经》，后马融作《周官传》，授郑玄，玄作《周官注》。玄本习小戴《礼》(此指小戴所传之《礼经》，即今之《仪礼》。——引者)，后以古经校之，取其义长者，故为郑氏学。玄又注小戴所传《礼记》四十九篇，通为三礼焉。"

（附见《董钧传》。）"三礼"这一名辞，虽始于马融、卢植，但通贯三书成为"三礼之学"，那是从郑玄开始的。"三礼"中保存了我国古代的制度、礼文，是古史资料的渊薮。今天仍必以郑注为依据，才能理解其中的内容。

六、辨章六艺，阐明体用

汉人经常称"六经"为六艺。郑玄除注释经传外，又作《易赞》《书赞》《诗谱》《三礼目录》诸书，介绍古代文献的源流得失。最后写成《六艺论》加以总结。这书虽已早佚，但就后人辑本来看，还可考见它的内容，主要是谈六经体用。例如他以变易解《易》，很明确地提出用变化、发展的观点理解《易》的体用。他又强调循政事得失之迹以求《诗》，把《三百篇》看成古史资料。这都是比较有价值的见解，给后世读书考古的人们以莫大启示。

综上所述，可知郑玄在整理古代文献的工作上所取得的成绩是多方面的。他在学术领域内作出的贡献，大体和刘向相近。不同的地方，便在于他替群书作注解的功夫比较多。在介绍古代文化方面，起了翻译的作用，给后世学术界带来了许多方便。这是刘向没有做的，而郑玄却在工作中取得了辉煌成就。

第三节　陆德明在整理文献方面的成就

自从汉代经师注释群经以后，六艺经传渐渐可读。旁及诸子百家，也相继出现专明音义的书。我们只看《隋书·经籍志》所载，便可知道这一类书籍的发展情况，是十分丰富的。但是音有地区的差异，义有古今的不同。各家的书，纷起并作。究竟哪一种说法可信？用什么标准去衡量？便成了大问题。历魏、晋、南北朝以至唐初，客观上迫切需要一部总结账式的书籍，从而条理区辨，使学者有所适从。唐初陆德明便毅然把这一工作引为己任。他在校理群书的基础上，对厘析异同、审定高下取得了很大成绩。

陆德明（约公元550—630年），名元朗，以字行。苏州吴（今属苏州）人。隋炀帝时，官秘书学士，迁国子助教。入唐，任国子博士。广搜汉、魏、六朝音切，兼采诸儒训诂，考证各本异同，写成《经典释文》三十卷以总会之。他所音释的书，以儒家经传为主，再兼及其他书籍。计有《周易》《尚书》《毛诗》《周礼》《仪礼》《礼记》《春秋左传》《公羊传》《榖梁传》《孝经》《论语》《老子》《庄子》《尔雅》共十四种。胡虔《柿叶轩笔记》云：

> 陆德明《经典释文》所载，其字句音训之不同者各有意义，可以考见经师相传家法，且多至二百三十余家，故足宝贵。

这可算是集汉、魏、六朝音训之大成！从来研究经学、文字学、音韵学、训诂学的人，都重视这部书，不是没有原因的。陆氏自称："研精六籍，采摭九流，搜访异同，校之《苍》《雅》。"(《经典释文自序》)他必然是首先搜罗而涉览了几百家的音义专著，然后舍短取长，写成荟萃群言的《经典释文》。我们从这一巨著中可以看出他撰述此书的义例，创造性地打破了过去有关旧音一类写作的体式，约有下列几个方面：

一、经注兼明，摘字为音

《经典释文·序录·条例》有云："先儒旧音，多不音注。然注既释经，经由注显。若读注不晓，则经义难明。混而音之，寻讨未易。今以墨书经本，朱字辨注，用相分别，使较然可求。旧音皆录经文全句，徒烦翰墨。今则各标篇章于上，摘字为音，虑有相乱，方复具录。唯《孝经》童蒙始学，《老子》众本多乖，是以二书特纪全句。"可知他所搜集的各家音义，既用以释经，也用以释注。属于释经的，用墨笔写；属于释注的，用红笔写；陆氏原本是分别很清楚的。历经传抄，便自然地混而为一，都用墨书了。

二、博征异说，存之音内

《条例》又云："古人音书，止为譬况之说。孙炎始为反语，魏朝以降，蔓衍实繁。世变人移，音讹字替。如徐仙民反易为神石，郭景纯反馠为羽盐，刘昌宗用承音乘，许叔重读皿为猛。若斯之俦，今亦存之音内。既不敢遗旧，且欲俟之来哲。"可知他

257

搜集旧音，兼收并蓄，过而存之，留待后人稽考，给古代音韵保存了丰富的资料。

三、依时先后，序次群经

《经典释文·序录·次第》有云："《礼记·经解》之说，以《诗》为首。《七略》《艺文志》所记，《周易》居前，阮孝绪《七录》，亦同此次。而王俭《七志》，《孝经》为初。原其后前，义各有当。今欲以著述早晚，经义总别，以成次第。"陆氏序次群经，依著述先后为定，这是符合事物发展规律的。

四、考镜源流，各为叙论

陆氏上承刘歆、班固《七略》《汉志》体例，对所收十四种书，有条不紊地加以介绍，使经传起源、传授本末、注家姓名、音义述造，一一详叙，有裨于后学尤大。所以《经典释文》的《序录》部分，乃是全书的纲领，寓有"辨章学术，考镜源流"的微意。

像这一类的工作，不是一般写音义专著的人所能为。只有陆德明博涉多通，上承刘向、郑玄校书遗法，才能博揽兼收，成为包罗丰富的巨著。不过，他在博揽兼收之中，也还有别择去取的标准，进行权衡进退。有时提出自己的意见加以审断，更体现他的精密。他本人就是一个造诣很深的声韵学家和训诂学家，在校雠学领域内作出了重大贡献。

人们谈到《经典释文》，都认为是考证旧音的渊薮，而忽略了它保存了古文异体的另一方面。清末吴大澂在《愙斋集古录序》中却指出：

人生秦燔千数百年之后，何以能识三代文字？曰：幸有钟鼎彝器款识，皆秦以前物也。人生周、孔千数百年之后，何以能读周、孔时之钟鼎彝器？曰：幸有《经典释文》多古书字为之证也。今之言小学者，但知许叔重《说文解字》有功于篆学。不知《说文》于小篆信而有征矣，其所采古文、籀文，十不存一。又多据孔壁中遗经之文，大都皆周末相沿之字，非孔子六经之旧简。故求之《说文》而不可通者，往往于《经典释文》得之。想陆德明去古未远，当时所见古书，必有所据也。如徐之古文作郤，它书所不见也。《周礼》雍氏《注》："伯禽以出师征徐戎。"《释文》："徐本作郤。"今沇儿钟、鲁公伐郤鼎可证也。古来字或从走，它书所未闻也。独《尔雅·释训》："不逑，不来也。"《释文》："来，本作逨，又作逨。"今散氏盘、单伯昇生钟可证也。鹣字，它书所无也。独《尔雅》："鹰，来鸠。"《释文》："来，本作鹣。"今敦文鷞字可证也。古暑字与兽通，它书不经见也。《书叙》："往伐归兽。"《释文》："本或作暑。"今邢钟"余暑绥芷"可证也。古韔字作🐚亦通🐚，它书未之见也。《诗·闷宫》传："重弓，重于🐚中也。"《释文》："🐚，本作韔。"🐚与🐚形相似，今毛公鼎、㝅伯戎敦、吴尊盖🐚，及邢钟🐚字可证也。古吴字通虞，它书不经见。《公羊》定四年："帅师伐鲜虞。"《释文》："虞，本作吴。"今虞司寇壶、师酉敦"吴太庙"可证也。古文無、无、亡三字通

259

用。《左氏传》襄廿七年曰："棠无咎。"《释文》："本亦作无。"《左氏传》昭二十年："無纵诡随。"《释文》："無，本作毋。"今彝器"万年无疆"可证也。古文驱、敺为一字，《诗·小弁》笺："有先敺走之者。"《释文》："敺，本作驱。"《礼记·郊特牲》注："索室敺疫。"《释文》："敺，本作驱。"今师袁敦"敺孚士女牛羊"可证也。凡彝器中古字，见于《释文》者甚多。然则陆德明谓为古籀之功臣，可也。

吴氏在清末以考证金文，卓然名家。他平日重视《经典释文》为考明古字的依据，把陆德明看成古籀之功臣，这是过去学者们所没有见到或谈到的。由此可见，《经典释文》的功用至为广泛，又不限于可以捃拾旧音旧诂而已。假使陆德明没有校雠学家的眼光与方法，也不可能旁搜博采，备录异文。他诚然是继郑玄之后，在整理古代文献方面卓然有成的不废大家。我早年在《广校雠略》中便曾指出：

> 郑康成惟能博稽六艺，深造有得，故虽不以校雠名，而校雠之业莫盛于郑氏。后之注述大典，而兼寓校雠流别之义者，惟陆德明博涉多通，为能仿佛之耳。

这虽是我早年的见解，但今天谈到校雠学领域内卓然有成的代表人物，我仍然要用这段话评价他和推崇他。

第四节　郑樵在整理文献方面的成就

从汉至唐的几位校雠学名家，在整理古代文献的事业上取得了出色的成绩，包括订正讹误、厘定篇章、整齐编次、辨章学术等多方面，留下了丰硕成果。在学术领域内，作出了巨大的贡献，这是应该肯定的。但是还没有来得及考虑有关书籍的其他方面，如书籍的存佚、类例以及收书、求书等问题，都是校雠学范围内所应注意的问题。在唐以前的校雠学家很少谈到这些问题，或者谈得很简略。一直到南宋初年的郑樵，才在这些方面作出了重大贡献。

郑樵（公元 1104—1162 年），字渔仲，兴化军莆田（今属福建）人。不应科举，居夹漈山下刻苦力学三十年，出门访求书籍十年。又因天文、地理、草木、虫鱼、鸟兽等知识，书本不能完全解决，于是进行实地考察，访问田夫野老，用力极勤。他有"集天下之书为一书"的宏伟计划，想写成一部无所不包的通史。不幸他年命不长，只活到五十九岁便死了。今日流行于世的《通志》二百卷，是他晚年在和疾病作斗争的困境中仓促完成的，当然没有达到他理想中的那样完善，成为他一生憾事。《通志》一书的精华，全在《二十略》。他自己在《通志总序》中说过：

> 总天下之大学术，而条其纲目，名之曰略，凡二十略。百代之宪章，学者之能事，尽于此矣。其五略，汉唐诸儒所

得而闻；其十五略，汉唐诸儒所不得而闻也。

所谓汉唐诸儒所得而闻的，是指《礼》《职官》《选举》《刑法》《食货》等五略；汉唐诸儒所不得而闻的，是指《氏族》《六书》《七音》《天文》《地理》《都邑》《谥》《器服》《乐》《艺文》《校雠》《图谱》《金石》《灾祥》《昆虫草木》等十五略。他对校雠学上的主要贡献，集中发表在《校雠略》里。举凡设官专守、搜集图书、辨别真伪、确定类例、详究编次、设法流传等问题，都包括在内。他在《通志总序》中曾明确指出：

> 册府之藏，不患无书；校雠之司，未闻其法。欲三馆
> 无素餐之人，四库无蠹鱼之简，千章万卷，日见流通，故作
> 《校雠略》。

后来章学诚又从而加以发挥，在《校雠通义叙》中说：

> 郑樵生千载而后，慨然有会于向、歆讨论之旨，因取
> 历朝著录，略其鱼鲁亥豕之细，而特以部次条别，疏通伦
> 类，考其得失之故，而为之校雠。

由此可见郑樵撰述《校雠略》，自有他的动机和任务。像《四库提要》和《简明目录》指斥《通志·校雠略》是为攻击《崇文总目》而作（见"崇文总目"条），这简直是无稽之谈。

我国学术界将校雠写为专著，是从郑樵所写《校雠略》开始的。这书虽很短简，但有不少创见，给后世学术界以许多启示。例如开卷便是《秦不绝儒学论》二篇，即说：

陆贾，秦之巨儒也；郦食其，秦之儒生也；叔孙通，秦时以文学召，待诏博士数岁。陈胜起，二世召博士诸儒生三十余人而问其故，皆引《春秋》之义以对，是则秦时未尝不用儒生与经学也。况叔孙通降汉时，自有弟子百余人，齐鲁之风，亦未尝替。故项羽既亡之后，而鲁为守节礼义之国，则知秦时未尝废儒。而始皇所坑者，盖一时议论不合者耳。

又说：

萧何入咸阳，收秦律令图书，则秦亦未尝无书籍也。其所焚者，一时间事耳。后世不明经者，皆归之秦火，使学者不睹全书，未免乎疑以传疑。然则《易》固为全书矣，何尝见后世有明全《易》之人哉？向谓秦人焚书而书存，诸儒穷经而经绝，盖为此发也。《诗》有六亡篇，乃六笙诗，本无辞；《书》有逸篇，仲尼之时已无矣，皆不因秦火。自汉以来书籍，至于今日，百不存一二，非秦人亡之也，学者自亡之耳。

这样的翻案文章，在秦以后的漫长历史时期里，诚属不可多得。可使那般一孔之见的学究们，开了眼界，增了识解，使人们懂得古代书籍的散亡不尽由于秦火。在秦始皇焚书坑儒的问题上，促使人们重新思考起了积极的作用。又如《求书之道有八论》中有云：

> 求书之道有八，一曰即类以求，二曰旁类以求，三曰因地以求，四曰因家以求，五曰求之公，六曰求之私，七曰因人以求，八曰因代以求。当不一于所求也。

本来，如果要使图书和文献资料集储丰富，以备考览，在消极方面，先要将已有的好好保存而不使散亡；积极方面，更应广事搜罗，积藏备用。郑樵却提出找书的八个途径，大意是说："凡星历之书，求之灵台郎；乐律之书，求之太常乐工。""凡性命道德之书，可以求之道家；小学文字之书，可以求之释氏。"（郑氏所言甚繁多，兹不悉举）这样循着各行专业去找专门的书，自然是最好的求书途径，给予后人的启示也极大。

郑樵既强调了求书的重要，他自己在编述《通志》的过程中，也就依据历代史志、公私书目，再参以四处访求的耳闻目见所得，写为《通志·艺文略》。分为十二大类，每类又各分子目很细，兹分录如下：

经类第一

易 古易 石经 章句 传 注 集注 义疏 论说 类例 谱 考正 数 图 音 谶纬 拟易

书 古文经 石经 章句 传 注 集注 义疏 问难 义训 小学 逸篇 图 音 续书 谶纬 逸书

诗 石经 故训 传 注 义疏 问辨 统说 谱 名物 图 音 纬学

春秋 经 五家传注 三传义疏 传论 序 条例 图 文辞 地理 世谱 卦繇 音 谶纬

春秋外传国语 注解 章句 非驳 音

孝经 古义 注解 义疏 音 广义 谶纬

论语 古论语 正经 注解 章句 义疏 论难 辨正 名氏 音 释 谶纬 续语

尔雅 注解 图 义 音 广雅 杂尔雅 释言 释名 方言

经解 通义 谥法

礼类第二

周官 传注 义疏 论难 义类 音 图

仪礼 石经 注 疏 音

丧服 传注 集注 义疏 记要 问难 仪注 谱 图 五服图仪

礼记 大戴 小戴 义疏 书抄 评论 名数 音义 中庸 谶纬

月令 古月令 续月令 时令 岁时

会礼 论抄 问难 三礼 礼图

仪注 礼仪 吉礼 宾礼 军礼 嘉礼 封禅 汾阴 诸祀仪注

陵庙制 家礼祭仪 东宫仪注 后仪 王国州 县仪注 会朝仪 耕籍仪 车服 国玺 书仪

乐类第三

乐书 歌辞 题解 曲簿 声调 钟磬 管弦 舞 鼓吹 琴 谶纬

小学类第四

小学 文字 音韵 音释 古文 法书 蕃书 神书

史类第五

正史 史记 汉书 后汉书 三国志 晋书 宋齐梁陈书 后魏北齐后周隋书 唐书 通史

编年 古魏史 两汉 魏吴 晋 宋 齐 梁 陈 后魏 北齐 隋唐 五代 运历 纪录

霸史 上 下

杂史 古杂史 两汉 魏晋 南北朝 隋 唐 五代 宋朝

起居注 起居注 实录 会要

故事

职官 上 下

刑法 律 令 格 式 敕 总类 古制 专条 贡举 断狱 法守

传记 耆旧 高隐 孝友 忠烈 名士 交游 列传 家传 列女 科第 名号 冥异 祥异

地里 地里 都城官苑 郡邑 图经 方物 川渎 名山洞府 朝聘 行役 蛮夷

谱系 帝系 皇族 总谱 韵谱 郡谱 家谱

食货 货宝 器用 豢养 种艺 茶 酒

目录 总目 家藏总目 文章目 经史目

诸子类第六

儒术

道家 老子 庄子 诸子 阴符经 黄庭经 参同契 目录 传记 论书 经 科仪 符箓 吐纳 胎息 内视导引 辟谷 内丹 外丹 金石药 服饵 房中 修养

释家 传记 塔寺 论议 诠述 章抄 仪律 目录 音义 颂赞 语录

法家

名家

墨家

纵横家

杂家

农家

小说

兵家 兵书 军律 营阵 兵阴阳 边策

天文类第七

天文 天象 天文总占 天竺国天文 五星占 杂星占 日月占 风云气候占 宝气

历数 正历 历术 七曜历 杂星历 刻漏

算术 算术 竺国算法

五行类第八

易占 轨革 筮占 龟卜 射覆 占梦 杂占 风角 鸟情 逆刺

遁甲 太一 九宫 六壬 式经 阴阳 元辰 三命 行年 相法 相笏 相印 相字 堪舆 易图 婚嫁 产乳 登坛 宅经 葬书

艺术类第九

艺术 射 骑 画录 书录 投壶 弈棋 博塞 象经 樗蒲 弹棋 打马 双陆 打球 彩选 叶子格 杂戏

医方类第十

脉经 明堂针灸 本草 本草音 本草图 本草用药 采药 炮炙 方书 单方 胡方 寒食散 病源 五藏 伤寒 脚气 岭南方 杂病 疮肿 眼药 口齿 妇人 小儿 食经 香薰 粉泽

类书类第十一

上 下

文类第十二

楚辞 别集 总集 诗总集 赋 赞颂 箴铭 碑碣 制诰 表章 启事 四六 军书 案判 刀笔 俳谐 奏议 论 策 书 文史 诗评

如上所述的图书分类法，是宋以前部次群书的人从来没有过的，诚然是郑樵的独创。他从辨章学术、考镜源流的角度出发，剖析流别，至为纤悉，可算是别开生面，成为精详周密的体系。他校理群书，十分强调类例的作用。《校雠略·编次必谨类例论》指出：

学之不专者，为书之不明也；书之不明者，为类例之不分也。有专门之书，则有专门之学；有专门之学，则有世

守之能。人守其学，学守其书，书守其类。人有存没而学不
息，世有变故而书不亡。以今之书校古之书，百无一存，其
故何哉？士卒之亡者，由部伍之法不明也；书籍之亡者，由
类例之法不分也。类例分，则百家九流各有条理，虽亡而不
能亡也。

又说：

类例既分，学术自明，以其先后本末具在。观图谱者，
可以知图谱之所始；观名数者，可以知名数之相承。谶纬之
学，盛于东都；音韵之书，传于江左。传注起于汉魏，义疏
成于隋唐。观其书，可以知其学之源流；或旧无其书而有其
学者，是为新出之学，非古道也。

郑樵在这里明确了类例的重要，有存书和明学的两大功用，这是
过去学者们所没有见到或说过的。他所编述的《艺文略》，虽不
免抵牾讹谬，但他那种首创精神，不可湮没。章学诚推崇为"盖
自石渠天禄以还，学者所未尝窥见者也"（《校雠通义序》）。这
不是过分的称誉！章氏又在《信摭》中谈道：

校雠之学，自刘氏父子渊源流别，最为推见古人大体。
而校订字句，则其小焉者也。绝学不传，千载而后，郑樵始
有窥见，特著校雠之略，而未尽其奥，人亦无由知之。世之

论校雠者，惟争辩于行墨字句之间，不复知有渊源流别矣。

平心而论，有了郑樵这一写作，把校雠的范围推廓得很广大了。他的《校雠略》，是为部次群书服务的，无异于成了《艺文略》的说明书。这两略相互表里，不可分割。学者必合并起来进行研究，才能了解郑樵在整理文献方面作出的重大贡献。

第五节　章学诚在整理文献方面的成就

自从郑樵在编述《通志·二十略》时，将校雠写成一略，于是校雠成为专门学问，在中国学术史上被肯定下来了。郑氏从事校雠学，大胆地抛弃了狭义的校勘，而直以广义的求书、分类、编目等内容为校雠学的主要任务，把校雠的范围推廓得很广大。这是他对中国学术史的重大贡献。继之而起的，便有清代的章学诚。

章学诚（公元 1738—1801 年），字实斋，会稽（今浙江绍兴）人。乾隆四十三年（公元 1778 年）进士，官国子监典籍。旋主讲定州定武、保定莲池、归德文正等书院。后入湖广总督毕沅幕府，协助编纂《续资治通鉴》等工作。一生精力，大半用于讲学、著述和修撰方志。他的著作很多，而以《文史通义》《校雠通义》为其代表作，以"辨章学术、考镜源流"为主要内容。他将郑樵在学术史上的崇高地位加以肯定，而自己又向前推进了一大步。

章学诚在谈到修史义例时，是十分推崇郑樵的。《文史通义》有《申郑篇》，便充分发表了他的见解。给一般攻击郑氏《通志》的人以严厉批评，认为《通志》一书，具有别识通裁，重在发凡起例，不应该纠缠于细枝末节的推敲。《申郑篇》有云：

> 郑氏所振在鸿纲，而末学吹求，则在小节。是何异讥韩、彭名将，不能邹鲁趋跄；绳伏、孔巨儒，不善作雕虫篆刻耶！

这种看法是比较客观的。我们今天从校雠学的角度去要求郑樵，也必然要从他的大处着眼，而不可过于吹毛求疵。但是郑樵谈及校雠不够完善的地方，章学诚还是加以补充和修正。所以《校雠通义》中，既有《宗刘篇》以溯其源，又有《补郑篇》以穷其变。

《校雠通义》今存三卷，共十八篇。其中有些极重要的见解，往往与《文史通义》互相发明。例如《原道篇》说古代"官守学业皆出于一，私门无著述文字"；又说"六艺非孔氏之书，乃周官之旧典"。这都是《文史通义》的重要论点，不过那里面谈得比较详细罢了。他极力推崇刘向、刘歆父子，所以有《宗刘篇》。至于有关校理书籍的方面，《校雠通义》中着重谈到了几个问题：

一、互著　一书有两用的，可以兼收并载，不以重复为嫌，既可录入甲类，又可录入乙类。

二、别裁　一篇可单行的，可以裁出别立门类。如《管子》中的《弟子职》入小学。

三、辨嫌名　遇着一书有几个名称、一人有几个字号的情况，必详细注明于其下。

四、采辑补缀　搜录已经亡佚了的书籍。

五、书掌于官　平日责成地方官吏考求是正，著为录籍，以防散失。

六、广储副本　以备雠正一书，勘改讹谬。

七、有所更定，必载原文。

八、著录残逸，以补阙漏。

像这些问题，过去很少有人谈到，或谈得较略，而是章氏着重提出的。他继郑樵之后，又作了应有的贡献。清末朱一新《无邪堂答问》卷二谈到校雠时便说：

刘中垒父子成《七略》一书，为后世校雠之祖。班《志》掇其精要以著于篇。后惟郑渔仲、章实斋能窥斯旨，商榷学术，洞彻源流，不独九流诸子，各有精义，即词赋方技，亦复小道可观。目录校雠之学，所以可贵，非专以审订文字异同为校雠也。……校雠之学，此其大者。中垒遗法本如是。世徒以审订文字为校雠，而校雠之途隘；以甲乙簿为目录，而目录之学转为无用。多识书名，辨别板本，一书估优为之，何待学者乎！

这是一段比较通达的言论，将校雠的功用说得很清楚，足为校雠学张目，可以澄清一般人对校雠的狭隘理解和不正确的看法。

章学诚循"辨章学术"的宗旨出发，针对着乾嘉学者们以补苴襞绩、比辑抄纂为学的风尚，大声疾呼，强调学问与功力的截然不同。《文史通义·内篇二·博约》中有云：

> 王伯厚诸书，谓之纂辑可也，谓之著述则不可也；谓之学者求知之功力可也，谓之成家之学术，则未可也。今之博雅君子疲精劳神于经传子史，而终身无得于学者，正坐宗仰王氏，而误执求知之功力，以为学即在是尔。学与功力，实相似而不同。学不可以骤几，人当致攻乎功力则可耳。指功力以谓学，是犹指秫黍以谓酒也。

《章氏遗书·外集二·又与正甫论文》也说：

> 功力之与学问，实相似而不同。记诵名数，搜剔遗逸，排纂门类，考订异同，途辙多端，实皆学者求知所用之功力尔。即于数者之中，能得其所以然，因而上阐古人精微，下启后人津逮，其中隐微可独喻，而难为他人言者，乃学问也。今人误执古人功力以为学问，无怪学问之纷纷矣。文章

必本学问，不待言矣。而学问中之功力，万变不同。《尔雅》注虫鱼，固可求学问，读书观大意，亦未始不可求学问，但要中有自得之实耳。中有自得之实，则从入之途，或疏或密，皆可入门。而今之误执功力为学问者，但趋风气，本无心得，直谓舍彼区区掇拾，即无所谓学，亦夏虫之见矣。

同篇又云：

> 功力苟无伪袭之心，亦求学者所资。即不能自成其学，亦可有功后人。如王氏《玉海》之类，亦止功力而非学问也。

章氏既将学问与功力分辨得这样清楚，由此进一步对著述与纂类也区别得至为明白。当时"汉学家"们相率仿效王应麟、顾炎武、阎若璩等人的治学方法，勤于动笔，肆力抄纂。他在《文史通义·外篇三·与林秀才》中指出：

> 为今学者计，札录之功必不可少。即顾氏所为《日知录》，本子夏氏教，然存为功力，而不可以为著作。亦俟类次既多，积久而胸有定识，然后贯串前后，去其不合与不定者，慎取而约收之，虽谓不愧顾氏可也。

《遗书外编·知非日札》又说：

用功纂录札记，以为有备之无患，斯则王伯厚辈本以备应制之用，而转有资粮于后学。然则《玉海》《诗考》《绀珠》《汉制》诸编，谓之用功有益可耳。安可遽命为著作哉！

章氏不但用这种尺寸去衡量当时学术界的写作，同时也用此衡量古人的写作。他以一位著名的史学家，却大胆拿这一标准评定历代史部群书。《文史通义·外篇三·报黄大俞先生书》中说过：

古人一事必具数家之学，著述与比类两家，其大要也。班氏撰《汉书》，为一家著述矣；刘歆、贾护之《汉记》，其比类也。司马撰《通鉴》，为一家著述矣；二刘、范氏之《长编》，其比类也。两家本自相因，而不相妨害。但为比类之业者，必知著述之意。而所次比之材，可使著述者出，得所凭借，有以恣其纵横变化。又必知己之比类，与著述者各有渊源。而不可以比类之密，而笑著述之或有所疏；比类之整齐，而笑著述之有所畸轻畸重；则善矣。盖著述譬之韩信用兵，而比类譬之萧何转饷，二者固缺一不可，而其人之才，固易地而不可为良者也。

《方志略例一·报广济黄大尹论修志书》又说：

史家又有著作之史与纂辑之史，途径不一。著作之史，宋人以还，绝不多见；而纂辑之史，则以博雅为事，以一字必有按据为归，错综排比，整练而有剪裁，斯为美也。

他既把史籍分为著作与纂辑两大类，便以此区分郑樵《通志》和马端临《文献通考》的高下。《文史通义·内篇四·释通》自注有云：

> 《通志》精要，在乎义例。盖一家之言，诸子之学识，而寓于诸史之规矩，原不以考据见长也。后人议其疏陋，非也。

又云：

> 《文献通考》之类，虽仿《通典》，而分析次比，实为类书之学。书无别识通裁，便于对策敷陈之用。

其实，杜佑的《通典》、刘秩的《政典》和宋白的《续通典》一类的书，在郑樵撰述《艺文略》时都录入类书类。可知章氏谓《文献通考》为类书之学，是前有所承的。他独推崇郑氏《通志》具有别识通裁，够得上称为史学，而深慨后世史学的衰落。《文集补遗·上朱大司马论文书》中指出：

> 世士以博稽言史，则史考也；以文笔言史，则史选也；

以故实言史，则史纂也；以议论言史，则史评也；以体裁言史，则史例耳。唐宋至今，积学之士，不过史纂、史考、史例；能文之士，不过史选、史评。古人所为史学，则未之闻矣。

这样地评定史籍，和前面所强调的学问与功力、著述与纂类的区分，都是从写作内容"质"的方面加以剖析而得出的结论，是过去校雠家们所没有谈到的问题。在校理群书方面，识议很高，足以广人意智，开拓胸襟。有了这种见解，去区别对待所有书籍，自然高下在心，知道哪些书应该精读，哪些书可以略读，哪些书仅供参考，不致望洋兴叹、趑趄不前了。章氏这种识解议论，可说是极"辨章学术，考镜源流"之能事，给后人以莫大的启示。在校雠学领域内，提出了新的内容，诚然是他的重大贡献。

章氏既强调区分群书的性质和功用，便很自然地重视部次群书的类例。我们只看他计划要编述的《史籍考》，便可知道他对这方面的意见和主张。《校雠通义·外篇·论修史籍考要略》云：

今拟修《史籍考》，一仿朱竹垞《经义考》成法，少加变通，蔚为巨部，以存经纬相宣之意。一曰古逸宜存，二曰家法宜辨，三曰剪裁宜法，四曰逸篇宜采，五曰嫌名宜辨，六曰经部宜通，七曰子部宜择，八曰集部宜裁，九曰方志宜选，十曰谱牒宜略，十一曰考异宜精，十二曰板刻宜详，十三曰制书宜尊，十四曰禁例宜明，十五曰采摭宜详。

以上所列举的十五事，是他拟修《史籍考》的注意事项，无异于全书编纂的凡例。兹从《章氏遗书补遗》移录《史籍考总目》如下：

制书二卷

纪传部　正史十四卷　国史五卷　史稿二卷

编年部　通史七卷　断代四卷　记注五卷　图表三卷

史学部　考订一卷　义例一卷　评论一卷　蒙求一卷

稗史部　杂史十九卷　霸国三卷

星历部　天文二卷　历律六卷　五行二卷　时令二卷

谱牒部　专家二十六卷　总类二卷　年谱三卷　别谱三卷

地理部　总载五卷　分载十七卷　方志十六卷　水道三卷
外裔四卷

故事部　训典四卷　章奏二十一卷　典要三卷　吏书二卷
户书七卷　礼书二十三卷　兵书三卷　刑书七卷　工书四卷　官
曹三卷

目录部　总目三卷　经史一卷　诗文五卷　图书五卷　金石
五卷　丛书三卷　释道一卷

传记部　记事五卷　杂事十二卷　类考十三卷　法鉴三卷
言行三卷　人物五卷　别传六卷　内行三卷　名姓二卷　谱录
六卷

小说部　琐语二卷　异闻四卷

共三百二十五卷。单就部次历代史籍，而分门别类，如此纤悉；剖析流别，至为精详。较之郑樵《艺文略》史类的标目，又已加密了。研究术业，后胜于前，这是事物发展的必然规律。

第六节　纪昀在整理文献方面的成就

西汉末年刘向、刘歆父子校书秘阁时，每书校完以后，向便写成《叙录》一篇，将作者行事、书中要旨、篇目次第、文字异同，原原本本，说个清楚。最初每篇《叙录》，载在本书，后又裒辑以成《别录》。歆在《别录》的基础上删繁就简，编为《七略》。《别录》和《七略》，充分发挥了辨章学术、考镜源流的巨大作用，是向、歆父子整理古文献的丰硕成果。此后两千年间，便很少有人在学识上具备那样渊博的基础，在工作上胜任那样艰巨的任务，而能继向、歆之后，在这方面作出卓著成绩，堪与媲美的了。权衡古今，斟酌轻重，只有清代乾隆年间修《四库全书》时，由纪昀负责写成的《四库全书总目提要》，可和《别录》相比；而所撰《四库全书简明目录》，又与《七略》相似。纪昀在整理文献方面作出了重大贡献。

纪昀（公元 1724—1805 年），献县（今属河北省）人，字晓岚，乾隆十九年（公元 1754 年）进士，由翰林官至礼部尚书。乾隆中，设馆修《四库全书》，昀与陆锡熊总其成。锡熊后入馆而先没，始终其事的，以昀力为多。死后，朱珪替他作墓志铭，指出：

> 公绾书局，笔削考核，一手删定。为《全书总目》，哀然巨观，弃之七阁，真本朝大手笔也。·

朱氏在祭文中又说：

> 生入玉关，总持四库，万卷提纲，一手编注。

这两篇文字，均载《知足斋文集》。朱氏是修《四库全书》时的总阅官，又和纪昀是同年举人，相知很深，他指实《四库全书总目提要》是纪氏一手所成，当然是可靠的。证以纪氏平日自道，也足以说明问题。《纪文达公文集》卷八《诗序补编序》中有云：

> 余于癸巳受诏校书，殚十年之力，始勒为《总目》二百卷，进呈乙览。以圣人之志，借经以存；儒者之学，研经为本；故经部尤纤毫不敢苟。凡《易》之象数义理，《书》之今文古文，《春秋》之主传废传，《礼》之王、郑异同，皆别白而定一尊，以诸杂说为之辅。

同卷《济众新编序》中又说：

> 余校录《四库全书》，子部凡分十四家。儒家第一，兵

家第二，法家第三。所谓礼、乐、兵、刑，国之大柄也。农家、医家，旧史多退之于末简，余独以农居四，而其五为医家。农者，民命之所关；医虽一技，亦民命之所关，故升诸他艺术上也。

根据这两段话，再结合《周易义象合纂序》中"余向纂《四库全书》，作经部诗类《小序》"云云，可知当日《总目》的分类，《类序》的撰述，以及斟酌损益、轻重先后之间，都由纪氏一手裁定。在他所写五种笔记（均在《阅微草堂笔记》内）中，也经常提到修《全书》、撰《提要》事，当日纪昀将那二百卷的《总目提要》，看成自己的写作，是很清楚的。其时撰述《提要》，虽尚有戴震、姚鼐、邵晋涵、周永年一些人分担了任务，但是别择去取、删节润色之功，仍是纪氏一人总其成。有如北宋时编述《资治通鉴》，虽有二刘、范氏分任撰写，后人谈及此书，却都归功于司马光，是同样的事例。我们今天可从《四库全书总目提要》这部巨著中，提出它的独到之处，分六方面来谈：

一、**调整书籍部类**

全书按四部分类法，提纲列目。经部分为易、书、诗、礼、春秋、孝经、五经总义、四书、乐、小学十类；史部分为正史、编年、纪事本末、别史、杂史、诏令奏议、传记、史抄、载记、时令、地理、职官、政书、目录、史评十五类；子部分为儒家、兵家、法家、农家、医家、天文算术、术数、艺术、谱录、杂家、类书、小说家、释家、道家十四类；集部分为楚辞、别集、总集、诗文评、词曲五类。这都是根据历代公私簿录，斟酌损益，增减进退，重新拟定的。每类之中，流别比较繁碎的，又各析子目，使条理分明，不相淆杂。所录群书，悉依时代为次，顺序而下。

二、归类务求明晰

自《隋书·经籍志》以下，门目大同小异，各有得失。纪氏择善而从。如诏令奏议，《文献通考》入集部，今改入史部；有些书如《东都事略》之类，既不可入正史，又不可入杂史的，从《宋史》例，立别史一门；《香谱》《鹰谱》之属，旧志无所附丽，强入农家，今从尤袤《遂初堂书目》例，立谱录一门；名家、墨家、纵横家书籍不多，今从黄虞稷《千顷堂书目》例，并入杂家为一门；集之有文无诗和有诗无文的，仍从诸史旧例，并为别集一门；兼释群经的书依《隋志》之文，名之曰五经总义。像这一类的更改，虽不必完全恰当，但比较过去旧的书目，明晰多了。

三、减少每一部类的子目

每类中子目太多，则病繁碎。《四库总目》中，只有经部小学类，分三子目；史部地理类，分九子目；传记类，分五子目；政书类，分六子目；子部术数类，分七子目；艺术类、谱录类，各分四子目；杂家类，分五子目；集部词曲类，分四子目。又经部礼类，史部诏令奏议类、目录类，子部天文算法类、小说家类，也各约分子目，以便检寻。删汰繁琐，条理秩然。

四、纠正旧目归类的错误

旧的书目中，往往归类不当，《四库总目》便详为审定。如

《笔阵图》之属，旧入小学类，今但以论六书者入小学；其论八法者，改入艺术。《羯鼓录》之属，旧入乐类，今但以论律吕者入乐；其论管弦工尺者，改入艺术。左传类对赋之属，旧入春秋类，今改入类书。《孝经集灵》，旧入孝经类；《穆天子传》，旧入起居注类；《山海经》《十洲记》，旧入地理类；《汉武帝内传》《飞燕外传》，旧入传记类，今并改入小说。又如扬雄《太玄经》，旧入儒家类，今改入术数；俞琰《易外别传》，旧入易类，今改入道家。这些都是经过考校原书，仔细思量，然后作出调整的。

五、撰述《提要》，义例谨严

四部之首，各冠总序一篇，通论源流正变，以挈纲要。四十三类之首，又各冠以小序，详述分并进退，以析条目。如遇义有未尽，便在子目的末尾，或本条之下，附著按语，补充说明。凡四部所收的书，各写《提要》一篇，以冠每书之首，合起来便成为《四库全书总目》。每书《提要》，先列作者爵里和行事，次考书中得失及评骘，凡遇众说异同，文字增损，篇帙分合处，都详加订辨，作出比较清楚的介绍。通观全书，体现了朴实说理的精神，没有架空立论的弊病。

六、黜虚崇实，宗旨明确

全部《提要》中，贯注了提倡朴学的精神。所以在谈到经学时，竭力推尊汉注唐疏，而轻蔑宋元经义。对于河图洛书以及荒诞虚罔之说，尤屏斥不遗余力。清代帝王力尊朱熹，将他的地位提得很高，意在能收政治上的傀儡作用，本与学术无关。《提要》谈到朱学，颇多非议；对于明代空谈讲学的风气，攻击更厉。全

283

部《提要》中，这一类的见解、言论，屡见不一。大抵标榜汉学，鄙薄宋明，是纪氏一生论学宗旨，所以发表在《四库全书总目提要》中，十分明确。

如上所述，可知纪昀校理群书，写成《四库全书总目提要》，是投下了很大精力，苦心考虑了一番的。在整理文献的工作上，贡献巨大。特别是提倡实事求是、讲求朴学的精神，激励了当时的士大夫。恰值康、雍、乾三朝大兴文字狱之后，学者们相率不敢研究近代史，又不敢谈论时政，为了全身远祸，只得将心思才力集中到穷经考古方面去了。乾嘉学派的兴起，各种专门学术研究所取得的成就，和纪氏倡导之力是分不开的。他既写成了两百卷的《总目提要》，当时最高统治者苦其繁多，纪氏又另编《四库全书简明目录》二十卷，只载已经著录的书名、卷数（不收存目），注明某朝某人撰，并略记数语作一简短的介绍，与《总目提要》同时刊行。两书一详一略，比之《别录》和《七略》，很相类似。此二书刊行以后，当时学者名流是一致推崇的。江藩在《汉学师承记》中谈到纪昀，便说：

> 公于书无所不通，尤深汉《易》，大辟图书之谬。《四库全书提要》《简明目录》，皆出公手。大而经史子集，以及医卜词曲之类，其评论抉奥阐幽，词明理正，识力在王仲宝、阮孝绪之上，可谓通儒矣。

阮元为纪氏《文集序》，也说：

　　　　高宗纯皇帝命辑《四库全书》，公总其成。凡六经传注之得失，诸史记载之异同，子集之支分派别，罔不抉奥提纲，溯原彻委，所撰定《总目提要》，多至万余种。

从嘉庆、道光以来的清代学术界，通人辈出，也都是奉此书为津逮。到了晚清，张之洞为了指导当时秀才们努力读书，在所著《輶轩语》中明白提出：

　　　　今为诸生指一良师，将《四库全书提要》读一过，即略知学问门径矣。

经过这样大力推崇，更加提高了这书的价值和作用。近百年来，学者们除一般阅读之外，有的人对这书还作了深入专精的探讨，穷几十年的精力去钻研它，影响至为深远。

　　当然，天地间绝没有也不可能有完整无缺、绝无丝毫疏忽或错误的写作。首先，由于事物是向前发展的，写作时认为比较满意，过了一个时期，便感到有些缺憾了。其次，由于一个人的聪明才力究竟有限，不可能周知天地万物之理，长于此或短于彼，何能做到兼收并蓄，滴水不漏！况且像《四库全书总目提要》这样的大书，更不可能十分完美，一无瑕疵。其中引书的错误，考证的疏舛，评论的失当，予夺的不公，在在多成问题。从乾嘉以来，学术研究日益发展，学者们的心思更加缜密，考虑问题更加仔细，对于整理文献时有论述，而散见于藏书志、读书记、笔记、日记或文集之中，虽未明言与《四库提要》较量短长，事实上已对《提要》做了不少匡谬补阙的工作。近世学者便有搜辑这些资料，再补充自己的看法写成专著，对《四库提要》进行驳难和订补工作的。如余季豫（嘉锡）先生所著《四库提要辨证》二十四卷，胡绥之（玉缙）先生所著《四库全书总目提要补正》六十卷，便是这方面的代表作。两家都投下了几十年的精力，专治此书。既攻其短，又订其误。但到最后，还是很佩服这部书的不可及处。余先生在《四库提要辨证序录》中，便已说过：

> 愚则以为《提要》诚不能无误，然就其大体言之，可谓自刘向《别录》以来，才有此书也。……今《四库提要》叙作者之爵里，详典籍之源流，别白是非，旁通曲证，使瑕瑜不掩，淄渑以别，持比向、歆，殆无多让。至于剖析条流，斟酌今古，辨章学术，高挹群言，尤非王尧臣、晁公武等所能望其项背。故曰自《别录》以来，才有此书，非过论也。故衣被天下，沾溉靡穷。嘉道以后，通儒辈出，莫不资其津逮，奉作指南。功既巨矣，用亦弘矣！

这段议论极其精当，从大体上肯定了《四库提要》的成就，至于纰缪之处，自然还是认真严肃地加以订正。老辈治学，竟能如此客观地辩证地看待问题，值得我们学习。我们今天没有理由不对纪昀在整理文献方面所作出的成绩，给予高度的评价。

第九章　清代考证学家整理文献的业绩

清代朴学大兴，以考证名家的学者，风起云涌，研究经、史、诸子，各号专门。有的人穷毕生精力以治一书，从校勘文字，以至疏释全书，投下了不少劳动，这对整理文献来说，是有很大贡献的。他们的治学范围，有的人虽不那样博大，但对某一种专门学问或某一部古代书籍，确有精深的研究，并有所发明或发现，也是应该肯定的。这样的专家，历代都有，而以近三百年间为最多。从清初以至清末，各方面的专著，至为繁多，不可能巨细靡遗地举列出来，现在只能择取其中比较重要的有代表性的研究成果，分别加以论述。

第一节　语言文字方面的整理

　　语言文字之学，古人称为小学。本包括字形、字音、字义之学。我们但称语言文字，而音韵、训诂已在其中，把文字、音韵、训诂弄清楚，才取得了整理文献的基本知识。清代学者在这方面投下的功力为最多，取得的成绩也最大。《说文解字》是汉代遗书，清代学者整理它的很多。此外研究音韵、训诂的人也不少。他们写成的各种专著，比较精要的有：

　　桂馥的《说文解字义证》五十卷。

　　桂氏研究《说文》，凡五十年。博采群书，疏证许说。不加主观判断，让学者自行别择。间下已意考订，也时时发现精义。学者们苦其援引浩博，大多看成类书，这便淹没了这部书的作用。桂氏研究《说文》和写成专著，都在段玉裁之前，其学问不在段下。

　　段玉裁的《说文解字注》三十卷。

　　段氏前无凭借，独注《说文》，穷三十年的苦心钻研，而后成书。学者一致推崇其精博，发凡起例之处，尤多孤诣。不过逞臆武断、擅改原书之处，亦复不少。

　　王筠的《说文释例》二十卷；《说文解字句读》三十卷。

　　王氏《说文》之学，其心得悉在《释例》。《释例》先成，《句读》后作。《释例》前无所承，悉由融会贯通而自抒所见。《句读》则以桂、段二家的书为依据，删繁就简，附以己意而从事撰述的。

吴大澂的《说文古籀补》十四卷;《字说》一卷。

吴氏取铜器刻辞以补证许书,实开后来学者大治金文的风气。《字说》是他据金文考释古代文字的论文集。所收文虽仅三十二篇,而考证精审,语多创获。简明扼要,可为治金文者法。

孙诒让的《古籀拾遗》二卷;《古籀余论》三卷;《名原》二卷;《契文举例》二卷。

孙氏是近代杰出的经学家、古文字学家。他不拘守《说文》,直用金文、甲骨文以上探远古造字之源。晚年获睹殷墟卜辞,即加探讨,写出研究成果,是我国学者研究甲骨文字最早,写成专著最先的人。

以上研究字形的代表作。

顾炎武的《音论》三卷;《诗本音》十卷;《易音》三卷;《唐韵正》二十卷;《古音表》二卷。

这是顾氏所撰述的"音学五书"。有清一代声韵之学,发端于顾氏。从他提出古韵十部之说,继加探索者相继以起。精益求精,后来加密。创始之功,要不可没。

江永的《音学辨微》一卷;《四声切韵表》一卷;《古韵标准》四卷。

顾氏详于考古,略于审音。江氏则审音之功,最为细密。《音学辨微》《四声切韵表》二书,尤为简要。

戴震的《声韵考》四卷;《声类表》十卷。

戴氏继江氏以起，于考古、审音二者兼重。《声韵考》以辨源流，《声类表》以明声变。

钱大昕的《声类》四卷。

钱氏学问极博，尤精声韵。于古声类卓有发明，贡献最大。又曾采辑群经传训及子史旧注中凡以双声立解的文字，分类纂录，成为《声类》，是一部有用的书。

陈澧的《切韵考》六卷；《切韵考外篇》三卷。

陈氏研究《广韵》，至为精邃。他曾根据反切上字必与本字双声的原理，考得《广韵》切语上字凡四百五十二字。又将切语上字同用的、互用的、递用的，彼此系联，共得四十声类，足以抵得上自宋以后所沿用的相传为唐僧守温所订立的三十六字母，贡献极大。

以上研究字音的代表作。

邵晋涵的《尔雅正义》二十卷。

郝懿行的《尔雅义疏》十九卷。

清代学者为群经作新疏，以邵氏为最早。邵书先成，郝书后出，论其义例谨严，考证翔实，邵乃在郝之上。郝氏虽欲以声音贯通故训，而亦多疏略。

宋翔凤的《小尔雅训纂》五卷。

钱绎的《方言笺疏》十三卷。

王先谦的《释名疏证补》八卷。

《小尔雅训纂》《方言笺疏》《释名疏证补》，并能上翼《尔雅》，清人治之者甚多，以三家书为善。

王念孙的《广雅疏证》十卷；《释大》八篇。

王氏是乾嘉学者中杰出的训诂学家。疏证《广雅》，至为精博。特别是用古声通转之理，贯穿故训，替后人指明了一条研究训诂之学的康庄大道。又曾以三十六字母为纲，类辑同义之字而系联之。初取凡字之有大义者，依所隶字母，撰成《释大》。今仅存牙、喉八母字八篇，学者由此可悟双声之理，为用至巨。

阮元主编的《经籍籑诂》一百六卷。

阮氏本人是深通训诂之学的。曾发凡起例，组织人力，编集故训，以成此书。荟萃古义，蔚然大观，是一部检寻旧诂比较方便的工具书。

朱骏声的《说文通训定声》十八卷。

朱氏依据《经籍籑诂》以成此书。取《说文》九千余字，以声为经，义为纬，分十八部以统纪之。首明本义，次言假借、转注，俾读者检一字而通、假、正、别，一览了然。引证详明，甚便初学。顾其书取材不越《经籍籑诂》，亦有《籑诂》偶误而从之误者，引用时不可不慎。

以上研究字义的代表作。

第二节　经传方面的整理

古代几部重要文献，即儒家所推尊的《易》《书》《诗》《礼》《春秋》一类的书籍，传到后来，有些被人歪曲了它的思想内容，加以不恰当的解释和附会，使原书蒙上了一层暗影，渐渐失去了本来面目；有些掺杂了许多伪品，使真假混淆，看不清古书的原貌。流布既久，便损害或失去了这些文献的价值和作用，并且给整理文献的工作者带来了许多麻烦。例如一部《周易》，传至后世，便被人附会以"河图洛书"之说。特别是五代、北宋间，道士陈抟开始用道教中丹鼎之术，附会《易》文，辗转传至邵雍、周敦颐，出现了先天、太极诸图，于是这部书的内容便起了质的变化。说来说去，形成了一个大疑团。《尚书》二十八篇，传到东晋，忽有豫章内史梅赜，奏上孔安国作传的《古文尚书》，增多二十余篇。但是它文从字顺，容易理解，和那二十八篇佶屈聱牙的文体，完全两样，分明是晚出的伪品。这个真伪杂糅的本子，在中国社会流行了很长时期。宋代学者吴棫、朱熹虽曾对此提出过怀疑，但一直没有论定。《尚书》的辨伪问题和《周易》的求是问题，都是到清初学者才得到解决。黄宗羲写了《易学象数论》，其弟宗炎著《图书辨惑》。同时，毛奇龄写《河图洛书原舛编》，开始对陈抟、邵雍、周敦颐一派人的曲说误解发动总的攻击。不久，胡渭著《易图明辨》，引证尤为详博，将一切怪诞虚罔之图，打扫干净，而易学渐明。至于《尚书》，从阎若璩写成《尚书古文疏证》(引用者多误作《古文尚书疏证》),力辨晚出古文之伪,引经据古,一一指出其间矛盾不合之处,列举一百二十八条实证。于是后人作伪之迹,便无可再掩。这两大问题的得到解决,诚然是清初学者整理文献的巨大成就。清代经学才从此大放异彩,名家辈出,各穷一经,专著纷起,不可胜数。现在但就群经中各举一家或数家之书以示例。其间比较精邃、影响最大的撰述,有如:

惠栋的《周易述》十九卷;《易微言》二卷;《易汉学》七卷;《易例》二卷。

惠氏治《易》专宗汉人旧义,认为凡是汉师遗说,都是对的。从唐代李鼎祚《周易集解》里所引汉人旧训,加以整理,极费苦心。但拘守汉学,不免固滞之蔽。

张惠言的《周易虞氏义》九卷;《虞氏消息》二卷;《虞氏易礼》二卷;《虞氏易事》一卷;《周易易言》;《易义别录》十四卷;《易图条辨》一卷。

张氏继惠氏之后,也是研究汉易的。汉易中又专主虞翻一家。他家作为附庸,分别搜采,不相杂厕。汉代经师家法,辨析十分清楚。清人研究《周易》、用力整理汉师遗说的,自以惠、张二家为代表。

焦循的《易章句》十二卷;《易通释》二十卷;《易图略》八卷。

焦氏治《易》,不独不依附汉人,并且能解脱两千年传注重围,采用以本书解本书的方法,直接从《周易》《彖》《象》《系辞》中探索研讨，找出几个原则来，加以贯穿钩稽，自成条理，体现了他治学的独创精神。加以他精通数理和声韵、训诂之学，更成为研究《周易》的有利条件，造诣至深，殆非偶然。

孙星衍的《尚书今古文注疏》三十卷。

这是在去伪存真的基础上，重新整理而撰述的新疏。在孙书前，尚有江声的《尚书集注音疏》，王鸣盛的《尚书后案》，但都不及孙书的精审。

陈奂的《毛诗传疏》三十卷。

马瑞辰的《毛诗传笺通释》三十二卷。

王先谦的《诗三家义集疏》二十八卷。

陈书专宗《毛传》，失之胶固；马书兼释郑《笺》，义较赅备。齐、鲁、韩三家遗说，义多可取，王书实综释之。

胡培翚的《仪礼正义》四十卷。

孙诒让的《周礼正义》八十六卷。

《仪礼》是古代士大夫繁文缛礼的详细记录，《周礼》是周末列国的官制汇编。这是两部内容比较复杂的古文献，很难整理。胡、孙两家的书，作出了细致的疏证工作。

孙希旦的《礼记集解》六十卷。

王聘珍的《大戴礼记解诂》十三卷。

两戴所传《礼记》，同为七十子后学者解礼遗文一样重要。从唐初编定《五经正义》时，取小戴《礼记》以配《易》《书》《诗》《左传》为五经，受到人们的尊重，于是诵习大戴《礼记》的人渐渐少了。清儒起而重新整理，写作颇多，王书较胜。

刘文淇的《春秋左氏传旧注疏证》八十卷。

文淇研究《左传》，志在整理汉人贾逵、服虔旧注，为之疏通证明，未成而卒。其子毓崧、孙寿曾继之。因《左传》是大经，不易卒业，仅至襄公五年而止。1959 年 5 月，科学出版社始为刊行。

陈立的《公羊义疏》七十六卷。

廖平的《穀梁古义疏》十一卷。

两家公、穀之学，最为专门。

刘宝楠的《论语正义》二十四卷。

焦循的《孟子正义》三十卷。

《论语》《孟子》，旧为宋人《四书集注》、明人《四书大全》之说所束缚。清人始推尊旧注，撰述新疏，刘、焦两家用力独勤。

皮锡瑞的《孝经郑注疏》二卷。

《孝经》为书短简，其内容与价值仅等于两戴《礼记》中之一篇。虽名为经，实即传记。

以上专经研究的代表作。

清代考证学家除从事专经研究外，也有人贯通群经，综合研究，自抒心得，写成专书。在整理文献的工作上，取得了丰硕成果，替后来学者们启示了治学途径。其中贡献较大的，有如：

程瑶田的《通艺录》四十二卷。

程氏研究古代名物礼制，创见极多，此书乃其一生治学心得的总结。举凡有关丧服、考工、三江、九谷、宫室、宗法、沟洫、水道，皆各有论述，裒为一编。

黄以周的《礼书通故》一百卷。

是书考释古代礼制、学制、封国、职官、田赋、乐律、刑法、名物、占卜等，以"三礼"为宗，博采汉、唐至清解说之书，详加考核，卓有发明。

王引之的《经传释词》十卷。

以前解经的学者，注重在实义的探求。关于虚词语助，便多忽略。王氏自九经、三传以及秦汉之书，凡涉及语助的文句，遍加搜讨，分字编次，以成此书。在王氏之前，虽有刘淇的《助字辨略》，但不及此书明晰详尽。

俞樾的《古书疑义举例》七卷。

俞氏在整理古文献的过程中，发现许多有关古人说话行文用字之例，又发现后人因误读古书而妄改或传抄讹舛以致失真之例，分别条述，给学者以莫大启示。

以上综合研究的代表作。

第三节　史实方面的整理

清代史学，虽赶不上宋代的波澜壮阔，但在创造新史、整理旧史等方面，作出了努力，取得了成果。首先，重视明代文献的研究工作，经过去粗取精，加以条理之后，编述为价值较大的新书。有如：

黄宗羲的《明儒学案》六十二卷。

黄氏搜采明代学者文集、语录中的名言粹语，辨明宗派，编为此书，实开我国学术史之先声。后又续纂《宋元学案》，仅成十七卷便死了。他的儿子百家继续补修，也没有卒业。其中绝大部分，是后来由全祖望写成的。复经王梓材校补，共为书一百卷。

万斯同的《明史稿》五百卷。

万氏精熟明代史实，撰成此书，实为清初史学冠冕。钱大昕在所撰《万先生斯同传》中谈到过："乾隆初，大学士张廷玉等奉诏刊定《明史》，以王鸿绪《史稿》为本而增损之。王氏稿大半出先生手。"这自然是可靠的事实！今本《明史稿》，题王鸿绪撰，凡三百十卷，大约在窃取万书掠为己有后，又有所删节，故卷数多少不同。

以上是整理明代文献取得成果的代表作。

至于对远古文献的研究工作，也在清代学者中展开了。或编述古代史实以成一书，或辨析荒远旧闻以求其是。在这方面作出了成绩的，则有：

马骕的《绎史》一百六十卷。

马氏取太古以来及亡秦之事，网罗经、史、子、集中的有关材料，附以图、谱、表、志，勒为一书。从今天来看，有许多内容是不可靠的，但在清初，自是一种创体，是当时学者研究古史的光辉成就。顾炎武亟称许之，至目为天下奇书。

崔述的《考信录》三十六卷。

崔氏整理远古文献，以怀疑、辨伪、考信三者为主旨。他所考辨的对象，便是尧、舜、禹、汤、文、武、周公、孔、孟。本着司马迁所说"载籍极博，犹考信于六艺"，因取以名其书。他在古史领域内，敢于大胆怀疑，实有摧陷廓清之功。然而尊经太过，认为经典以外的记载，概不足信。始终不能跳出时代的圈子，是其所短。

以上是整理远古文献取得成果的代表作。

至于前史有待续修的，清人为续修之；前史体例较善的，清人又广其体而写出多种新编。有如：

毕沅的《续资治通鉴》二百二十卷。

李铭汉的《续通鉴纪事本末》一百十卷。

以上续修。

马骕的《左传事纬》十二卷。

高士奇的《左传纪事本末》五十三卷。

李有棠的《辽史纪事本末》四十卷；《金史纪事本末》五十二卷。

谷应泰的《明史纪事本末》八十卷。

以上广修。

清代史家在整理文献的基础上，又开展了改编旧史的工作。宋、元二史，最为芜杂。从元、明以来，便早有许多人有志改修《宋史》；清代学者如黄宗羲、陈黄中、钱大昕、邵晋涵，并精熟宋代史实，发愿改作，但都没有成功。研究元史的也很多，写成专著比较好的，则有：

魏源的《元史新编》九十五卷。

柯劭忞的《新元史》二百五十七卷。

以上改造旧史的代表作。

表和志的作用，在历代史籍中占重要地位，但是不少"正史"缺此二者。清人起而从事于补表、补志工作的很多，著述甚丰。举其要者而言，则有：

孙星衍的《史记天官书补目》一卷。

刘文淇的《楚汉诸侯疆域志》三卷。

钱大昭的《后汉书补表》八卷。

姚振宗的《后汉艺文志》四卷。

补《后汉·艺文》者数家，择取其一。下皆仿此。

周嘉猷的《三国纪年表》一卷。

洪饴孙的《三国职官表》三卷。

洪亮吉的《补三国疆域志》二卷。

姚振宗的《三国艺文志》四卷。

洪亮吉的《东晋疆域志》四卷；《十六国疆域志》十六卷。

钱仪吉的《补晋兵志》一卷。

吴士鉴的《补晋书经籍志》四卷。

周嘉猷的《南北史表》七卷。

汪士铎的《南北史补志》二十七卷。

黄大华的《唐藩镇年表》一卷。

劳经原的《唐折冲府考》四卷。

周嘉猷的《五代纪年表》一卷。

顾怀三的《补五代史艺文志》一卷。

卢文弨的《宋史艺文志补》一卷。

钱大昕的《补元史艺文志》四卷。

金门诏的《补三史艺文志》一卷。

以上补表补志的代表作。

清代学者在整理历史文献的工作上，一方面替旧史补表补志；另一方面，将旧史中内容相同或相近的几种合并起来，彼此对勘，以利于进一步的深入研究，并写成综合性的大书。有如：

李清的《南北史合注》一百九十一卷。

李氏取宋、齐、梁、陈、魏、北齐、周、隋八书不同于《南北史》的材料，分注于《南北史》正文下，以成此书。其中缺点虽多，但可考见其治史的功力，至为勤笃。修《四库全书》时，据抄本著录，乾隆五十二年复撤出。

沈炳震的《新旧唐书合抄》二百六十卷。

此书纂录抄撮之功，亦不可没。但其中存在问题不少，虽有刻本行世，仅可供学者参考。

以上综合纂录的代表作。

清人整理历史文献，也有从一书中抽出单篇进行考释的。投下的功力较专，取得的成绩较巨。其中重要的写作，则有：

钱塘的《史记三书（律、历、天官）释疑》三卷。

梁玉绳的《汉书人表考》九卷。

钱坫的《新斠注汉书地理志》十六卷。

姚振宗的《汉书艺文志条理》八卷。

徐松的《汉书西域传补注》二卷。

陈运溶的《后汉书大秦国传补注》一卷。

毛昌杰的《续汉书郡国志释略》一卷。

毕沅的《晋书地理志新补正》五卷。

杨守敬的《隋书地理志考证》九卷。

姚振宗的《隋书经籍志考证》五十二卷。

洪钧的《旧唐书大食传考证》一卷。

沈炳震的《唐书宰相世系表订讹》十二卷。

以上单篇考释的代表作。

至于通释全书，搜采众说，成为总结性专著的，则有：

王先谦的《汉书补注》一百卷；《后汉书集解》九十卷；《续志集解》三十卷。

卢弼的《三国志集解》六十五卷。

吴士鉴的《晋书斠注》一百三十卷。

卢、吴两家书，虽印行较晚，但均创稿于清末。

以上全书考释的代表作。

清代学者中，能自始至终通读全史的不太多，读了能自抒心得，作出全面考证的更少。有之，则推：

钱大昕的《廿二史考异》一百卷。

王鸣盛的《十七史商榷》一百卷。

赵翼的《廿二史札记》三十六卷。

三家之书，内容不尽相同。钱氏详于校勘文字异同，训释名物制度，及纠正原书事实之讹谬；王氏重在典章故实之考证，亦间校释文句；赵氏偏于历史事实的综合比较。各有所长，相互为用。

以上自抒心得的代表作。

第四节　周秦诸子方面的整理

清代学者整理古文献的对象，除小学、经学、史学之外，也旁及周秦诸子，体现在他们所做考释、集解一类的功夫上，至为专精，写成的书，确也不少。举其要者，则有：

魏源的《老子本义》二卷。

是书不局限于文字校释，重在阐述大义。卷首有《论老子》一篇，甚得体要。

王先谦的《庄子集解》八卷。

郭庆藩的《庄子集释》十卷。

王书重在文字校释，郭书重在义理推求，各有偏尚，并行不悖。

王先谦的《荀子集解》二十卷。

王先慎的《韩非子集解》二十卷。

《荀子集解》自胜。

曹耀湘的《墨子笺》十五卷。

孙诒让的《墨子间诂》十五卷。

曹书阐发墨家理论为详，孙书考证名物制度较备。可以相辅而行，不容偏废。

洪颐煊的《管子义证》八卷。

戴望的《管子校正》二十六卷。

清人研究《管子》，成书较早而有刻本者，以此两家为佳。

以上专治一子的代表作。

至于统校群书，尤以校订诸子为最勤，自抒心得，综录以成一编，其间比较精粹的撰述，则有：

姚范的《援鹑堂笔记》五十卷。

所校之书，凡三十五种。

卢文弨的《群书拾补》。

所校之书，凡三十八种。

王念孙的《读书杂志》八十二卷。

所校之书，凡十八种。

蒋光煦的《斠补隅录》。

所校之书，凡十四种。

俞樾的《诸子平议》三十五卷。

所校之书，凡十九种。

孙诒让的《札迻》十二卷。

所校之书，凡七十六种。

以上统校群书的代表作。

此外，以校勘名家的，尚有何焯、顾广圻、黄丕烈、洪颐煊、卢见曾、丁杰、陈鳣、吴骞、鲍廷博、钱泰吉、汪远孙、张廷济、陆心源等十数家。我们只看何氏《义门读书记》，黄氏《士礼居题跋》，顾氏《思适斋集》《思适斋集外书跋》，洪氏《读书丛录》，陈氏《经籍跋文》，钱氏《曝书杂记》，以及《雅雨堂丛书》《士礼居丛书》《经训堂丛书》《十万卷楼丛书》等所附校勘记及题跋，可以考见当日校勘家整理文献过程中所投下的功力。特别是顾广圻，一生校书，遍及四部，多而且精，在当时享有盛名。一时名流显宦，如孙星衍、张敦仁、黄丕烈、胡克家、秦恩复、吴鼒之流，都以刻书为名高，争延顾氏主持其事。他在这方面确实尽了力，为孙刻《宋本说文》《古文苑》《唐律疏议》，为张刻抚州本《礼记》、严州本单疏本《仪礼》《盐铁论》，为黄刻《国语》《国策》，为胡刻宋本《文选》、元本《通鉴》，为秦刻扬子《法言》《骆宾王集》《吕衡州集》，为吴刻《晏子》《韩非子》。每部书刻完，还综录他所校定的内容，写成考异或校勘记附刊于后，给学者以很大方便。这样认真负责地校书刻书，便大大影响了当时的许多学者和藏书家，于是精校本和精刻本书籍，日益增多，而顾氏倡导之力，为不可没，在整理文献的工作上，作出了不少贡献，这是应该肯定的。

上面所综述的清代考证学家关于语言文字、经传、子、史各方面所进行的研究工作，成果辉煌；在整理古代文献的过程中，建树了不朽业绩，这是值得我们景仰和感谢的。他们整理文献的工作，一开始便和版本、校勘在一起，把古书的本子校对好了，然后进行考证、注释，使难读难懂的古文献，一变而为容易理解的读物，这是他们工作的一方面。另一方面，便是将零散的文献资料，经过去粗取精，去伪存真，然后组织这些资料，编述为适应客观需要的书。还有的人，对某一专门学问，进行长期深入钻研，确有心得，从中提出最精要的发明或发现，写成理论性的专著，以贡献于社会。这些对启诱后进，昌明学术，是有很大功绩的。他们留下的写作很多，不可能全部具列，我们只得择取每一门类的代表作品，举以示例而已。他们整理文献的工作范围，本很广博。除对四部群书进行校订注释之外，也还做了许多辨伪、辑佚的工作，成绩也是巨大的。这在前面有关专章都谈到了，不在这里复述。

第十章　近代学者整理文献最有贡献的人

　　经过清代考证学家们认真细致地整理古文献以后，学术界的各个领域内出现了不少古籍的精校本、精刻本和新注本，给从事专门研究的工作者准备了条件，提供了方便，贡献是非常巨大的。但是那时还是用木版刻书的年代，从物色木材，选雇刻工，以至雕版印刷，手续繁多，费用浩大，经年累岁，才能刻成一部书。加以印刷的数量不会太多，服务面也就很窄。当时虽有不少学者很想旁搜博采，合经、史、子、集萃为一编，或者强调翻刻宋元本书籍之不可缓，都只是一种空想，而不可能实现。一直到近几十年间，印刷术日新月异，过去顶多只能影刻影抄的书，现在可以用摄影的方法照原书式样影印出来了；过去刻印一部书，要花多少年的功夫，现在却大大减少了时间，并且可以缩小原书尺寸，便于储存了。这固然应归功于科学的发明，为我们提供了优越的物质条件，但如果没有对整理古文献极感兴趣的专家学者从而大力提倡，影印古书以广流传，并能自己参加这一工作，积极努力去干，也是很难取得卓著成绩的。近代学者中，居然有人从年轻时起，一直到老死，屏除人世间一切其他爱好，专心一志地整理古代文献，以访书、校书、辑书、印书为终身之事，并在亲自动手、不辞劳瘁、苦心经营的基础上，做了大量的工作。从纸本说，影印了不少宋元旧椠；从实物说，辑录了很多金文甲骨。同时还进行了精密的校订和考释。不独为国家保存了一大批珍贵的文化遗产，而且极大地丰富了世界文化的宝藏。这种功绩，是应该大书特书的。近百年来的学术界中，在这方面创立了不朽业绩的学者，自以张元济、罗振玉两人为最著，兹分别叙述如次。

第一节　张元济对整理文献的重大贡献

　　张元济（公元 1866—1959 年），号菊生，浙江海盐人。祖先世代以藏书名，后来又讲求刻书。所谓"海盐张氏涉园"，便以藏书刻书著称于清代嘉道之际。这对他的一生事业，有着深刻的影响。他是光绪十八年（公元 1892 年）进士，授翰林院庶吉士，散馆，改刑部主事，充总理衙门章京，学习了英语。由于他在风气闭塞的时代里，懂得"洋文"，较早地阅览了西学书籍，接受了西方思想的政治学说，因之他自己也有了新进思想，主张变法救国，积极支持梁启超等在上海创办的《时务报》。他在北京又创设"通艺学堂"，以英文、数学为教，培养翻译人才。在戊戌变法运动中，他和康有为在同一天受到光绪的召见，递连上书，请行新政。随着百日维新运动的失败，他也受到"革职永不叙用"的处分。此后，他便到了上海。从失败的经验教训中，认识到欲图国家富强，端在启迪民智；而积极发展文化出版事业，势不可缓。从光绪二十九年（公元1903年）进入商务印书馆后，便下定决心，始终其事。在漫长的岁月里，为发展我国文化事业，顽强不息地工作了五十余年之久。

当张氏最初进入商务印书馆任编译所所长时，着重译印政史技艺新书和编辑小学适用的《最新教科书》，后又大量辑印《汉译世界名著》和《自然科学小丛书》，大大推动了当时科学研究和科技事业的发展。这时，他在馆内已培养了一批组织和领导这些工作的后起之秀，可渐渐接替自己的任务。他感到整理古代文献，至为切要，非有旧学基础不能动手，于是自己便把工作重点转移到这方面来。

他首先认为整理文献，非有丰富的善本书不可。于是十分重视图书馆的建设，积极搜购善本书。先后收买了会稽徐氏熔经铸史斋、北京盛氏意园、广东丁氏持静斋的部分藏书，以及太仓顾氏、涭阳端氏、江阴缪氏、巴陵方氏、荆川田氏、南海孔氏、海宁孙氏、乌程蒋氏、扬州何氏藏书，其中包蕴了不少宋元旧椠和名贵秘籍。由于蓄积的书日益增多，因而构筑了东方图书馆。又别辟专室，珍藏那些宋元明旧刊和抄校本，名为涵芬楼。截至 1932 年"一·二八"事变前夕，东方图书馆藏书已达五十余万册，当时就全国来说，藏书之富居第一位（当时北平图书馆藏书，仅四十余万册）。

他在拥有这样丰富图书的环境下，开始进行整理文献的工作，首先是辑印罕见的或常用的善本书以广流传。商务印书馆在他的主持下，从 1916 年影印《涵芬楼秘笈》（其中有些是排印本）开始，连续辑印了《四部丛刊》《续古逸丛书》《道藏》《续道藏》《道藏举要》《学津讨原》《选印宛委别藏》《百衲本二十四史》《影印元明善本丛书》《四库全书珍本初集》等大部书。除《学津讨原》据清张氏刊本影印，《四库全书珍本初集》据文渊阁本影印外，其余诸种都是精选宋元明旧椠；没有旧刊本的，也都是经过精选的影抄、传抄、精校精刊的本子。其中《四部丛刊》及其《续编》《三编》，和《百衲本二十四史》《续古逸丛书》诸种，都是由他亲自别择、校定、整理付印的。

《四部丛刊》从 1919 年开始，到 1922 年印成。这是一部包罗宏富的大丛书。它集合了经、史、子、集之书三百二十三种。所采用的底本，除涵芬楼所藏外，还遍访海内外藏书家，如乌程刘氏嘉业堂、常熟瞿氏铁琴铜剑楼、长沙叶氏观古堂、江阴缪氏艺风堂、无锡孙氏小绿天、江安傅氏双鉴楼、乌程张氏适园、海盐张氏涉园、乌程蒋氏密韵楼、平湖葛氏传朴堂、上元邓氏群碧楼、南陵徐氏积学斋、闽县李氏观槿斋、秀水王氏二十八宿研斋、常熟归氏铁网珊瑚人家、日本岩崎氏静嘉堂等十数家，以及江南图书馆、北京图书馆所藏宋元明旧椠，缩印成为体式整齐的本子。1934年，又继续搜辑宋元精刊，印成《续编》，收书七十七种；1936年，又续出《三编》，收书七十一种。于是四部中常见之书的善本，也约略荟萃在此了。

他感到历代正史汇刻本，保存到今天的，有汲古阁本《十七史》，南北监本《二十一史》，清武英殿本《二十四史》。前二者流传甚少，通常采用的只有武英殿本。而殿本存在不少脱文误字，最严重的脱误，便直接关系史实的真相。于是发愿要广集历代正史的宋元旧椠，影印出来以恢复正史旧本的面目。原来打算影印武英殿本《二十四史》收入《四部丛刊》的计划（《四部丛刊书录》中，以武英殿本《二十四史》居史部之首），也就取消了。

辑印历代正史旧本的工作，是在苦心搜访、不厌烦劳的精神下进行的。结果，《史记》《汉书》《后汉书》《三国志》《晋书》《宋书》《南齐书》《梁书》《陈书》《魏书》《北齐书》《周书》《旧唐书》《新唐书》《五代史记》，都采用了宋本；《隋书》《南史》《北史》《宋史》《辽史》《金史》，都采用了元本；《元史》用明洪武刊本；《明史》用武英殿原刊本。只有薛居正的《旧五代史》，散佚最早，不可得见原书，张氏引以为憾。他考虑到此书在明清之际，尚有存者。明万历间，连江陈一斋，清初黄宗羲，都有藏本，或者犹未绝于人世。于是辗转搜访，无间远近。果然听到歙县汪德渊（字允宗），藏有金承安四年南京路转运司刊本薛氏《五代史》一百五十卷，即设法追寻。看到汪氏《货书记》以后，知汪氏已于1915年3月卖给了广东书估，不胜惋叹。张氏仍四去探询，追查其下落。并登载广告于报纸及《东方杂志》，愿出重价收购。经过几年的访求，终不可得。由于全史影印即将完毕，不得已选用嘉业堂刘氏所刻《大典》有注本。从这些事实可以考见张氏对整理文献、辑印古书的认真负责精神，令人敬佩！

将宋元明旧刻诸史影印成为一书，不是每部自首至尾都是整齐一致的。有的书版本虽早，但是残缺不全，只有设法缀合，拼凑几种不同的本子，以成完璧。就当日所采用的版本情况来说，《后汉书》用宋绍兴刊本，原阙五卷半，以元覆宋本配补；《三国志》用宋绍熙刊本，原阙《魏志》三卷，以宋绍兴刊本配补；《宋书》用宋蜀大字本，阙卷以元明递修本配补；《梁书》《北齐书》《周书》皆同；《旧唐书》用宋绍兴刊本，阙卷以明闻人诠覆宋本配补；《新唐书》用宋嘉祐刊本，阙卷以他宋本配补；《宋史》用元至正刊本，阙卷以明成化刊本配补；《金史》用元至正刊本，阙卷以元覆本配补。这样拼凑缀合以成一书，有如和尚所穿的"百衲衣"，因名为《百衲本二十四史》。这和清初宋荦，取宋版二种、元版三种，配成《百衲本史记》，近人傅增湘用不同的宋本拼凑成《百衲本资治通鉴》，取义正同。

影印《百衲本二十四史》，经始于1930年，中经"一·二八"之变，直到1936年才全部印成。从此全史中出现了最标准的本子，可据以订讹补阙，对史学界的贡献为最大。而经营筹划，始终不懈，以张氏之力为最多。他一人独任校勘，每一史印成，都有跋文附载其尾。后又录出今本与旧椠的显著异同一百六十四则，成《校史随笔》二册。可以看到他投下的功力，至为专谨。

清光绪中，黎庶昌出使日本，从日本公私收藏的善本书中，选辑中国早已失传的古籍二十六种，影刻成为《古逸丛书》。张氏仿其例，辑印一部善本丛书，成为《续古逸丛书》。因为这部书是影印的，较之黎氏影刻的书价值便要高些。比之《四部丛刊》，也有不同。它是依原书版式大小影印，而《四部丛刊》是缩印本，从装帧到纸张墨色都不一样了。张氏在《四部丛刊》印成之后，从1922年起，便开始辑印这部书。其中四十六种，是1949年以前陆续影印的；最后一种为宋刊本《杜工部集》，是他九十一岁时，即逝世前两年（1957年）亲自校影出版的。从这件事可以进一步了解他一生做事的精神和魄毅，虽到死前不久，也还要竭尽己力，去完成预定的计划。

张氏在影印古籍工作中，所采用的版本并不是一成不变的，而是精益求精，力图臻于至善。如果经过搜访发现有更早更好的刻本，便不惜以此易彼，和原来采用之本更换。即以《四部丛刊》而论，未印之前，本来拟定了目录，注明某书采用某种版本；付印时，发现了后胜于前的本子，便马上更换。到1926年重印《四部丛刊》时，又择优取精，将各书版本更换了一大批。他对影印古籍竟这样不怕麻烦，不惜成本。但求对读者有利，却不顾任何代价。特别是在抽换过程中，还作了卷叶的增补。在发现原书有些漏略，或此阙半卷，彼残数叶，便以他本为依据，进行增补。这些情况都在《四部丛刊刊成记》和《重印四部丛刊刊成记》中说得很清楚。我们读了以后，对他整理文献、影印古籍的工作竟做得这样深入细致，十分感动。

当张氏年近六十的时候，感到自己精力渐衰，在发展文化、搞好出版事业的工作上，必须有年富力强的人做助手。因留心物色和培养后起之秀，共负重任。1921年引荐王云五担任商务印书馆编译所所长，不久，又兼任馆内附设的东方图书馆馆长，这便是很好的说明。王在张的帮助下，业务不断提高，锐意发展出版事业。先后创编《万有文库》初、二集，《国学基本丛书》《大学丛书》《中国文化史丛书》之类，陆续出版，对当时社会文化的普及与提高，起了积极的推动作用。张氏便进一步把精力用到整理古文献的方面来。在《四部丛刊》《百衲本二十四史》《续古逸丛书》之类印成以后，感到唐宋以下的笔记、杂说、丛抄以及偏僻文集和零散著作，都是比较重要的文献资料，绝大部分保存在许多丛书里，有综合裒辑的必要。因之从1935年起，在他的指导下开始辑印《丛书集成初编》，由王云五负责主编，实际上是按张氏的计划去进行的。所以王氏在《辑印丛书集成序》中也说："张菊生先生勉余进而整理此无量数之丛书，并出示其未竟之功以为楷式。"可知《丛书集成初编》的印成，是和张氏指导之功分不开的。它包罗了重要丛书一百部，有了它，无异于有了一百部丛书。它给予学者们的便利和起到的作用，是很大的。

从影印《四部丛刊》《续编》《三编》《百衲本二十四史》《续古逸丛书》，到辑印《丛书集成初编》，在时间上是一部接着一部，中间没有间断，而往往是交错进行的。张氏对工作毫无厌倦之意，总是在努力不懈地向前迈进。他早在1924年，便关心《四库全书》的存亡，主张及早影印以广流传，经与当时北洋政府商定之后，书已待运，终因战争频繁没有实现。经过十年之后，由当时教育部组织了"编订四库全书未刊珍本目录委员会"，聘请他任委员。通过大家商议，最后选定没有刻本的书二百三十一种，编定为《影印四库全书珍本初集》。于1933年开始付印，至1935年分四次出全。这一工作的顺利完成，特别是在选定哪些书可印、哪些书不必印的过程中，别择去取之际，张氏提出了许多有益的建议，使事情办得更好。

张氏一生搜访善本书籍，积极影印以广流传，当然不是坐在商务印书馆内，专用通信的方式，可以弄到许多宋元旧椠的；而是自少至老，不畏跋涉艰苦，亲自出外寻求，才能收获较大。他自己所说："求之坊肆，丐之藏家，近走两京，远驰域外，每有所觏，辄影存之。"（见《影印百衲本二十四史序》）这是他一生汲汲皇皇，奔走在外，搜访善本书籍的概括。不用说，他对国内各藏书家早已分别访问，得以尽观其书。至于"远驰域外"，以1928年赴日访书的收获为最大。在出国之前，即做好了充分的准备工作，就日本公私图书目录中选定哪些书是中国所没有的，一一登记下来。到了日本以后，按目求书，非常方便。他既从参观静嘉堂文库时，得观陆心源皕宋楼全部藏书，还遍观了日本宫内省图书寮、内阁文库、东洋文库中收藏的我国珍本秘籍，同时也访问了东京几个著名的藏书家。归途经过京都，又访问了东福寺藏书。每到一处，如果发现了国内不易见到的善本，便用影照的方法，逐叶摄成小型底片，携回放大，作为影印的依据。他将这些海外珍本的摄影底片满载而归，有些珍贵罕见的书，便分别收入《四部丛刊》正续编和《百衲本二十四史》了。

张氏在广搜珍本秘籍有所收获之后，便埋头伏案，亲自进行校勘，至为仔细详密。当影印《百衲本二十四史》的过程中，他从首至尾，做了这种工作，写成校勘记百数十册。由于文字繁冗，没有及时刊布，因先取其中比较重要的内容一百六十四则，编成《校史随笔》。近代藏书家傅增湘是他的好友，在替此书撰《序》时指出：

> 尝闻摹印初稿，悉经手勘，三四未已。偶以数卷见投，观之朱墨烂然，盈阑溢幅。密若点蝇，萦如赤练；点画纤细，钩勒不遗。知君坚毅劬苦，迥越恒人，遂能成兹伟著。

这却不是阿好之言！证以他在《自序》中所说：

> 禁网既弛，异书时出，因发重校正史之愿。闻有旧本，展转请托，就地摄影。影本既成，随读随校，有可疑者，辄录存之。每毕一史，即摘要以书于后。

像这样苦心孤诣校订全史，工程巨大，不是短时期所能完成的。他是费了几十年的岁月，孜孜不倦地工作，才能取得丰硕成果。现在根据他校史时订正讹体误字的方法，抽出六例来谈：

一、根据文字结构，以明讹体由形似而误

殿本《唐书》列传第一百十七《张巡传》："士日赋米一勺，龁木皮鬻纸而食。"张氏认为"鬻"当作"鬻"。他说：

> "鬻"即"煮"字，见《周礼》。此正与上文"龁木皮"相应。时本作"鬻"，实因形似而讹。

二、参证本书多篇，以明讹体由音近而误

殿本《南史·江祏传》："祏等既诛，帝恣意游览。单骑奔驰，谓左右曰：'祏常禁吾骑马。小子若在，吾岂能得此。'因问祏亲亲余谁？答曰：'江祥今犹在也。'乃于马上作敕赐祥死。"各本皆同。独元刊本作"今犹在冶"，不作"在也"。张氏认为元刊本不误。他说：

> 本史《梁武帝纪》："东昏闻郢城没，乃为城守计，简二尚方二冶囚徒以配军。"《始安王遥光传》："遥光欲以讨刘暄为名，夜遣数百人破东冶出囚，尚方取仗。"《晋安王子懋传》："子懋既被害，其故人董僧慧为王玄邈所执。僧慧请俟主人大敛毕，退就汤镬。玄邈义之，具白明帝，乃配东冶。"《文学·卞彬传》："永明中琅邪诸葛勖为国子生，坐事系东冶，作《东冶徒赋》。"综上文所言，是冶者实为当时絷系囚徒之所。江祏既诛，其弟祥必以亲属系狱。左右答明帝问，谓今犹在冶者，犹言今尚在狱中也。若仅言其人

316

犹在，则必先事追捕，又安能即于马上作敕赐死乎？诸本作"在也"，实误。

三、按之情理，订正字形之误

殿本《南齐书》本纪第一："秉弟遐坐通嫡母殷氏养女，殷舌中血出，众疑行毒害。"张氏校订说：

> 三朝本、汲古本均作"殷言中血出"。言字不可通，明监本改为舌字。然其人生存，仅仅舌中血出，何足以云毒害。宋蜀大字本乃作"殷亡，口中血出"。原板"亡口"二字略小，墨印稍溢，遂相混合。由"亡口"而误为"言"，由"言"而变为"舌"，愈离愈远矣。按《宋书·长沙景王道怜传》："义宗子遐，字彦道，与嫡母殷敷女云敷私通，殷每禁之。殷暴卒，未大殓，口鼻流血。"与宋本"殷亡，口中血出"云云相合。殿本沿监本之讹，而案情轻重，相去不可以道里计矣。

四、稽之雅诂，订正字形之误

殿本《隋书·礼仪志》六："皇后衣十二等，其翟衣有六。采桑则服鹄衣。"注："黄色。"张氏认为"鹄"当作"鹄"，他说：

> 诸公夫人、诸伯夫人、诸子夫人、三妃、三公夫人，

317

均服此衣，故鹍字凡七见。元大德刊本惟诸公夫人节误作鹖旁，余皆不误。监本则全作鹖。《尔雅·释鸟》："鹍，雉。"郭璞注："黄色，鸣自呼。"与本书注正同。皇后翟衣六，鹍衣外，有翚衣、褕衣、鷩衣、鹑衣、翙衣。五者皆以雉文为饰，故称翟衣。是鹍之当从卜旁，毫无疑义。元刊本误者一而未误者六，校刊监本者，见旧本互有异同，以卜旁之字罕见，遂不问上下文之意义及其字之有无，而昧然尽改为忄旁。至武英殿开版，一仍旧贯，而鹍字遂从此湮灭矣。

五、验以时制，而知形近之讹

殿本《辽史·纪第一》："太祖九年十月，钓鱼于鸭渌江。"张氏认为"钓"字当依元刊本作"钩"。他说：

"钓鱼"二字，在《辽史》中凡二十二见。元刊本作"钩"，不误。殿本全作"钓"。检南监本亦同；北监本独见《国语解》一条作"钩"，余亦均作"钓"。及检《辽史拾遗》引程大昌《演繁露》，纠正其误，语焉甚详。其言曰："《燕北杂录》载契丹兴宗重熙年间衣制仪卫打围射鹿钩鱼等事，于景祐五年十月撰进。"又曰："达鲁河钩牛鱼，虏中盛礼，意慕中国赏花钓鱼。然非钓也，钩也。"又曰："其钩是鱼也，虏主与其母皆设次冰上。先使人于河上下十里间，以毛网截鱼，令不得散逸。又从而驱之，使集虏帐。其床前预开冰窍四，名为冰眼。中眼透，旁三眼环之不透，第斫减

318

令薄而已。薄者所以候鱼，而透者将以施钩也。"又曰："鱼之将至，伺者以告房主，即遂于研透眼中，用绳钩掷之，无不中者。"据此，可以证元本之正，及监本、殿本之非。然则书顾不贵初刻乎！

六、核以经训，而知形近之讹

殿本《辽史·刑法志》："皇妹秦国公主生日，帝幸其第。伶人张隋，本宋所遣的者，大臣觉之以闻，召诘款伏。"张氏认为"的"当作"沟"，他说：

> 《周礼·秋官》："掌士之八成，一曰邦沟。"郑氏《注》："斟沟盗取国家密事，若今时刺探尚书事。"张隋为宋遣至辽之间谍。沟者取义，盖本于此。明人复刻，不加深究，竟认为残缺之"的"字，妄补数笔，而文义遂不可通，殿本亦沿其误。

从上述六例来看，如果不是学识渊博，断不能在校订文字的工作中做到这样精确。但是他平日审辨字形，仍强调辩证地处理问题，对于偏旁偶异的文字，却不主张一律看成讹体。他在校勘宋本《盘洲文集》之后，在《跋文》中指出：

> 书中点画偏旁之异，竹艸不分，木才通假，宋承唐后，手民谨守前规，犹沿唐代卷子之习，未可尽目为误。

这样的看法，给后来从事校书的工作者们以莫大的启示，使大家懂得在校订文字的过程中，也应注意灵活，而不可过于死板。

凡经张氏校勘过的古籍，一般都写有题跋。从书的内容、篇卷、版式、行款、刻工、讳字、前后序跋、文字异同等各方面，都作出了简要的考证和比较，使人一目了然。特别是他所作的序跋中，有许多篇寓有辨章学术、考镜源流的深意，充分发挥了目录家叙录群书的作用。例如他在《周易郑康成注跋》中所云：

> 先儒《易》学，象数为宗。王辅嗣排击汉儒，自标新学，自孔颖达《五经正义》专采其说，而郑《注》渐晦，至南宋而尽亡；仅散见于李鼎祚《易解》及《释文》、《诗》、三《礼》、《春秋义疏》、《后汉书》、《文选注》等书，王厚斋因辑录之，以为郑氏《易》学一线之续。其后海盐姚士粦，元和惠栋，归安丁杰，平湖孙堂，递有增补，而郑氏易学，赖以不坠。是王氏此辑，实有筚路蓝缕以启山林之功。

这虽仅是很简略的一段话，但对《易》学流别说得很清楚。又如《诗本义跋》中所云：

> 欧阳永叔不信符命之说，尝斥《周易》《河图》《洛书》为妖妄；是书于《生民》《思文》《臣工》诸诗，复力诋"高媒""祈子""后稷""天生"及"白鱼跃舟""火流为乌""以

谷俱来"之怪说，诚古人之先知先觉者。且其说经，于先儒义训有不可通者，均付阙疑，绝不为穿凿附会之说，是真能脚踏实地示人为学之道者也。

此乃拈出欧阳修说经独特之点，以见宋人经说，不可全非，对学者们的启发也很大。又如《张状元孟子传跋》中所云：

> 宋自神宗锐意图治，擢用王安石，创行新法，朝议纷然，群起沮抑；大臣无格君之道，小臣以言事为能，抗争不已，相率引退；上下暌隔，群小竞进；本欲求治，适以召乱。元祐更新，老臣柄国。用人行政，尽反熙丰之所为，不以至诚相感，而惟意气是尚。于是绍述之议起，朋党之祸成；内争不息，外患乘之，而宋室亦从此不振。公生其时，追惟祸始，思为惩前毖后之计，著为是书，以为谋国者告。

这又通过论世以知其人，借明此书之所由作。又如《复古编跋》中所云：

> 吾国字书，以许氏《说文》为最古。世俗传写，讹谬百出，张氏著此书以正之。曰"复古"者，将以复于许氏之书也。

虽仅寥寥数语，却对此书体例及标题之旨，全都讲明白了。又如

《明史跋》中所云：

> 曩闻友人预修《清史》者言，属稿之始，检核《明史》。其事其文，不少讹误。今明代《实录》具存，嘉隆以后，被禁之书先后复出，安得尽取诸书及明人著述之有涉史事者，一一参校而勘正之。兹事体大，匪余迟暮所可企及，不能不有望于后贤已。

这对整理《明史》提出了计划。要言不烦，充分体现了属望来者的盛心。又如《明史抄略跋》中所云：

> 噫！帝王之量抑何隘耶？夫以雷霆万钧之力，加诸无拳无勇之辈，自可以为所欲为。推其意，且必谓经此惩创，自此以往，当无有敢稍干犯之徒。即凡受庇宇下者，亦皆可无所忌惮，同享讳尊讳亲之利，于是人人低首，家家颂圣。专制之乐，其乐无穷。乃曾几何时，敌国外患，相逼而来。当日之不许他人夷己者，而人亦不许以夷字相加。江宁订约，著为专条，而侵陵之甚，竟因是以亡其国。循环倚伏，终无已时，岂不大可哀耶！

此因庄氏史案，而致恨专制帝王之惨暴，深恶痛绝，情溢乎辞。可以想见他早年亟图变法自强，改革政治，思想新进，殆非偶然。

综上以观，从知张氏以校雠名家，一生并不局限于校勘文字异同，仅仅是一个寻行数墨的人而已。由于他的学问根柢深厚，所以涉及论学，都有他的卓见高识，不是一般校书的人所能学步的。

总之，张氏的一生，是为文化事业奋斗的一生，是勤勤恳恳尽忠于整理文献、至老忘疲的一生。过去从乾嘉以来的清代学者们，想做而没有做并且不可能做到的工作，他都做到了。在他坚持工作五六十年的漫长岁月里，无论是访书、校书还是印书的工作，都作出了卓著的成绩。对于发扬我国文化，开展研究风气，贡献至为巨大，影响至为深远。我们今天凭借他已经整理好了的成果，利用他已经影印好了的古籍，从事研究工作，不知节省了多少时间和精力，而能收事半功倍之效。所以应该永远感谢他和纪念他！

第二节　罗振玉对整理文献的重大贡献

罗振玉（公元 1866—1940 年），字叔蕴，又字叔言，号雪堂，浙江上虞人。清代末年，做过学部参议、京师大学堂农科监督等官职。辛亥以后，侨居日本最久。他思想感情上留恋清王朝，对早已逊位的溥仪，执臣下之礼甚谨。1934 年以后，又出任"满洲国"伪职，为世所讥。后知事不能成，引退居旅顺，年七十五卒。

罗氏自少读书，即好治经史、碑版考证之学。我们只看他在十九岁时由整理读书笔记而编成的《读碑小笺》和《存拙斋札疏》，二十一岁时所撰《毛诗草木鸟兽虫鱼疏新校正》，二十二岁时所撰《俗说》，二十六岁时所写定的《眼学偶得》《干禄字书笺证》，梁、陈、北齐、后周、隋《五史校议》和自编《面城精舍杂文甲编》，以及三十岁时所编《面城精舍杂文乙编》，可以知道他的精力过人，根柢深厚。原原本本，殚见洽闻。三十岁以前，学问基础已经很雄厚了。他继承了乾嘉以来朴学家们的治学方法，实事求是，刻苦钻研。当时老师宿儒，都器重他。江宁汪士铎为《存拙斋札疏》写了一跋，备加推许；德清俞樾还引用《存拙斋札疏》的话入所著《茶香室笔记》中。他在年轻时，便为学术界的老前辈所激赏，不是没有原因的。

由于他在青年时期，奠定了学问的雄厚基础，替自己一生整理文献取得卓越成就，创造了有利条件。在中国旧社会里，从来喜藏书的，未必能读；能读书的，未必能下手做有系统的研究工作，卓然有所发明。即使兼有数者之长，又未必能以私人财力印布书籍，以广流传。罗氏却一生孜孜不倦地在这些方面，做了不少工作。他所搜讨的史料，十分丰富；他所印布的书籍，十分繁多，给近代学术界提供了宝贵的资粮，给研究工作者们开辟了新的途径。今人知道用出土实物上证史传，举凡金文、甲骨之整理，竹简、帛书之被重视，并加以精密研究，无一不与罗氏辛勤搜讨和热心印布有关。他的这种功绩，永远值得尊重。现在但就有关文献范围内他所进行的工作，分五部分来谈：

殷墟甲骨文字的整理

当 1899 年（清光绪二十五年）河南安阳出土龟甲兽骨时，最初收购，为福山王懿荣。王氏死后，甲骨为丹徒刘鹗（字铁云）所得。罗氏在刘家看见甲骨，便惊为奇宝，认为汉以来小学家若张（敞）、杜（林）、扬（雄）、许（慎）所不得见。因劝刘氏选择字迹完好的千余片拓印为书，于 1903 年（光绪二十九年）出版，名为《铁云藏龟》。罗氏便直接参加了这次选材编印的工作，这是甲骨文字印行的开端。1906 年（光绪三十二年），罗氏开始自行搜集，初由骨董商人手中辗转购买，后又派专人到安阳采掘，前后共得三万多片，于是开始从事于传印甲骨文字的工作。从辛亥以后，罗氏侨居日本达八年之久，埋头整理这一大堆材料。1912 年，出版《殷虚书契》（前编）凡八卷，三百五十一页，二千一百零六片。1914 年，又选择了大骨八片、小者六十片，印成《殷虚书契菁华》。1915 年，又选印《铁云藏龟》所无者，成《铁云藏龟之余》，凡十七页。1916 年，又选择前所未备者，复得千余品，编印为《殷虚书契后编》二卷。归国以后，他感到自己的收藏还不够，又时时留心搜集国内收藏家的拓片，共得三千纸，于 1933 年印成《殷虚书契续编》六卷。这些书在影印时所用纸料和装订方面，均极精工，为历来所无。自从它们行世，为史学工作者提供了丰富的资料，由此研究甲骨文字的风气，也就大大地展开了。

罗氏对于甲骨文字，不单是搜集材料，做了整理印布的工作，他并且肯尽心力，去作系统的深入研究。在一大堆破碎零乱的材料中，找出了很多条理，创辟了很多方法，对学术上的贡献极大。远在1909年（宣统元年），他看到日本人林泰辅所作《清国河南省汤阴县发现之龟甲兽骨》一文，认为其中错误不少，于是写成《殷商贞卜文字考》以释其疑误。全书分四篇：考史第一：一、殷之都城；二、殷帝王之名谥。正名第二：一、籀文即古文；二、古象形字因形示意，不拘笔画；三、与金文相发明；四、纠正许书之违失。卜法第三：一、贞；二、契；三、灼；四、致墨；五、兆坼；六、卜辞；七、薶藏；八、骨卜。余说第四。这样，便显然在甲骨文字的一块荒地上，开始了分类推求的研究方法。他还考定甲骨出土之地为殷武乙的故墟，卜辞为王室的遗物，给后来研究甲骨的学者们以莫大的启示。

当他印成《殷虚书契前编》和《菁华》以后，便进一步从事于考释文字的工作。1914年，写成《殷虚书契考释》三卷出版。全书分为都邑、帝王、人名、地名、文字、卜辞、礼制、卜法等八章。条理井然，洋洋大观，内容比前书增加了好几倍。他将甲骨文字以类相聚，作了全面系统的考证和论述。其中文字部分考释出单字近五百个，能通读的卜辞也大为增加。书中将卜辞内容分为卜祭、卜告、卜禾、卜出入、卜田渔、卜征伐、卜风雨等类，大体上弄清了卜辞的基本内容。近人分类以求殷墟卜辞，都不能越其范围，这种筚路蓝缕的功绩，是不可湮没的。

金石刻辞的整理

从宋代学者开始重视鼎彝文字的考证，至清儒乃更进一步取以说经释字。阮元为《商周铜器说》上下篇，谓钟鼎铭辞当与"九经"并重，特别提高了它的作用。于是乾嘉学者们研究金文的风尚，大大地展开了。罗氏一生治学，是以乾嘉诸儒为师模的。对于这方面的研究，用力最勤，也十分强调铜器刻辞的价值。所以他在《窓斋集古录序》中便说："彝器文字，三古之载籍也；周秦两汉之金石刻，雕版以前之载籍也。"这已很明白地肯定了金石文字是雕版以前的古书，至为重要。

近世出土的钟鼎敦盘之属，多为前人所未见。罗氏藏器既多，又收集拓本至四五千通，就先后将自己私藏之器影印为《梦郼草堂吉金图》《贞松堂吉金图》诸书。又取前人所没有著录过的，共二千四十七器的拓片，先后摹印为《集古遗文三编》。1937年，又综合古今所有钟鼎款识文字，无论已著录或未著录的拓本，悉付影印，成《三代吉金文存》二十卷。从此考索商周铜器刻辞的人们，不必再从他处找材料了，这给研究工作者带来了极大的方便，因而也推动了金文研究工作的向前发展。

罗氏对于碑版文字，从小便有浓厚兴趣，留心研究。当他十九岁时刊行第一部著作《读碑小笺》后，次年又刻成《金石萃编校字记》；1893年（光绪十九年），当他二十八岁时，又撰述

《再续寰宇访碑录》二卷。这都是他在青年时期仔细读碑、自抒心得的成果。他喜欢收集拓本，曾经怀过一个综括所有石刻成为一书的宏愿。想取海内所有拓本，依文体分为颂、序、记、神碑、墓表、墓志、造象记、刻经记、题名、诗词等若干类，分门辑录，罗列众本，精意校写，名为《寰宇石刻文编》。他这一设想在《金泥石屑序》中说得很清楚。这计划没有完成，那规模确实是很庞大的。

罗氏搜访石刻，几于无所不至。单就他所刻《唐风楼碑录》十三种来看，就有昭陵碑录、三原三家碑录、西陲石刻录、芒洛冢墓遗文、东都冢墓遗文、邺下冢墓遗文、中州冢墓遗文、襄阳冢墓遗文、广陵冢墓遗文、吴中冢墓遗文、石屋洞造象题名、龙泓洞造象题名、山左冢墓遗文等共三十一卷。他这样分地区来综录石刻，印成丛书，为学术界保存了不少的可贵史料。

罗氏一生整理金石刻辞所采用的方法，除上述者外，通常是遵循两种途径去进行的：一种是按时代来编次；一种是按物类来编次。像他早年所印布的《殷文存》《秦金石刻辞》诸书，是按时代来编次的；其他如《古镜图录》《古官印存》《专录》《瓦当文字》等，便是按物类来编次的。这样大规模地有系统地整理远古文献，在他以前还没有人做过。

熹平石经和汉晋木简的整理

历代王朝，每喜取经典文字刻在石碑上，使字形统一，成为一时的定本，称为"石经"。实创始于汉末的"熹平石经"，是公元二世纪七十年代，当汉灵帝熹平年间，建立在洛阳太学门外的。后经汉末扰乱和两晋南北朝的社会变化，此石遭到破坏散失，剩下来的残余，也就埋没到地下去了。到宋代才从地下发现残石。洪迈《隶释》著录最详，已为学术界所注意。后七百余年，至1922年，又出土于洛阳。罗氏最先知之，且开始做整理残字的工作。最初以马衡所编《汉魏石经集拓》为依据，其中汉石经得七十二石。罗氏就七十二石中本为一石而离析了的，把它合拢来；仅存一字而无可归属的，把它拿出去，得石五十二。再增入自己所藏的拓片，编次为《汉石经残字集录》一卷，于1929年7月印行。到8月底，又搜集了新出土的残字拓片，马上整理付印，成为《汉石经残字集录补遗》。9月，又陆续整理新得材料，成《汉石经残字集录续编》付印。11月，又印成《汉石经残字集录三编》一卷。不久，又编定《汉石经残字集录四编》。在短短半年的时间内，竟从各处搜访石经残字拓本或实物，陆续整理印成，以公诸世，并且每次都很仔细地做了一番校对考证的功夫，凡有关古今本文字异同，都一一指出，这就提醒了研究工作者的注意。

1908年，即清末光绪三十四年，英人斯坦因在我国新疆、甘肃境内，得汉晋木简千余，载归其国。后由法国学者沙畹为之考释，将成书。过了几年，印行于伦敦。罗氏写信给沙畹，欲得其影片。沙畹即以手校本寄来。罗氏因和王国维共同细读，重加编订。这一批简牍出土之地凡三：一为敦煌迤北之长城；二为罗布淖尔北之古城；三为和阗东北之尼雅城及马咱托拉拔拉、滑史德三地。敦煌所出，都是两汉遗物；出于罗布淖尔北的，大抵上自魏末，下讫前凉；出于和阗旁三地的，不过二十余简，无年代可考。其最远为后汉，近亦隋唐。罗氏依据这批简牍文字的内容，分为三大类。罗氏整理《小学术数方技书》和《简牍遗文》，王国维整理《屯戍丛残》，两人又各为考释。即于 1914 年编为《流沙坠简》，在日本付印。这一大批价值很高的文献资料出土于西北地区之后，为外人劫掠走了，罗氏竟能从国外取得影本，进行整理考释，及时加以印布。这对考史工作者又提供了新的材料，贡献是很大的。

敦煌石室佚书和西陲石刻的整理

千多年前的汉晋木简，得出土于新疆、甘肃，不是偶然的。它所以能永久保存到今天，是由于西北空气干燥，地不潮湿，埋藏在地下的东西不易腐烂。推之古书卷轴，能长期保存在石洞里，到今天还十分完好，也不是一件奇怪的事。在汉晋木简出土的同时，英人斯坦因和法人伯希和在甘肃敦煌千佛洞搜寻了古代的藏书窟，将其中最精华的卷子本古书和佛经都窃取走了。罗氏又想尽方法，把一部分重要典籍影印回来，使本国学者们有机会看到自己祖先手写的卷子本古籍。

当时为伯希和取去的卷子，一大部分是有价值的古书。罗氏都通过私人关系，取得影本，陆续整理付印行世了。他对每一种古写本书籍，都进行了仔细校读工作，在跋文中，指出了它与今本不同的地方。这一类的题跋，大部分收在《雪堂校刊群书叙录》卷下。那些题跋文字，凡有关经传篇帙、文字的校订，历史上官名、地理的疏证，以及诸子、《文选》、《本草》、方书与今本不同之处，都尽了辛勤爬梳、审定、考核之功。非博览群书，熟悉经史，是不好轻易动笔的。

我们只看罗氏《丙寅稿》中所载《补唐书张义潮传》《敦煌写本曹夫人赞跋》《敦煌写本曹议金四疏跋》《敦煌写本曹元深施舍疏跋》《敦煌写本曹良才画象记跋》《敦煌写本曹仁贵仲秋状跋》，《后丁戊稿》中所载《补唐书张义潮传跋》诸篇，便可考见他在作考证文字时细心谨慎的研究态度。居然从一堆破烂材料中茧里抽丝，写成了有系统的史传所无的记录，值得学术界尊重！

罗氏每当发现或搜访到有价值的古代文献资料以后，经过整理，便积极设法印布，使之成为世人共有的财富。他对待甲骨文字、金石刻辞、熹平石经、汉晋木简，都是这样处理的。其于敦煌石室保存下来的一部分手写本古书，也自然不能例外。他在1913年秋，便编次法国伯希和先后多次邮寄来的敦煌鸣沙石室唐人卷轴写本隶古定《尚书》残卷以下影片凡二十种，为《鸣沙石室佚书》，付工精印。1917年春，又编印《鸣沙石室佚书续编》，凡四种。此外，尚印有《鸣沙石室古籍丛残》，即石室所出六朝至唐写本经籍，今有传本可资校勘的，分为"群经丛残""群书丛残"两大类。前者十五种（连同书而异卷者计之），后者十五种，都各作跋尾，详考其与今本的异同得失。他对这一部分古文献的整理、印布工作，可算是够尽心力了。

罗氏写定《张义潮传》，其材料多取之西陲石刻，因之对石刻十分重视，认为"古刻之裨益史事，以边裔石刻为尤宏"（见《西陲石刻录序》）。因甄录由汉至元的十五碑，于1914年2月，写定为《西陲石刻录》。是时罗氏正居日本，得见日本人从我国西北所得古代墓砖甚多，所载年月世次足订史传之误，因写成《高昌麴氏系谱》一书；又甄录砖文，成《西陲石刻后录》。从这些事实里，可知罗氏一生对文献资料的搜求、传拓、考证、出版，是具有高度热情和坚定毅力的。这自然是他一生对整理文献作出巨大贡献的先决条件。

内阁大库档案的保存和整理

当罗氏生存的时代，我国新发现的文献资料有四：一、殷墟甲骨；二、汉晋木简；三、敦煌石室遗书；四、内阁大库档案。这四大类资料的发现，丰富了学者们研究的内容，开辟了新的途径，因而在考史方面，取得了辉煌的成绩。但是一谈到整理这四大类资料，使能更好地为学者们所利用，罗振玉是应该居首功的。前面三类已详述如上了，现在谈谈罗氏对保存内阁大库档案的功绩。

内阁大库位于故宫范围内旧内阁衙门的东偏，临东华门内通路，原属典籍厅掌管。库藏的东西，十分之三是书籍，十分之七是档案。书籍是明代文渊阁的遗留；档案便包括历朝帝王的朱批谕旨，臣下缴进的批折、黄本、题本、奏本、外藩属国的表章，历科殿试的大卷都在内。经历明清两代，几百年间陈陈相因，充积满库。尘封不动，无人过问。当1909年宣统初即位时，摄政王监国，吩咐阁臣从大库中检寻国初摄政典礼档案。结果不独没有找到，还认为那样多堆积如山的废纸，毫无用处，奏请焚毁，朝廷也答应了。正值张之洞以大学士、军机大臣管理学部，罗氏时为学部属官，任参事，因向之洞说明大库旧藏，多属明清史料，应加保存，不可焚毁。之洞采其言，于是奏请以阁中所藏书籍，设京师图书馆。档案移置到国子监的南学，试卷等移置到学部大堂的后楼。后又将这两部分东西移置到午门楼上的历史博物馆。1922年，馆中拿出四分之三的档案卖给故纸商，其数凡九千麻袋，将以造还魂纸。事为罗氏所闻，于是四去举债，以三倍的价钱，从商人手中买回来，移藏于彰义门的善果寺。而历史博物馆的剩余，也被北京大学取去。这一份堆积如山的文献资料，总算是抢救出来了。

罗氏不仅收藏、保存这一大批文献资料便止，并且发愿整理全部档案，刊印行世。然又深深感到非建专馆，非有集体合作不易奏功，不是一个人的力量所能为，大有望洋兴叹之势。但他终于运了一少半到天津，亲自整理，于1924年将已整理好了的史料二十二种付刊，名为《史料丛刊初编》，装成十册。自谓："当继是而二三以至十百，然固非予力所能任也。"自然有日暮途远之感了。于是将未经整理的档案，卖给德化李盛铎，希望分途组织人力，从事整理。当时学术界已重视这一大宗资料，不久德化李氏所收藏的，便为当时中央研究院历史语言研究所购取去了。几经整理，前后刊行《明清史料》三集，每集十册。此外，1924年溥仪出走后，清宫改设故宫博物院，当时清理的人们又于宫中搜得大批史料，经过学者整理，先后编为《掌故》《文献》两丛编及《史料旬刊》，陆续发表，给研究明清史的工作者以莫大的帮助。但是近数十年来，学者们知道重视这方面的资料，积极进行整理，仍然是罗氏大力倡导的影响。

宣统年间，一群庸愚的官僚们曾议决将这巨量的史料尽付焚毁，罗氏竭力设法挽回；后来被人卖给了故纸商，他又竭力举债收购。如此前后两次保护内阁大库档案，不使变为灰烬。他晚年在《集蓼编》里，对这事原委有一千三百字的详明记载，可以考见当时力排众议，设法保全，是煞费苦心的。这一功绩，具有重大意义！

由以上五部分的事实来看，罗氏竟以一人之力，在整理文献的事业上，做了这样多浩大而艰难的工作，成绩可谓大得惊人。王国维在《库书楼记》中称道罗氏有云：

> 其所得之殷虚文字，固已编之、印之、考之、释之。其他若《流沙坠简》，若《鸣沙石室古佚书》等，凡数十种，先后继出。传古之功，求之古今人，未见其比。

这是王氏早年的写作，只能谈到这些，自然不能概括罗氏在整理文献方面的全部成就。郭沫若在1929年写的《中国古代社会研究自序》中，也曾说道：

> 在中国文化史上实际做了一番整理功夫的，要算是以满清遗臣自任的罗振玉，特别是前两年跳水死了的王国维。罗振玉的功劳，即在为我们提供了无数的真实的史料。他的殷代甲骨的搜集、保藏、流传、考释，实是中国近三十年来文化史上所应该大书特书的一项事体。还有他关于金石器物古籍佚书之搜罗颁布，其内容之丰富，甄别之谨严，成绩之浩瀚，方法之崭新，在他的智力之外，我想怕也要有莫大的财力才能办到的。大抵在目前欲论中国的古学，欲清算中国的古代社会，我们是不能不以罗、王二家之业绩为其出发点了。

这虽然比较全面地概括了罗氏一生的重大贡献，但注意力还是集中在印布了殷墟甲骨、铜器刻辞、石经残字、简牍遗文、敦煌卷轴、西陲石刻、档案史料之类。很少有人注意到罗氏除此之外，还努力辑印了十几部有裨实用的丛书，给学术研究工作者提供了更广泛的资料，值得我们重视。今列其目如次：

一、敦煌石室遗书　1909 年诵芬室排印本。

收书二十二种（包括各种校勘记、札记、补考在内。以下皆同）。

二、鸣沙石室佚书　初编 1913 年，罗氏影印本；续编 1917 年影印本。

初编收书二十种。续编收书四种。

三、玉简斋丛书　1910 年，罗氏刊本。

一集，收书十四种；二集，收书八种。

四、宸翰楼丛书　1911 年，罗氏刊本；1914 年重编本。

初刊收书五种；重编收书八种。

五、永慕园丛书　1914 年，罗氏影印本。

收书十四种。

六、云窗丛刻　1914 年，罗氏日本京都东山侨舍影印本。

收书十种。

七、雪堂丛刻　1915 年，罗氏排印本。

收书五十六种。

八、吉石庵丛书　初集，1914 年至 1916 年影印本；二集，1917 年影印本；三集、四集，1917 年影印本。

初集，收书十种；二集，三种；三集，六种；四集，八种。

九、鸣沙石室古籍丛残　1917 年，罗氏影印本。

群经丛残十五种，群书丛残十五种。

十、嘉草轩丛书　1918 年，罗氏日本影印本。

收书十一种。

十一、六经堪丛书　东方学会排印本。

初集，二十三种；二集，一种；三集，一种。

十二、东方学会丛书初集　1924 年，东方学会排印本。

收书三十三种。

十三、殷礼在斯堂丛书　1928 年，东方学会排印本。

收书二十种。

十四、百爵斋丛刊　1934 年，罗氏石印本。

收书十八种。

十五、 贞松堂藏西陲秘籍丛残 　罗氏影印本。

第一集收书二十种；第二集，六种；第三集，九种。

以上十五部丛书，是由罗氏一手辑印的，包罗的内容至为丰富。举凡清代学者未刊遗稿，唐宋元明孤本书籍，以及不经见的而可供考证之用的短书小册，都分别收入各丛书。其中有些稀见的零种书，罗氏亲自校订后，写成校记、补考之类，一并附原书发表。这便为那些博览群书的学者们提供了更多的参考资料，功用也是很大的。所以谈到罗氏一生传古之功，范围至为广泛，应该全面地加以衡量，不单是印布甲骨、金文、残卷、遗简而已。

况且罗氏除传古之功以外，还具有考古之识，不愧为近代学问博通、卓然有成的学者。他的儿子在《行述》里总结罗氏一生说："校刊书凡四百余种，自著书凡百三十余种。"而《贞松老人遗稿甲集附录》，有《贞松老人著述总目》，胪列已刊未刊书达一百五十六种之多。其中如《殷虚书契》以及金石、器物图录之类，固然仅有类次影印之功，不能算是私人著述，但是类次整理的过程中，便涉及鉴别真伪、审定时代，非有精湛的识力不易着手。难道是不学无术、专玩骨董的人，所能轻率从事！

至于罗氏自抒心得的专著，如《殷商贞卜文字考》《殷虚书契考释》《流沙坠简考释》《石鼓文考释》《读碑小笺》《再续寰宇访碑录》《石交录》《古器物识小录》《镜话》《俑庐日札》诸书，都是他平生研究每一类专门学问的心得记录，为后人启示了无数法门。其平日题跋文字和学术论文，大抵荟萃在《永丰乡人稿》《面城精舍杂文甲乙编》《松翁近稿》《丙寅稿》《丁戊稿》《后丁戊稿》《辽居稿》《辽居乙稿》《松翁未焚稿》《车尘稿》《贞松老人外集》诸编中。这些便是他的文集，也综括了他一生整理古文献的成就。

有些人看到罗氏著述太多，便怀疑到他的写作有一部分是出于王国维之手，而非罗氏所能为。这种臆断是错误的。臆断之起，是由早年在清华研究院学习过的王门弟子最先提出来的。他们悼念老师死得太早，许多著作没有完成，因联想到《殷虚书契考释》既是他们老师为罗氏手写上石，便怀疑是老师的作品。由怀疑变为肯定，加以宣扬，却没有注意到那时王国维随罗氏侨居日本，住在罗家，从罗氏研究古文字学，以师礼事之，替罗氏写书付印，有何不可。有如清初张力臣替顾炎武写《音学五书》，近代钱玄同替章太炎写《小学答问》，都是儒林雅事，传为美谈。朋友出力助抄写之劳，又有什么可怀疑的。但那一臆断既已传开了，学术界便众口同声，对罗氏漫肆丑诋。郭沫若所著《历史人物》一书中，谈到罗氏与王国维，便有这样一段话：

> 王对于罗，似乎始终是感恩怀德的。为了要报答他，竟不惜把自己的精心研究都奉献了罗，而使罗坐享盛名。例如《殷虚书契考释》一书，实际是王的著作，而署的却是罗振玉的名字，这本是学界周知的秘密。单只这一事，也足证罗之卑劣无耻，而王是怎样的克己无私，报人以德的了。

这一段推论，不知何所据而云然。如果进一步追索根据，必然是"想当然耳"四字的回答。由于郭氏平日瞧不起罗在晚年依附"满洲国",认为是"卑劣无耻",早有成见在胸,所以一谈到罗的著述,也轻率地用这四个字来痛骂他。专凭主观臆断,何能以理服人。后来溥仪写《我的前半生》,在第四章谈到罗振玉时,也说:

> 王国维求学时代十分清苦,受过罗振玉的帮助,王国维后来在日本的几年研究生活,是靠着和罗振玉在一起过的。王国维为了报答他这份恩情,最初的几部著作,就以罗振玉的名字付梓问世。罗振玉后来在日本出版轰动一时的《殷虚书契》,其实也是窃据了王国维甲骨文的研究成果。

溥仪是一个没有读过多少书的清末废帝,所以开口便错。众所周知,《殷虚书契》只是影印龟甲兽骨文字的册子,无异于坊间流行的图片集。罗氏将所搜集的甲骨,分《前编》《后编》《续编》及《菁华》影印行世,只是替研究工作者们提供一些素材。单就排比资料、付之影印的工作来说,一书估可以办到,并不需要有多大学问的人才能动手。溥仪却把它看成王国维研究甲骨文的成果,辗转耳食,连《殷虚书契考释》的书名都说不出。无知至此,可以不辩。

如果要把问题弄清楚,最好让事实说话。一是罗振玉学问根柢如何,有无能力写这样的书?二是王国维治学途径的转变,和罗氏所给予的影响如何?三是王国维生前对罗氏学问造诣的评价如何？这三个提问如果得到明确的解答，真相自可大白。

首先，我们知道，罗氏在三十岁以前，早就刊行了不少考证经史碑版的专著，已在前面说过了。他青年时期，便已博通经史，循着乾嘉学者们的治学方法从事考证之学，并且功力已很深厚。当他十九岁编成《读碑小笺》《存拙斋札疏》等书时，王国维还只有六岁。罗氏学问早成是肯定的。从他一生治学精进不已的发展情况来看，到他四十九岁时（1914年）写出《殷虚书契考释》，完全是可能的。况且这部书是在四年前所撰《殷商贞卜文字考》的基础上，扩大门类而写成的。那时的王国维，还没有可能撰述这一类的书。

其次，王国维早年治学，兴趣很广泛。在三十五岁随罗氏到日本侨居以前，他日夜寝馈于西洋哲学和宋元通俗文学的书籍；对于叔本华和歌德的著述以及宋元名家词曲，十分喜好。但是他自己终身的研究工作，究竟以何者为重点，在这时是没有定向的。所以他早年在《自序》中谈过："诗歌乎？哲学乎？他日以何者终吾身，所不敢知。抑在二者之间乎？"这仍在彷徨歧道，没有下定主意做何种专门学问。听到罗氏的劝告和启牖后，才开始"屏平日所学以治国学"。罗氏又借给他群经注疏和清代学者戴震、段玉裁、程瑶田、王念孙诸家著述，供他阅览。他渐渐奠定了研究古文字的基础。罗对王的照顾和爱护，是无微不至的。给他介绍工作，供给他书籍，接济他费用，以至一同出国，侨居日本，把他看成家人一样。王就凭借这种优越环境和有利条件，从事古代文字和殷商历史的研究，终于取得了巨大成就，这和罗氏对他的鼓励与支持是分不开的。我们如果肯定地说：没有罗振玉，便不可能有王国维的研究成果，事实俱在，未为夸大。这点，只能说是罗氏对学术界的有力贡献，而不只是他两人的恩谊问题。

最后，我们看看王国维生前对罗氏是怎样评价的。王对罗的学问，十分佩服，厚相推重。他在《殷虚文字类编序》中，既已说过：

> 殷虚文字之学，始于瑞安孙仲容比部，而实大成于参事。参事于宣统庚戌撰《殷商贞卜文字考》，甲寅复撰《殷虚书契考释》，刱获甚多。

在所撰《最近二三十年中中国新发见之学问》一文中，叙及殷墟甲骨文字，又说：

> 审释文字，自以罗氏为第一。其考定小屯之为故殷虚及审释殷帝王名号，皆由罗氏发之。

在所撰《殷虚书契考释序》中，十分叹服地说：

> 自三代以后，言古文字者，未尝有是书也！

在《后序》中又叹道：

> 此三百年来小学之一结束也！……窃谓我朝三百年之小学，开之者顾亭林先生，而成之者先生也。

这是何等的推崇备至！本来，王国维最初研究古文字，是常从罗氏虚心请教，得到许多指点的。王氏自己也承认"余从先生游久，时时得闻绪论"（见《殷虚书契考释后序》）。这分明是以师礼事罗氏了。罗家子孙至今还保存了王氏书札数百通，装订成三厚册。我曾借来一读，觉得其中虚心请益的恳挚，论学措辞的谦谨，都体现了对罗氏的尊重。因摘抄其中有关论学书札一百一十八通，刊入《中国历史文献研究集刊》第一辑，借以矜式多士。

像罗氏这样一个学问博通的人，著书立说，岂仍假手于人？况当他撰述《殷商贞卜文字考》时，王国维还在徘徊于哲学、文学的歧道上，没有择定专精哪一种学问。当他撰述《殷虚书契考释》时，王国维虽已决定"屏平日所学以治国学"，但仍在补读注疏和朴学家们的著述，还不可能写成甲骨文字研究的专著。事实如此，用不着旁人妄逞臆断，淆乱听闻了。

世人徒以罗振玉晚年依附"满洲国"，身任伪职，都很鄙弃他，相率有意地把他在学术上的地位抑压下来，好像著名学者的头衔，只可安在王国维的身上，而不应加于罗振玉的名下似的。而不知王国维生前拖长辫子，入宫请安，特别是弄到南书房行走的官职以后，侍候溥仪，唯敬唯谨，那种忠君事上的态度，较之罗氏有过之而无不及。如果他不早死，活到七十、八十，看来也会扈驾赴辽，替"满洲国"出谋划策，身登大位的。不过由于他的早死，当然使后来这一段丑史没有扮演出来罢了。总之，罗、王二人，在政治上，思想感情是封建的、倒退的，但是在学术研究工作上，方法条例又是科学的、新进的。就他们的造诣来看，同归精湛，各有千秋。今天评价他们，只宜实事求是，不可抑此扬彼。如果专凭爱憎之私，不顾是非之公，任情轩轾，信口雌黄，那是封建文士的恶习，在今天的学术界，是不应存在的。

第十一章　今后整理文献的重要工作

谈到整理文献，不是单纯校勘注释几本书就完了。更重要的，在能从丛杂的资料中，去粗取精，去伪存真，将内容相近的合拢来，不同的拆出去，经过甄别审断、整理篡集的过程，写定为简约可守的新编。让人们在研究中国古代文化方面，能够节省时间、精力，较有条理有系统地了解过去，这诚然是文献学工作者的重任。要做的工作太多了，现在但就几方面比较迫切的任务，举例说明如下。

第一节　甄录古代遗文

远古留下的写作，最初多属单篇流传。到了某一时期，才有人把较多相近的材料，汇集在一起，成为一部书。在每一部书之内，篇目虽多，但从写作本身来讲，多不出于一时，不成于一手，这是常有的事，我们可以总称之为"古代遗文"。整理这些丛杂的遗文，再也不要为前人所加上的所谓"五经""九经""十三经"这些名目所束缚和局限了。且不论"经"的称号，是后世所加，非古人所固有；即经传标题，也要重新考虑。例如《周礼》《左传》两书，是历代学者争论不休、问题最多的两部大书。争论的焦点，在于书出谁手和成书的年代问题。一直辩论了两千年，还没有得出适当的结论。这是由于首先对书的标题没有弄清楚，以致聚讼纷纭，莫衷一是。本来，古代用"周"名书的，原有二义：一种是代表朝代；一种是采用周普、周备、周遍的意思。《周礼》和著录于《汉书·艺文志》的《周政》《周法》《周训》《周考》《周纪》《周说》一样，都是采用后一种含义。它是周末列国设官分职的综合记录，是一部由战国时人纂成的官制汇编。由于不出于一地，不成于一手，所以在内容上还出现彼此详略不同、前后重复的缺点。《左传》也是一部由战国时人裒录而成的列邦史记，看它叙周、晋、齐、宋等国事为最详，晋则每出一师，具列将佐；宋则每因兴废，备举六卿。可知各国史策所载，不独详略不同，抑亦轻重有别。到了战国晚期，便有一位姓左的史家，将列国史官所记纂为一书，成了《左传》。古人以"传"名书，本有二义：一为"传注"；一为"史传"。褚少孙称太史公书为《太史公传》，便是一例。后人硬要把《周礼》说成周公致太平之书，把《左传》的作者看成孔子口中所称道过的左丘明，无非是假托古代有名的人来抬高其书的价值。正如《淮南子·修务篇》所说："世俗之人，多尊古而贱今。故为道者，必托之于神农、黄帝而后能入说。"那么，后人将《周礼》托名于周公，《左传》托名于左丘明，这和《易》卦必托名于伏羲，《本草》必托名于神农，《医经》必托名于黄帝，没有什么不同。我在所著《经传标题辨惑》中，早就指出了这个道理，提醒整理古代文献的工作者们，认真对待这一类的问题，再不可为旧说所惑。举此二例，可概其余。有了这种辨识能力，以后进行整理工作就容易下手多了。

自从后人把远古许多单篇写作衰辑成书以后，便出现了内容复杂的问题，真伪淆乱的问题，在在需要整理。即如今日通行的《尚书》，共有五十八篇文字。其中有真的，有后人伪造的，也有真伪参半的（事实是古代的，文字出于后人追述）。假若真伪不分，根本谈不上考证史实。但是这个本子在社会上流行了很长时期，唐初诸儒修《尚书正义》，陆德明撰《经典释文》，都根据这个本子；一直到近代辑印的《四部丛刊》《四部备要》，也都采用它。而经过清代学者的考证，其中只有二十八篇是比较可靠的文献资料，已成了定论（真伪篇目，详见拙著《中国古代史籍举要》）。这便需要将真伪分开，重新写定，加以整理。况且有些专门性的单篇文字记录，多附见在汇编性的大部书内，因而缩小了或湮没了它的巨大作用。例如古代自然地理和经济地理的说明书——《禹贡》，在《尚书》内；专谈科技制造的《考工记》，在《周礼》内；记录时令、气候的《夏小正》，在《大戴礼记》

内；详载古代教育事师细节的《弟子职》，在《管子》内；阐发农业生产知识的《上农》《任地》《辨土》《审时》诸篇，在《吕氏春秋》内。这都是有裨实用的古代遗文，也就是最宝贵的重要文献，值得我们重视。自可从原书中抽出来，加以整理和阐述。像这一类的遗文，保存在他书中的还很多，在这里也不必一一列举了。

古代遗文，也有保存在汉人传、注中的。例如《诗三百篇》的《毛传》，出于西汉学者之手，是现存传、注中最早的书。它除解释字义以外，还保存了许多有价值的古代文献资料。像《邶风·静女》篇"静女其娈，贻我彤管"，《传》便有"古者后夫人，必有女史彤管之法……"的一段说明；《鄘风·定之方中》篇"卜云其吉，终焉允臧"，《传》便有"建邦能命龟，田能施命……"等关于九能的一段内容；《王风·黍离》篇"悠悠苍天，此何人哉"，《传》便谈到了"尊而君之，则称皇天……"等不同天号的意义（与《尔雅·释天》的说法不同）；《小雅·鱼丽》篇"鱼丽于罶，鲿鲨"，《传》便涉及了"古者不风不暴，不行火……"有关庶物繁茂的原因；《小雅·车攻》篇"东有甫草，驾言行狩"，《传》便叙述了"田者大芟草以为防……"有关古代田猎的方法；《大雅·烝民》篇"王命仲山甫，城彼东方"，《传》便指出了"古者诸侯之居逼隘，则王者迁其邑而定其居"的旧制。这些资料，都是不见他书的逸闻。所以唐初孔颖达修《正义》时，便说："此似有成文，未闻所由。"（《静女篇正义》）或说："此皆有成文，但典籍散亡，不知其出耳。"（《鱼丽篇正义》）或说："毛时书籍犹多，去圣未远，其当有所依约而言也。"（《烝民篇正义》）由此可见，唐初学者们早已将这些资料看成远古遗文了。至于郑玄注《礼》笺《诗》，每用"玄之闻也"详述有关的文献资料，尤为丰富。清代学者戴震尝言："郑康成之学，尽在《三礼注》，当与《春秋》《三传》并重。"那里面保存的古代遗文，就更为可贵了。我们面对着这样多的文化遗产，有责任把它整理而甄录出来。

可贵的古代遗文，除大量保存于书本外，还有金石刻辞值得珍重。现存的金文，其史料价值有些不在《尚书》之下。就文字较多的长篇而论，《毛公鼎》刻辞是周成王册命毛公之辞。从文、武创业及周、召同心辅翼说起，转到守成不易、匡济需才，叮咛周至，委曲详尽。最后叙及颁赐，品物繁多。全篇凡四百九十七字，是金文中最长的一篇。其次如《散氏盘刻辞》，记载矢、散两国勘定疆界之事，即周礼所谓"地约"。前半叙两国疆界所经之道，立表以为标识；中叙两国官吏履勘之事；末叙两国誓辞及绘图畔器。凡三百五十九字，也是金文中的巨制。此外，如《盂鼎刻辞》申沉湎于酒之戒，行文视《尚书·酒诰》尤为简练透辟。《虢季子白盘刻辞》，叙战功，叙赐赏，通篇有韵，无殊《雅》《颂》，是金文中别开生面的一种写作。总之，现存的铜器刻辞，无论长篇短制，史料价值极高；其可靠性，远远超过了《尚书》。至于石刻，自以秦始皇时所立丰碑为最可贵。始皇巡游天下，登名山，凡六刻石。《史记·秦始皇本纪》都收载其辞，独未录峄山刻石之文。然而这篇遗文，至为简古。在颂秦功德之中，痛斥封建之害，比较《史记》"廷议"一节，还要翔实。史料价值，便可想见了。从汉以来，碑的应用愈广，可以考证史实的材料愈多。其后墓碣、墓志之属，日益繁夥，在在足以辅翼史传。我们有必要从其中择取有代表性的作品，进行研究整理。

第二节　改造二十四史

近年来，由国家组织人力标点完了二十四史，诚然是中国文化史上一件大事。但就整理历史文献来看问题，这仅仅是开步走。况且标点本身还存在一些错误，能够说有了这一套标点本子，就已经解决问题了吗？今天如果要从根本上去解决，给读者提供方便，那就是怎样去改造二十四史的问题，而不是什么一般整理的问题。提到"改造"二字，或者会引起人们惊讶。其实今天所常见的殿本二十四史，从形式到内容，都有改造的必要。首先宜将后人附加的话，以及错简、衍文、注语窜入正文等不符合原文的现象，加以改正删订，重新写定，这是十分必要的。例如《史记·司马相如传》末称引扬雄评论词赋的话，《屈贾列传》末叙及贾嘉在汉昭帝时列为九卿的事，都是后世抄书的人附加上去的。王若虚《史记辨惑》、凌稚隆《史记评林》都已谈到了。《汉书·李广利传》有错简正文六十九字、注文二十八字，王念孙

《读书杂志》已依《史记·大宛传》改正了。《后汉书·郭太传》有七十四字，本为注中引谢承《后汉书》语，辗转传抄，窜入正文，钱大昕《廿二史考异》已加校订了。这一类的错乱现象，前人早已明确指出，或者进行了修正，今天仍依殿本，让它原封不动地保存下来，行吗？《史记》、两《汉书》是人们常翻的书，尚且如此。这里仅各举其一以示例而已。推之其他诸史，情况也是很严重的。

至于久经传写，造成文字的缺、夺、讹、衍，以致前后文气不相联贯之处，尤不可胜数。我们应该根据前人研究成果进行审核。除常见的王氏《商榷》、钱氏《考异》、赵氏《札记》之外，如王若虚的《诸史辨惑》、王世懋的《读史订疑》、牛运震的《读史纠谬》、杭世骏的《诸史然疑》、王懋竑的《读史记疑》、张燨的《读史举正》、陆锡熊的《炳烛偶抄》、李晚芳的《读史管见》、卢文弨的《读史札记》、钱大昕的《诸史拾遗》、洪颐煊的《诸史考异》、沈豫的《读史杂记》、成瓘的《读史随笔》、张元济的《校史随笔》，都可取其精义，用以订正殿本。至于由荟萃宋元旧椠影印而成的《百衲本二十四史》，是今天全史中最标准的本子，更是我们进行对校的重要依据。在凭借前人丰富成果的基础上，再加以自己探索所得，对二十四史正文来一次写定的工作，仿清末吴汝纶写定《尚书》的体例，将史文重新写成定本，这便是改造旧史的第一步。如果不这样做，旧史中有些字句，本不是作者原文，作考证文章的人，习焉不察，便跟着本书一字不易地引用，岂不是冤枉古人，贻误来学！这问题是必须首先解决的。

其次，便是整理旧注的问题。古书注解是疏释正文的。一般书籍的情况，照例正文是大字，注解是双行小字。但是有的史注，却与一般注解有所不同。例如《三国志》本书，文辞过于简洁，于史实多所疏略，南朝宋文帝刘义隆便命裴松之替它作注。这注不专于解释文谊，而重在增广异闻，补证遗佚。所以读《三国志》时，裴注必须仔细研究。其价值不独不在原书之下，有些地方比原书还重要。清末同治年间，金陵书局聚珍版印大字《三国志》，注文和正文字体一般大，只是注文低一格，以示区别，说明注文和正文同样重要。我们今天要采用这一体式，对通行的《三国志》版本来一次改造，再就正文、注文分别加以新的注释。

撰述新注的过程，便是改造旧注的过程。凡是前人的研究成果，对旧注已有驳正纠订的地方，应尽量择取其精要之义，收入新注。断不可《史记》只取三家旧注，《汉书》只取颜注，《后汉书》只取李注，一如殿本的旧内容。大抵考证之事，后出者胜，凡是清代学者和近人的创见发明，都要旁搜博采，择善而从。尽管《史记》已有日本人泷川龟太郎的《史记会注考证》，两《汉书》有王先谦的《汉书补注》《后汉书集解》，《三国志》有卢弼的《三国志集解》，《晋书》有吴士鉴的《晋书斠注》，都是总结账式的注本，但是遗漏的精义善言还很不少。特别是保存在文集、笔记中的单篇、条札，没有被采录的就更多了。我们必须加以补充，使注义更加详赡。

从《南北史》以下诸史，多没有注本，我们可以用综合研究的方法，将一些内容相同、相近的书合拢来读，对原书进行改造。例如读《南北史》时，有必要取《宋书》《齐书》《梁书》《陈书》《魏书》《北齐书》《周书》《隋书》仔细对勘，找出八书和《南北史》不同之处，从而订正《南北史》的错误，并增补其缺漏。明末李清曾采取八书不同于《南北史》的材料，分注于《南北史》正文下，成《南北史合注》一百九十一卷。由于此书缺点太多，价值不大，所以后来既没有收入《四库全书》，也没有人把它刻印传世。其次如新旧《唐书》，互有短长，也可两书对勘，校其异同。清代学者沈炳震虽在这方面做过工作，写成《新旧唐书合抄》二百六十卷，把两书合在一起，看来好像是一部给学者们以很大方便的书籍，其实在作者抄辑的过程中，既混乱了新旧二书原来的体制，也没有建立新的义例，错杂不伦，不为史学界所重视。像这一类工作，仍有待于我们运用新的方法，参进新的材料，鼓起勇气，重新去做。

一部《宋史》，为书四百九十六卷，是诸史中最为芜杂的一种。元末周以立便有志改修它，惜未成书。明嘉靖中，政府打算设馆重修，以礼部侍郎严嵩总理其事，也没有修成。唯王洙私撰《宋史质》一百卷，柯维骐独成《宋史新编》二百卷，虽各有其优点，但仍不满人意。根据钱谦益的记载，明代有志在这方面做工作的还有归有光、汤显祖、王惟俭，但都没有成功（见《有学集》跋《东都事略》）。清代学者如黄宗羲、陈黄中、钱大昕、邵晋涵，都精熟宋代史实，有志改作。陈氏有《宋史稿》二百一十卷，钱氏称其书为未定之稿（见《潜研堂集·宋史稿跋》)。邵氏尝欲与章学诚改修《宋史》，也没有达到目的。这是由于卷帙繁多，工程浩大，不易完成的缘故。但在今天，我们所可凭借的资料较前人为多，所能运用的方法较前人为密，如果有决心改造旧史，自能收到"事半古之人，功必倍之"的效果。推之改造《明史》时，自可博采谈迁《国榷》、查继佐《罪惟录》、李贽《续藏书》、张岱《石匮书》，以及《皇明经世文编》《明实录》诸书，仔细参稽，而收综合研究之效。这样才能为改造旧史，打下坚实的基础。

第三节　整理地方志书

人们一提到重要的历史文献，便众口同声地举出二十四史、"九通"之类，认为是史料宝库；而没有注意到堆积如山的"方志"，比二十四史、"九通"之类，还重要得多。因为二十四史、"九通"之类，是以王朝为中心，只是记载一些有利于维护统治与服从的社会秩序的事实和言论，而没有注意到平民的生活与活动；它们完全是为统治者服务的，其中自然找不到有关广大人民的材料。至于方志，便以社会为中心，举凡风俗习惯，民生利病，一切不详载于正史的，都借方志保存下来了。那里面对于赋役、户口、物产、物价等方面的记载，最为可贵。特别是赋役一项，无论在哪一部志书，都记录得很详悉。例如清初陆陇其所修《灵寿志》，本以简洁著称，但记载赋役却特别详尽。其他方志更可想见。在今天而欲研究过去劳动人民受压迫的严重情况，方志实是唯一无二的资料宝库。其中如方言、风谣、金石、艺文诸门类所包含的内容，在在可为史部考证之用，更显示出了方志的重大价值。

方志是保存社会史料的渊薮，那里面的丰富记载，是在其他史籍中不能看到的十分珍贵的文献资料。就拿清代所修州县志来说吧：嘉庆《增城县志》，叙述了"客民"的来历；道光《兴国县志》，叙述了"山民"的情况；光绪《潮阳县志》，记载了"畲民"的习俗；道光《香山县志》，记载了蓄蛊之事；同治《弋阳县志》，反映了卖妻之俗；乾隆《丰润县志》，杂记特产工业；乾隆《景州志》，附载镌刻工价；康熙《宣化县志》，记宣府左卫军官里宅之事；光绪《曲阳县志》，记石工杨、王二氏同业世婚之事；光绪《宁河县志》，记禁建回民礼拜寺之事；康熙《新城县志》，记明中叶风俗及物价之事；嘉庆《禹城县志》，记漯川韩氏村人民世奉西洋教之事；同治《宁海州志》，记金元间传道传说之事；光绪《益都县图志》，记明清两代风气大概；乾隆《新安县志》，记及工匠日价；康熙《内乡县志》，记吁请豁免额解黑铅事；乾隆《榆林县志》，记及匠价沿革；光绪《五台县志》，记农工商贾的生活状况；同治《苏州府志》，记太湖渔船及孙春阳南货铺的沿革；乾隆《震泽县志》，历叙农蚕渔业的概况。这一类的材料，保存在方志中的，至为繁夥，在此不过略举一二以示例。凡属于这样的记载，都不是二十四史、"九通"、正续《资治通鉴》中所能找到的，诚然是研究社会史的重要依据。

我国是一个多民族的国家。由几十个民族组成的中华民族，共同生活、劳动、工作在这块广大的土地上。就人口论，汉族虽占绝大多数，但是中华民族的悠久文化，却是许多兄弟民族和汉族共同创造出来的。在漫长的历史里，在我国的少数民族中，也确实涌现出不少专门学者、大文学家、大思想家和英雄人物。远者勿论，即如十五世纪的航海家郑和，便是云南回族；十六世纪的思想家李贽，便是泉州回族；十七世纪的大词人纳兰性德，是满族；十八世纪的天算家明安图，是蒙古族。十三世纪中叶，由蒙古学者写成的《蒙古秘史》，便是蒙古族最早的一部历史巨著。十八、十九世纪时，不少蒙古族学者还编成了大量有关蒙古族语文的辞典。而《辽史》《金史》《宋史》的修纂，都有维吾尔族人参加。从这一系列的事实，可以肯定少数民族在中国文化史上的贡献，是极其巨大的。至于历史上从少数民族中成长的政治家和军事家，更大有人在。他们在学术上的创造发明，政治上的兴革改进，早已融合在光辉灿烂的中华民族文化的整体之中，成为其中的重要因素，值得我们珍重。所以少数民族的历史，是我们今天研究中国史的重点之一，而浩博的方志便是我们探索少数民族历史的渊薮。特别是在历代农民革命运动中，在少数民族地区出现了不可数计的大小规模的英勇斗争，都有他们自己的起义领袖。那种转战多年至死不屈的精神，沉重打击统治势力的事实，值得我们大书特书，也非从方志中进行稽考，无由得其梗概。如果我们今天还不着重于方志的研究、整理，想要编写一部反映中华民族文化的比较完整的中国通史是不可能的。即使从二十四史、"九通"之类的书籍中抄了一些资料比辑成书，也必然是片面的，只能反映汉族文化的一部分，不足以代表中华民族的全部历史。

根据最近的统计，我国除人口最多的汉族外，还有五十多个兄弟民族。这些兄弟民族的人口，虽在全国总人口中为数不多，但分布的地区很广，约占全国总面积的百分之五六十。全国约百分之七十的县市，都有两个以上的民族共同生活在一起。许多兄弟民族的大部分，集中住在边疆地区；他们生活、活动的历史，多保存在方志中。我们今天研究整理少数民族的历史，便须首先对内蒙古、辽宁、吉林、黑龙江、新疆、甘肃、青海、西藏、云南、四川、贵州、广西、广东、湖北、福建、台湾等省和自治区的方志进行研究。先边疆，后内地，是我们今天整理方志的步骤，目的是首先将兄弟民族的历史从方志中找出来。

地方志书有通贯古今的，也有断代成编的。就它记事的范围而言，又有几种不同的体例：统括全中国的，称"一统志"，如宋代的《寰宇记》，元朝的《一统志》皆是；联合二省或二省以上的，称"总志"，如明代徐学谟所修《湖广总志》便是；只以一省为写作范围的，称"通志"；依府、厅、州、县各自成书的，称某府、某厅、某州、某县志；也有合二县或数县之事于一书的，称"合志"；有专载一镇一里之事的，称"乡土志"。名目虽多，但以明清以来所修府、厅、州、县志为最多而最重要，也简称"州县志"。由于它的记载比较详尽，内容比较丰富，可供采摭的资料自然很多。我们整理方志必须首先在这方面多下功夫。

方志在历史文献中的价值和作用前面已经谈过了。如果拿它和二十四史相比，便大有不同。二十四史所载，不过"圣功""王道"，专注重一帝一姓之兴亡。《书》《志》《列传》，有时涉及民间，但很简略，不足以反映社会现象的全部。至于方志，凡属社会制度、礼俗习尚、民生利病，不详于正史的，委曲隐微，莫不具载。过去学者们著书考古，如果取材于方志，便大有收获，如顾炎武的《天下郡国利病书》，朱彝尊的《日下旧闻》，钱大昕的《辽史拾遗》，陆心源的《宋史翼》，都得助于方志不少。不过他们治学终不免为"正统派"的观点所局限，没有把方志的重要性提到应有的高度，自然谈不到广泛研究和整理。

过去的学者们，不能对方志进行广泛的研究和整理，也还有另一原因，便是私人无力得书。因为想在这方面做点功夫，不是几部或几十部方志所能解决问题的，而必须凭借大量丰富的方志，才能逐一涉览，提要钩玄。在古时的学术界，哪里有这种条件？为当时条件所限，虽有志而力不逮，这是我们应该原谅古人的。近数十年来，由于图书馆的林立，国家注意收购、保存，地方志书汗牛充栋，贮积丰富。就北京、上海、南京，以及各大省区图书馆的收藏来看，各自保存了方志达几千种之多；其他各省大小图书馆以及各大学图书馆所贮存的，多者一两千种，少者也有几百种，大可供史学工作者阅览。可惜的是，终岁尘封，从来很少有人问津。我们今天既有责任在这方面做研究、整理工作，便当利用现存的大批图书进行广泛涉猎，将方志中有关赋役、户口、物产、物价、风俗、艺文，以及少数民族的史实，择取其中最为重要的材料，分类撮录，然后纂辑成书，写出一部可供采摭的史料丛编，为撰述理想的中国通史提供素材，作出贡献。

第四节　融贯诸子百家

周秦诸子，多不能自己著书，或者无暇著书。所以他们的著作，多属于时人或后世学者纂辑其言论行事加以编次而成。尽管家数很多，不一其说，但是也有不少共同注意的问题，讨论阐发，不厌其详。有必要把这些议论，融会贯通，找出他们对某一问题的共同认识，由此考明问题的实质以及对当时和后世所起的作用。这在研究解决中国文化史上存在的许多难于得出结论的问题方面，是大有好处的。例如周秦诸子谈及君道，同宗"道德"，究竟什么叫"道德"？是很值得深入探讨的。

古代最高统治者想要以一人的聪明才力控制广大群众，使群众无条件地服从他，得以长期巩固他的统治地位，这诚然不是一件太简单太容易的事。于是一些智谋之士，为着有所干求于时君世主，便投了这个机。针对当时统治者们最苦恼的问题，拟出了许多成套的办法，提供为统治天下的法宝，这便是"主道"，或称"君道"，也就是"人君南面术"。用"主道"二字作为篇名来标题的，始见于《韩非子》。由于它是阐明做君主的道理，所以有些书便称"君道"，见《荀子》；或称"君守"，见《吕氏春秋》；或称"主术"，见《淮南子》。此外尚有不用"君"和"主"等字标题而别立篇名的，有如《管子》中的《心术》《白心》《内业》；《韩非子》中的《大体》《扬权》；《庄子》中的《天道》；《吕氏春秋》中的《圆道》；都是谈的这个道理。命名有不同，也都各有取义。我往年研究周秦道论时，便综合诸子中如上所举列的许多篇，合拢起来进行探讨。对于古道家所经常强调的"无为"，颇有领悟。于是总结前人理论，并且自抒心得，撰成《周秦道论发微》，将周秦诸子中共同谈到的有关"人君南面术"的问题，进行了一次融会贯通的工作，收获是比较大的。

其次，如法家著作中强调法制，重视耕战，鄙弃儒学，黜斥空言，这是他们共同的宗尚。所以在言论中，也都贯穿了这种精神。我早年读周秦法家书时，便综合起来进行研究。采录他们的名言警句，并加以疏通证明，撰成《周秦政论类诠》。认为中国历史上很少有完整系统的政治理论，只有法家的书，堪称政治理论的宝库。历代大政治家如霍光、诸葛亮、王猛、魏徵、王安石、张居正，莫不有法家精神，都是从法家书中取得理论根据，见之行事，以至成功的。如果能用这种方法去理董周秦诸子，比较容易发现问题，解决问题。在这里，不过就我自己的学习经验，略举一二以示例而已，其余自可类推。近人研究周秦诸子，重在校勘、注释，而忽略了对理论方面的探索和阐发，这是一种不好的偏向。校勘、注释，诚然是很重要的工作，但是这仅仅是一种读书的手段，而不是目的。我们研究整理周秦诸子的目的，在能弄清楚他们的议论主张在当时和后世所起的作用和影响，这便非将许多书融会贯通起来不可。

所谓"百家"，除两汉以来以立言为宗的子书之外，还包括后出的文集、笔记在内。古人的写作，本来不多。重要的政治论文和抒情词赋，大半都保存在史传中。《史记》《汉书》便收录了不少。大抵南北朝以前的所谓文集，都是后人补辑追题的。从南齐张融题所为文称《玉海集》，才是自编文集之始。历代相沿，新出不已。加以自隋唐以后雕版印刷术盛行的年代里，文辞流布的方法，日新月异，文集就日益增多。举凡一生所为抒情、纪实、说理之文，都荟萃于文集中。从质的方面来加以分析，便有高下、浅深、精粗、优劣之辨。《四库提要》所谓"天地英华所聚，卓然不可磨灭者，一代不过数十人"（《四库总目·别集类序》），乃是比较公正的评断！

况且每部文集中，有世俗应酬之作，有祭神吊死之文，有诗歌，有表启，在当时本可不以入集，在今天尽宜加以扬弃。这样有区别地进行别择，一部文集中间，我们只注意到有关伦理、政治的论文，学术思想的阐述，确有发现发明的科学记录，世间稀见稀闻的事物记载，以及作者一生治学的心得总结和在学术领域内的考证成果，便已够人探讨了。假如我们能就历代文集中甄录出许多有价值的政治论文，都为一集，何尝不可继《明经世文编》《清经世文编》之后，编出《宋经世文编》《唐经世文编》《先唐经世文编》呢？

时代愈晚，文集愈多。所以明清两代的文集，真是多如牛毛。即以清人文集而论，真正有价值足以传世的，不过数十大家。特别是乾嘉学派著名学者的文集中，保存了许多有关诂经、证史、议礼、明制、考文、审音、诠释名物的专篇论著。假若我们能分类辑录，也可编出一些专门性的丛抄，如前人所辑《经义丛抄》之类，这自然是极有意义的工作。

谈到历代笔记，内容更为庞杂。明代胡应麟在《少室山房笔丛·九流绪论》中，把小说笔记分为志怪、传奇、杂录、丛谈、辨订、箴规六类。而《四库全书总目·小说家类序》，分小说为叙述杂事、记录异闻、缀辑琐语三派。这些分类，尚不足以概括其全。大抵从魏晋到明清的笔记，归纳起来可以分为三种：第一是小说故事类的笔记；第二是历史遗闻类的笔记；第三是考据辨证类的笔记。以第二、第三两种为最有价值；第一种最为复杂，可取者少。就拿清人笔记来说吧：有讲求身心修养的，如魏禧《日录》之类便是；有阐扬男女德行的，如吴德旋《初月楼闻见录》之类便是；有谈说狐仙鬼怪的，如纪昀的《阅微草堂笔记》之类便是；有称述因果报应的，如俞樾《右台仙馆笔记》之类便是；有载国恩家庆的，如潘世恩《退补斋笔记》之类便是；有叙友朋酬酢的，如金武祥《粟香随笔》之类便是。像这些笔记，于学术全无关涉，也没有整理的必要。至于顾炎武的《日知录》，傅山的《霜红龛笔记》，刘献廷的《广阳杂记》，臧琳的《经义杂记》，汪师韩的《韩门缀学》，卢文弨的《钟山》《龙城札记》，惠栋的《松崖》《九曜斋笔记》，钱大昕的《十驾斋养新录》，孙志祖的《读书脞录》，桂馥的《札朴》，洪亮吉的《晓读书斋四录》，梁玉绳的《瞥记》，臧庸的《拜经日记》，郝懿行的《晒书堂笔记》，焦循的《易余籥录》，周中孚的《郑堂札记》，洪颐煊的《读书丛录》，刘宝楠的《愈愚录》，邓廷桢的《双砚斋笔记》，宋翔凤的《过庭录》，汪士铎的《悔翁笔记》，周寿昌的《思益堂日札》、钱泰吉的《曝书杂记》，陈澧的《东塾读书记》，李慈铭的《越缦堂日记》，朱一新的《无邪堂答问》，皮锡瑞的《师伏堂笔记》，文廷式的《纯常子枝语》，沈家本的《日南随笔》，缪荃孙的《云自在龛随笔》，都是朴学功深，富有价值的，自当进行综合整理。

第十二章　整理文献的主要目的和重大任务

整理文献的更重要的工作，还在于从繁杂的资料中，去粗取精，经过剪裁熔铸，编述为内容丰富的通史，广泛为社会服务，使人们能在节省了精力时间的条件下，从这里面看到比较全面的祖国历史。读了这部书，可以抵得上若干部书；这才是我们的主要目的和重大任务。这在第一编已谈得很详尽了。现在但就有关编述通史的问题，分几方面加以阐述：

第一节　历史读物由纲鉴到教科书的转变

南宋理学家朱熹因《资治通鉴》而作《纲目》，大书者为纲，分注者为目；纲仿《春秋》，目仿《左传》。进一步强调君臣名分，以巩固封建统治。明清间人采用朱熹《通鉴纲目》编历代史，称"纲鉴"。如王世贞的《纲鉴》、袁易的《纲鉴补》、吴乘权的《纲鉴易知录》皆是。乾隆年间，最高统治者感到明代李东阳所编《通鉴纂要》缺漏太多，于是分命臣工，详考史传，改编成《通鉴辑览》。起自黄帝，迄于明代，编年记载，纲目相从。高宗亲加论定，批注其上，所以又名《御批历代通鉴辑览》。此书流布于社会最广，一直到清代末年，知识分子们学习历史，大都以《通鉴辑览》和《纲鉴易知录》为课本。这种纲鉴体的历史课本，集封建思想之大成，影响于中国社会，至为深远。

打破纲鉴的义例，改编为有条理的分篇叙述，每篇之中，又分若干章，因事立题，各相统摄，按朝代顺序依次编写，成为适用于课堂教学的本子，这是从清末废科举、兴学校的时期才有的。当时丹徒柳诒徵以日本人那珂通世所编《支那通史》为蓝本，改写而成为《历代史略》，它是我国历史读物由纲鉴体的旧形式改变为教科书的新形式的第一部书。这部书的编写法，是将几个有关联的朝代分篇叙述后，再将这几个朝代共同性的问题如官制、礼俗、学术思想等等，又分篇综述于尾，眉目比较清楚，简明扼要，最便初学。它本是作为学校课本而编写的，所以适合于课堂讲授。不久，陈庆年又稍加删订，编出《中国历史教科书》，是为我国历史读物明标"教科书"的开端。这两种课本的出现，对纲鉴体的旧史无疑是一种革命，是一个大的飞跃，在当时是有很大进步意义的。但是，这仅仅是就学校教学来说，新的章节体的教科书较旧的纲鉴体的历史读物方便多了，但毕竟不能用这种简单明了的课本，去代替内容丰富的国史，这是尽人皆知的。

从清末以至今日，八十年间，在高等学校从事中国通史教学的先生们，沿用这章节体编写历史课本，只是写作上由文言文改变为语体文，观点上由陈旧的改变为新进的罢了。为着照顾课堂讲授的方便，不得不采用分篇、分章、分节的编写形式，各随事目，作出概括简明的标题，使学生易懂易记，每小时讲多少也依章节长短有个断限。作为学校讲课的本子来说，是很好的。而肄业的学生，也就通过这种简易课本学习历史知识。师以此授弟子，弟子以此为学。在中国社会长期流行之后，人们便不知不觉地误认为这便是"中国通史"了。有些编书的人，也就直标这种课本为"中国通史"。可是无论从内容还是体式等各方面来看，距离"通史"的要求还太遥远，名与实是很不相称的。由于课堂讲授为时间所限，章节所包含的内容不得不简略。但如编写"中国通史"，便不能采用这种形式。既名之为"通史"，内容是很丰富的，门类是很繁多的，岂是一两册教科书形式的本子所能包括无遗！在今天想要编写一部足以总结一个具有几千年文化、九百六十万平方公里土地、九亿几千万人民的伟大国家的历史，要记载的东西太多了，不是章节体教科书的形式所能范围。我们必须敢于创新，拟定出一个新的体例，进行中国通史的编述。

第二节　近代学者拟编"通史"的设想

从中国历史编述工作的任务、目的、要求来看问题，教科书式的课本和包罗广博、内容丰富的通史，是有很大区别的。教科书旨在启发初学，灌输历史基础知识，力求浅近易懂；在编写方面，做到简单、明了、准确便够了。至于通史，职在总结中华民族几千年的高度文化和丰富史实，必须从事物发生发展变化的过程分门别类，详尽不芜地编写成书。所以二者投下的劳动既有不同，要求的规格也就各异。简单地说，教科书是适用于课堂讲授的本子，通史是代表中华民族全部文化的国史。我们这样一个大国，能够用教科书代替国史吗？显然是不可以的，而且也是不应该的。

当清末罢科举，兴学校，《历代史略》《中国历史教科书》一类的课本风行很广的时候，有些学问博通的学者，认为有新编中国通史的必要，章炳麟便拟定了《中国通史略例》，载入所著《訄书》（后来改编《訄书》为《检论》，删去了这篇）。其编述体例如下：

一、《表》，凡五：帝王表、方舆表、职方表、师相表、文儒表。

二、《典》，凡十二：种族典、民宅典、浚筑典、工艺典、食货典、文言典、宗教典、学术典、礼俗典、章服典、法令典、武备典。

三、《记》，凡十：周服记、秦帝记、南胄记、唐藩记、党锢记、革命记、陆交记、海交记、胡寇记、光复记。

四、《考纪》，凡九：秦始皇考纪、汉武帝考纪、王莽考纪、宋武帝考纪、唐太宗考纪、元太祖考纪、明太祖考纪、清三帝考纪、洪秀全考纪。

五、《别录》，凡廿五：管、商、萧、葛别录，李斯别录，董、公孙、张别录，崔、苏、王别录，孔、老、墨、韩别录，二魏、汤、李别录，顾、黄、王、颜别录，盖、傅、曾别录，王猛别录，辛、张、金别录，郑、张别录，多尔衮别录，张、鄂别录，曾、李别录，杨、颜、钱别录，孔、李别录，康有为别录，游侠别录，货殖别录，刺客别录，会党别录，逸民别录，方技别录，畴人别录，叙录。

都六十一篇。

不久，梁启超也拟定了《中国通史目录》，附载在《饮冰室专集·国史研究六种》之末，他准备分三大部分来写，其目如下：

一、政治之部：朝代篇，民族篇，地理篇，阶级篇，政制组织篇上，政制组织篇下，政权运用篇，法律篇，财政篇，军政篇，藩属篇，国际篇，清议及政党篇。

二、文化之部：语言文字篇，宗教篇，学术思想篇（上中下三篇），文学篇（上中下三篇），美术篇（上中下三篇，内分绘画、书法、雕刻、髹冶、陶瓷、建筑），音乐剧曲篇，图籍篇，教育篇。

三、社会及生计之部：家族篇，阶级篇，乡村都会篇，礼俗篇，城郭宫室篇，田制篇，农事篇，物产篇，虞衡篇，工业篇，商业篇，货币篇，通运篇。

凡三部四十篇。

从以上两家所拟编述通史的体例来看，所包含的内容够丰富了。虽都没有成书，但他们的规划是庞大的。1914年，益阳陈鼎忠、曾运乾同任事湖南官书局，也想编述通史，先成《叙例》三卷。遭时多故，通史终未动手。后十七年，始将《叙例》交南京中国史学会排印行世（其文甚繁，不能备举）。陈、曾二氏在《自叙》中提出"综二家，通三体，创殊例，成要删"，这十二字，可说是他们打算编述通史总的精神所在。所谓"综二家"，是就断代、通史二家，舍短取长，分全书为三皇五帝、夏商周、东周秦、汉、后汉、魏、晋、宋齐梁陈、隋、唐、五代、宋、元、明、清共十五编。所谓"通三体"，是就事别、年别、人别三体，斟酌损益，分为纪、传、志、录、谱五例。《纪》以纪年月，非以纪帝王；《传》以序事，非以序人；《志》以分记国家法度；《录》以综括士女行谊；《谱》以董理纠纷，记载委曲。至于《志》，又分为职官、职方、民政、食货、礼、乐、兵、刑法、选举、学校、历象、考工、边防、物异等十四类。《录》又分为行谊、学术、技艺、风俗四类；《谱》又分为历年、公卿、人物、系本、姓氏、经籍六类。总起来说，纵有十五编，依朝代顺序以为之经，横有五大例以纬之。举凡史籍所载，大体上都已包括了。由于兹事体大，非一二人之力所能成功。陈、曾二氏虽尝发此宏愿，也和章、梁一样，仅仅留下体例、叙目而已。他们赍志而殁，无疑是很希望后人继起，完成这一伟大工作的。

第三节　今天编述《中华人民通史》的必要与可能

时代愈前进，历史文献愈增多。原来有的史料，充满栋宇；新出土的文物，堆积如山；这是以往任何时代的学者们所梦想不到的。就史料说，不知超过了古人若干倍。古人如司马迁、郑樵，为着要编述通史，出外周游，作实地考察，由于交通阻梗，跋涉山川，动辄往返要多少年的时间，才能达到目的。今天航空往返，几小时便够了。在这种环境和条件下，应该有司马迁、郑樵式的人物，层出不穷，心怀大志，努力去做超过前人和前人所不能做到的事业，对人类作出较大的贡献。我们生在今天科学发达、交通方便、资料丰富的时代里，难道不应该较之前人完成更多的工作，作出更大的贡献吗？我们要鼓起勇气，努力去做前人所不能做或没有完成的历史编述工作。

况且历史资料如此浩繁凌乱，如果不进一步加以研究整理，使之条理化、系统化，去粗取精，去伪存真，经过改造制作功夫，总结性地编述成书，那将只是未发掘的矿山，待开垦的荒地，面积虽广，蕴藏虽富，又何能充分发挥作用？我国有九百六十万平方公里的土地，将近十亿的人民，五千年的悠久文化。到今天，连一部足以反映中华民族全部文化的通史都没有，和我们国家的地位是很不相称的。我们应该及时地组织人力，分工合作，编述一部观点新颖、内容丰富的《中华人民通史》。这是十分必要的，也是完全可能的。我们要为完成这一光荣而又艰巨的任务奋发不懈，以达到我们整理文献的主要目的。

我们今天编述通史，而加上"人民"二字，意味着这部书的内容，是以叙述劳动人民的历史为中心的，要恢复劳动人民在历史上应有的地位。特别是妇女，占人口的半数，过去学者们为"男尊女卑"的封建思想所桎梏，从来编写史书的没有妇女的地位。历代"正史"中，虽有《列女传》，无非是表扬那些符合于封建礼教的贤妻良母和守节殉夫的青年妇女，鼓励妇女们更好地成为男子的驯服工具。至于几千年间妇女们的创造发明，以及她们所饱受的压迫痛苦，却一字不提。我们今天新编通史，要反其道而行之，要表彰几千年间妇女中的杰出人物，以及广大妇女在长期封建统治下所经受的控制、压迫和痛苦，全面反映出她们在黑暗社会中的不幸遭遇。更为重要的是，我国是一个统一的多民族的大国。过去学者们对少数民族的历史，从来不加重视。历代"正史"中，虽有"西南夷""东越""西域"一类的列传，也都是看成"蛮夷戎狄"，不过记载一些风俗民情、山川形势而已。其实，我们中华民族的文化，有许多内容是由少数民族提供的。无论衣食住行还是制度文物，都有少数民族的创造发明在内。有了许多兄弟民族的文化，经过彼此观摩，互相学习，然后融合为统一的中华民族文化，值得我们尊重。况且少数民族中，在几千年间也涌现出不少杰出人物，我们应该在新编通史中加以宣扬。举凡有关妇女和少数民族的历史资料，在过去不容易搜罗，在今天便可以找到，这也是我们今天编述《中华人民通史》的有利条件之一。

第四节　创立新的《中华人民通史》体例

古时的史学家，如司马迁、郑樵编述通史的体例，到今天固然是不适用了；即如近代学者章炳麟、梁启超、陈鼎忠、曾运乾诸家所拟通史例目，也仍然是半封建半殖民地社会的产物，和我们今天以广大劳动人民历史为写作中心的任务，仍是不相合的。我们在参考前人成果的基础上，结合时代的需要，加进新的内容，创立新的体例，可以分六大部分来写。

首先要对中华民族生活活动的所在地，作出明晰的叙述。举凡自然环境（山脉、河流、森林、湖泊），生活条件（气候、土壤、地势、物产），各民族分布情况，以及历代建都之地，历代行政区域的沿革，历代户口的升降，都要讲个清楚，使学习国史的人，一开卷便知道在祖国的土地上，山川形胜，资源富饶，油然而生爱国之心，以激发其自豪感。加以对于空间概念有了明确认识以后，再进而探讨其他方面的成就，自然方便多了。这便是我们要写的第一部分——地理。

在这块辽阔广大的土地上，从原始社会经过奴隶社会、封建社会以至半封建半殖民地社会的演变历程，我们必须运用历史唯物主义观点，进行正确的简明的叙述。在进入阶级社会以后，历代统治者争夺相杀，形成改朝换代的局面。从夏商周以至清末，经历了十几个朝代。我们要根据史实，对历代大事加以概括的扼要的叙述。至于统治阶级对广大人民的剥削和压迫，以及他们的腐朽和无能，我们必须尽情揭露；历代被压迫阶级的反抗和起义，我们必须竭力颂扬，这便是我们要写的第二部分——社会。

社会一切事物，都是体力劳动者与脑力劳动者共同创造出来的。劳动人民祖先在生产方面，创造了工具与方式方法，逐步改进提高，使农业、手工业不断得到发展；在生活方面，创造了衣食住行的丰富内容和保健、治病的方法。其他有关科学技术的发明，更是不能尽举。我们有必要加以总结，尽可能地将历代劳动人民的伟大创造如实地反映出来。这便是我们要写的第三部分——创造。

历代统治阶级为了维护那统治与服从的社会秩序，以巩固其权位，从政治制度上确立许多管制、压迫人民的具体措施，在土地、赋税、职官、教育、铨选、兵、刑等各方面，都有一套完整的办法。虽经改朝换代，也只有增减损益，而不能彻底抛弃。我们必须详其沿革，有系统地加以介绍。这便是我们要写的第四部分——制度。

从劳动人民祖先发明文字以后，开始有了记载生活、活动、思想、感情的工具。于是纪实、抒情、说理的写作，渐渐兴起，有人把它分别总集起来，便成为各类的书籍。有了书籍，流传较广，彼此授受，相与讲习，便出现各种学术。于是书本知识成为我国文化的重要内容。其他如美术、音乐、宗教，又与此息息相关。我们有必要分门别类，将源流得失讲个清楚。这便是我们要写的第五部分——学艺。

在几千年的中国社会中，出现了不少各方面的优秀人物。如政治家、军事家、教育家、思想家、科学家、工技家、医学家、语言文字学家、文学家、历史学家、文献学家、地理学家、绘画家、书法家、宗教家等等，在我国历史上层出不穷。有些还成为世界历史上罕见的人物，为人类作出了有益的贡献，这自然是中国人民的骄傲。今择取其中成就最大、影响深远的，各为立传，以考见其行事和贡献，作为后人成事立业的借鉴。这便是我们要写的第六部分——人物。

有了这六大部分的叙述，似乎将中华民族历史的重要内容，大体上都概括进去了。我们新编《中华人民通史》，不再沿用过去以历代王朝为叙述中心的体例，而只是将几千年间统治阶级的改朝换代，看成中国阶级社会中的一种政治现象，把它摆在第二部分加以介绍。同时又将阶级间的对立和斗争写在一起，借以考见我国社会发展的情况。至于其他部分，则按照事物发生、发展、变化的进程，系统地加以阐述，而不把每一事物割裂开来。这些，都是我们新编《通史》与旧的体例的不同之点。